Genial: Gouache

GENIAL: GOUACHE

GILBERT DECLERCQ

KLASSISCH, MODERN, EINFACH:

GEKONNT MALEN MIT EINEM FABELHAFTEN MEDIUM

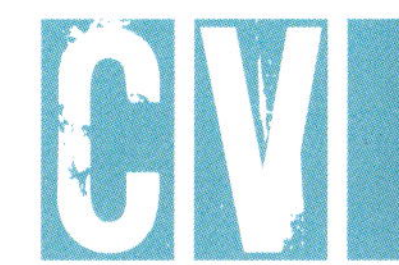

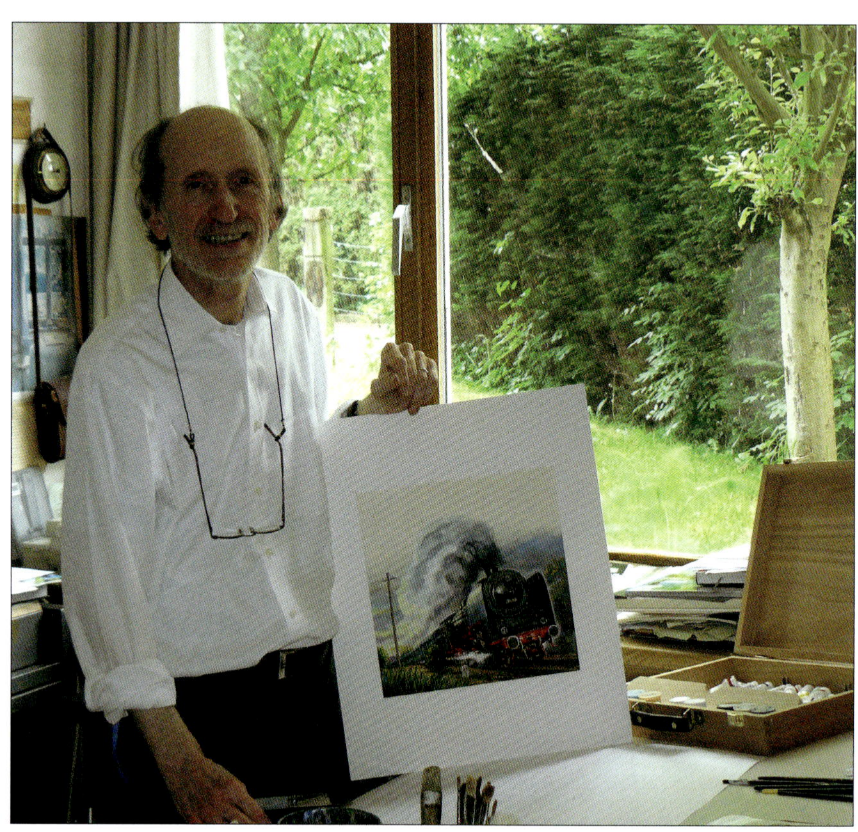

Der flämische Maler, Zeichner und Illustrator Gilbert Declercq studierte an der Königlichen Akademie der Schönen Künste in seiner Heimatstadt Gent und begann seine Karriere als international anerkannter Comic-Zeichner, wandte sich dann jedoch der freieren Kunst zu. Er ist Preisträger der Royal Watercolour Society und Artist-Member der Society of Illustrators (New York) und blickt auf zahlreiche Ausstellungen auch im deutschen Sprachraum und in den USA zurück.

Liebe Leserin, lieber Leser,

Gouachefarben sind Deckfarben, was zunächst nicht besonders spannend und eher nach einem Schulmalkasten klingt. Vielleicht auch deshalb – oder wegen des exotischen Namens, sprich: Guasch – steht dieses wunderbare Medium unter Freizeitkünstlern eher als Mauerblümchen neben Acryl und Aquarell. Mit diesem Buch möchte ich das ändern. Ich will Ihnen zeigen, wie einfach und effektvoll sich mit Gouache malen lässt: mit Farben, auf die im professionellen Bereich viele Maler, vor allem aber Illustratoren und Grafiker aus guten Gründen schwören.

Dabei macht kein anderes Medium den Einstieg so leicht. Sie brauchen nichts weiter als Papier, Pinsel, Farbe und Wasser. Spezielle technische Fertigkeiten sind nicht erforderlich. Sie geben Farbe aus der Tube auf die Palette, verdünnen oder mischen sie und vermalen sie dünn oder deckend auf der Vorzeichnung. So weit das Prinzip. Wie Sie in den Übungen und dann in den Malprojekten sehen werden, lassen sich auf dieser Basis und dazu einigen maltechnischen Tricks Schritt für Schritt einfache bis komplexe Bilder in diversen Stilrichtungen malen – von aquarellistischen Impressionen bis zur anspruchsvollen, realistischen Illustration.

Dabei schadet es nicht zu wissen, woher die besonderen Eigenschaften von Gouachefarben kommen und worin sie sich etwa von Aquarell und Acryl unterscheiden – und was sie mit den Mitbewerbern um Ihre Gunst gemeinsam haben: mit Aquarell die Transparenz, mit Acryl die Deckkraft. Nur dass Gouache beides in sich vereint – so, wie Sie es für einen dicken oder dünnen Farbauftrag gerade haben wollen. Unverwechselbar an Gouache ist jedoch das angenehm seidig-samtige Erscheinungsbild: Die Farben leuchten, ohne zu glänzen, was wiederum an ein Pastell erinnert.

Ich wünsche Ihnen mit diesem Buch viel Freude, gutes Gelingen und noch etwas: dass Sie sich, wenn Sie nun Ihre ersten Gouachebilder gemalt haben, ernsthaft fragen: Warum eigentlich nicht schon früher?

Herzlichst, Ihr

Gilbert Declercq

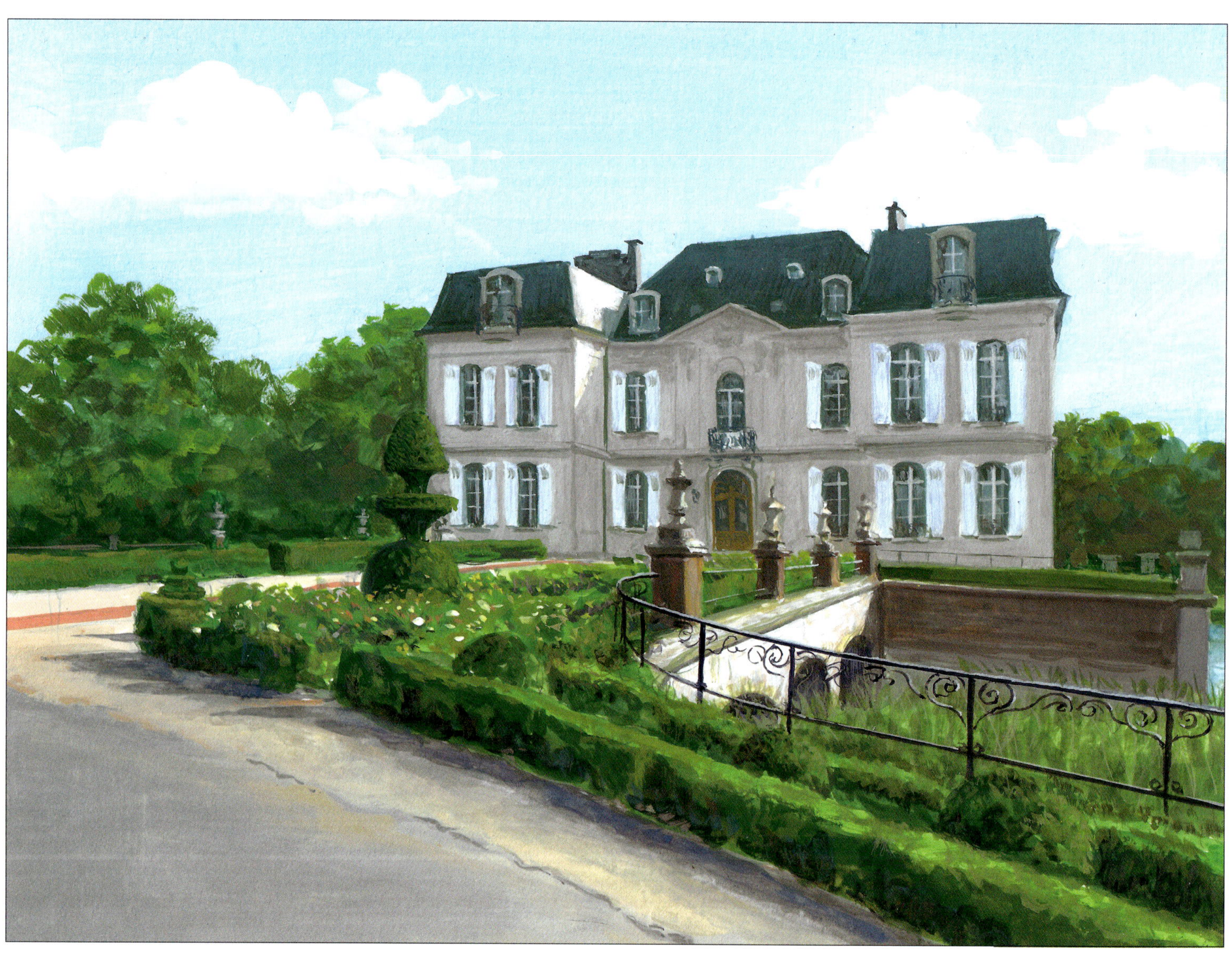

Klassizistisch das Schloss, klassisch der Malstil: Auf der detailgenauen Vorzeichnung werden die architektonischen Elemente mit mehrschichtigen Lasuren angelegt und die Einzelheiten nachgezogen. Bäume und Hecken entstehen mit nass in nass aufgetragenen Farben.
Das Schloss steht in meinem Geburtsort Zwijnaarde in Flandern.
Es wurde vor 200 Jahren im klassizistischen Stil erbaut und erhielt später barockartige Fassaden.

Inhalt

Lust auf Gouache?

Diese Farben laden geradezu ein, gleich mit dem Malen loszulegen.

Farben und Pigmente

Das Wort Farbe bezeichnet zum einen das Malmedium – Pastell, Gouache, Acryl, Pastellkreide – was auch immer sich auf den Untergrund aufbringen lässt. Zum anderen sprechen wir von der Farbe als einem bestimmten Farbton, wozu auch die „unbunten" Abstufungen von Weiß über Grau zu Schwarz gehören.
In meiner niederländischen Muttersprache und im Englischen herrscht mehr Klarheit. Kleur oder Colour ist das, was wir als Farbton wahrnehmen: Licht von einer bestimmten Wellenlänge, das von Objekten reflektiert wird, ins Auge fällt und vom Gehirn zu einem Sinneseindruck verarbeitet wird. Verf oder Paint ist die Malfarbe: der materielle Träger des Farbtons.
Diese Malfarbe hat immer zwei Komponenten: Die eine ist das flüssige oder feste und selbst farblose Bindemittel, die andere die darin enthaltenen Pigmente (vom lateinischen Pigmentum für Schminke). Das sind aus Mineralien oder organischen Stoffen gewonnene und fein vermahlene, mikroskopisch kleine Farbteilchen, die von den Bindemitteln zusammengehalten werden.

Es sind im Großen und Ganzen dieselben Pigmente, die in flüssigen Malfarben und trockenen Zeichenmedien enthalten sind. Den Unterschied im Erscheinungsbild, in den Eigenschaften und in der Anwendungstechnik machen die Zusätze und Füllstoffe. Sie binden die Farbteilchen und bringen alles zusammen in einen Zustand, der es erlaubt, die Farbe bequem und kontrolliert aufzutragen: als dünn- bis dickflüssiges Medium zum Malen oder als feste Substanz (Mine oder pures Stäbchen) zum Zeichnen mit Farb-, Blei- oder Pastellstiften.
Wenn Sie von hoch pigmentierten Künstlerfarben lesen, bedeutet das, dass hier in einem bestimmten Quantum mehr Pigmente enthalten sind als anderswo. Das erhöht natürlich die Farbkraft. Zugleich spielt die Größe der Pigmente eine wichtige Rolle. Mit dem Mikroskop sind einzelne Farbpigmente kaum zu erkennen – in einem einzigen kleinen Pinseltupfer sitzen, fein verteilt, etliche zehn- bis hunderttausend Pigmente.

Wasserfeste und wasserlösliche Malfarben

Von den flüssigen Malfarben, die mit dem Pinsel, Spachtel und anderen einschlägigen Werkzeugen aufgetragen werden, gibt es zwei Sorten: Wasserfarben – zu denen in gewisser Weise auch die Acrylfarben gehören – und Ölfarben.
In Ölfarben sind die Pigmente, wenig überraschend, mit Öl gebunden. Man trägt gewissermaßen gefärbtes Öl auf, das sich nicht mit Wasser, sondern nur mit entsprechenden Malmitteln, früher Terpentin, verdünnen lässt – heute sind das spezielle und weniger gesundheitsschädliche Verdünner. Ölfarben trocknen sehr langsam, aber unaufhaltsam und legen dabei einen wasserfesten, beständigen Überzug auf den Malgrund. Ähnlich wirken die trocken aufgetragenen Ölpastelle, sozusagen Ölfarben in fester Form.
In Wasserfarben verteilen sich die Pigmente in einer wässrigen Flüssigkeit aus Wasser, Bindemitteln und Zusatzstoffen. Zu dieser Gruppe gehören – bei allen sonstigen Unterschieden – Aquarellfarben, Gouache, Tinte, Tusche und eigentlich auch Acrylfarben. All diese Farben lassen sich mit Wasser verdünnen und die Dichte an Pigmenten und damit auch die Farbkraft nimmt beim Verwässern ab.

Acrylfarbe

Acrylfarbe basiert ebenfalls auf Wasser, trocknet durch den Zusatz von Acrylat jedoch wasserfest auf. Acrylat ist ein Kunststoff in flüssiger Form, der beim Trocknen ziemlich schnell aushärtet. Die Farbe kommt zunächst dickflüssig aus der Tube, kann also mit dicken, deckenden Strichen sozusagen körperlich aufgetragen werden. Oder man verdünnt die Farbe mit Wasser – je verwässerter, desto transparenter wird sie und verhält sich dann ähnlich wie Aquarellfarbe. Durch das Acrylat bleibt auch verdünnte Acrylfarbe nach dem Trocknen versiegelt.

Aquarell

Die typische Wasserfarbe ist Aquarellfarbe, englisch Watercolour. Die Zusätze, in der Hauptsache Gummi arabicum, sorgen für einen inneren Zusammenhalt und dafür, dass sich die Farbe gleichmäßig aufmalen lässt. Dank der wässrigen Konsistenz dringt die feuchte Aquarellfarbe in die Papierfasern ein, liegt also nicht als Farbschicht oben auf dem Papier und deckt es daher nicht zu. Der Pinselstrich ist immer dünnflüssig, die Farbe meist transparent, weshalb es bei dieser Art von Wasserfarben auch kein eigenes Weiß gibt – ein durchsichtiges Weiß wäre sinnlos, das Weiß kommt vom Papier. Beim Übermalen scheint das Papier oder die untere Farbe durch und erzeugt einen Zwischenton.

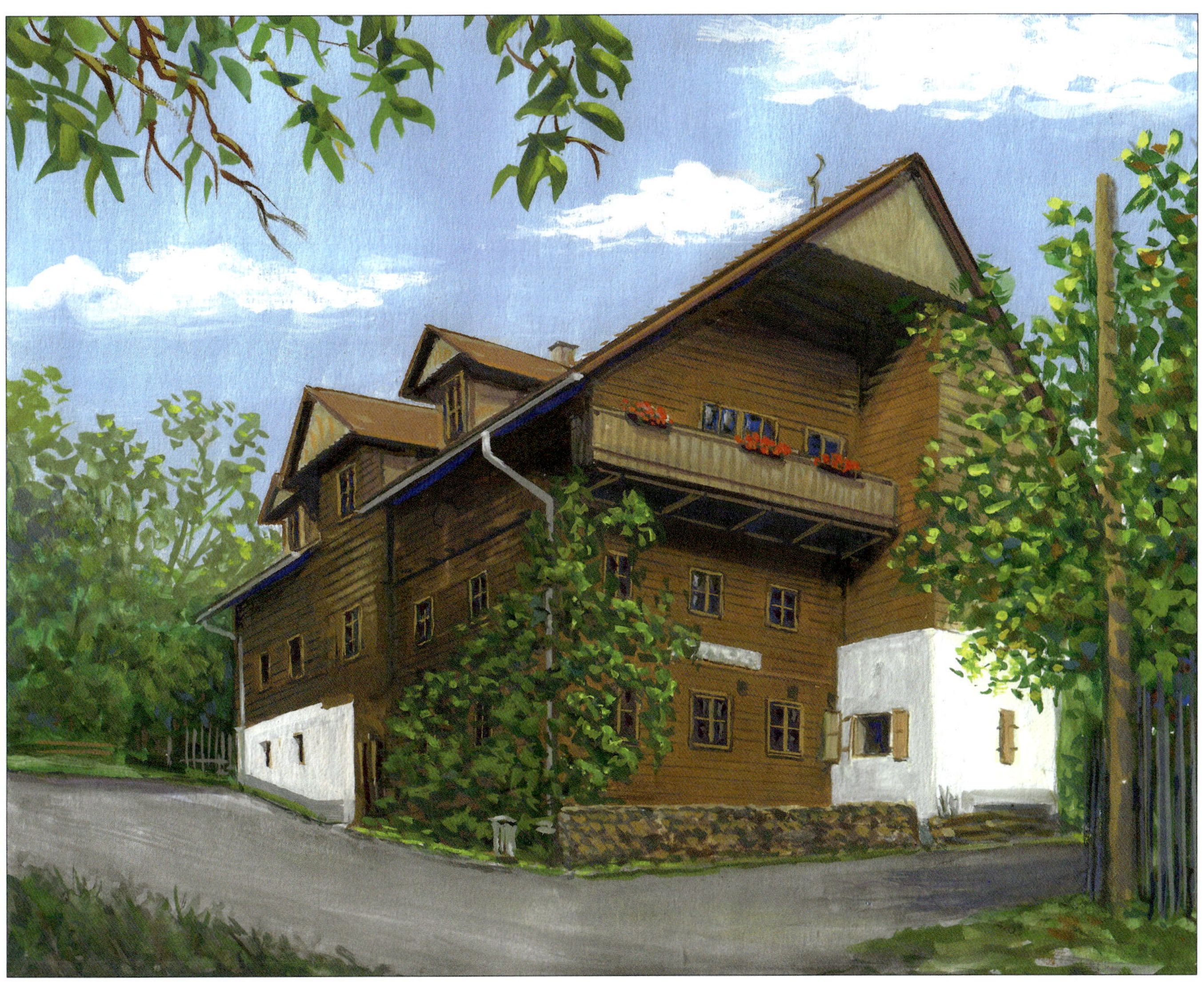

Malerischer Realismus: Gouachefarben leuchten, aber sie glänzen nicht. Die im Vergleich zu Aquarell und Acryl matte, samtig-pastellartige Oberfläche gibt den Bildern einen sozusagen natürlichen Anstrich, hier etwa dem Holz, Verputz und den Mauern des Kärntner Landgasthofs in dem ich seit vielen Jahren meinen Urlaub verbringe.

Gouache

Im Unterschied zu Aquarellfarben ist Gouache eine Deckfarbe, die allerdings bei starker Verdünnung ihre Deckkraft verliert und zu einer Art Aquarellfarbe wird. Wenn sie nur wenig verdünnt aufgetragen wird, überzieht sie das Papier und die darunterliegenden Farben mit einer deckenden Farbschicht. Dafür sorgen die darin enthaltenen Bindemittel und Füllstoffe, in der Hauptsache Dextrin, bei teuren und hochwertigen Farben auch Glyzerin und Gummi arabicum.

Dextrin ist eine Art weißer Kleister, der aus Kartoffel- und Getreidestärke unter Einwirkung von Säuren und hoher Hitze hergestellt wird. Dieses Medium dämpft die Farbe leicht ab, ohne den Farbton selbst zu verändern. So entsteht die typisch matte, sanfte Oberfläche. Das aus dem Wundsaft afrikanischer Akazien gewonnene Gummi arabicum klebt die Mixtur auf dem Papier sozusagen fest und verbindet auch die übereinander aufgetragenen Farbschichten. Beide Zusätze sind wasserlöslich, was bedeutet, dass sich auch getrocknete Gouachefarbe wieder anlösen lässt. Wenn Sie also eine Lasur über die untere Farbe legen, müssen Sie vorsichtig vorgehen und dürfen nicht mehr viel hin und her malen, sonst nimmt der nasse Pinsel die unteren Farben mit und vermischt sie mit der Lasurfarbe.

Eine Ausnahme bildet die sogenannte Acrylgouache (etwa von Liquitex), eine erst in den vergangenen Jahren entwickelte Variante, in der als Bindemittel auch Acrylat zum Einsatz kommt. Denn das Acrylat macht die Farbe nach dem Trocknen wasserfest und versiegelt die Pigmente. Die Grundierung kann also unbesorgt übermalt werden, zum Beispiel auch auf Leinwand. Das typisch matte Finish von Gouache bleibt erhalten.

Von Guazzo zu Gouache

An Gouache ist nichts geheimnisvoll oder schwierig: Auch Anfänger kommen von den ersten Schritten an ohne Umwege über spezielle Techniken gut und sicherlich besser zurecht als etwa mit Aquarellfarben. Die Farben trocknen schnell und lassen sich gut kontrollieren. Freizeitmalern gelingen alsbald erstaunlich realistische oder auch impressionistische Bilder, und für viele professionelle Künstler, insbesondere für Illustratoren und Grafiker, sind Gouachefarben oft erste Wahl.

Rätselhaft an diesem wunderbaren Medium ist lediglich, warum die Farben bei Hobbykünstlern so unverdient tief im Schatten von Aquarell und Acryl stehen. Weil sie als Deckfarben an den Schulmalkasten erinnern? Oder irritiert der als Guasch ausgesprochene Name?

Das Wort Gouache leitet sich vom italienischen „Guazzo" (Pfütze) und bezeichnete ursprünglich kein bestimmtes Malmedium, sondern eine spezielle Technik und das daraus resultierende Erscheinungsbild. Dabei wurde das Papier mit Temperafarben grundiert und mit verdünnten Ölfarben flüssig übermalt – daher die Pfütze. Tempera ist eine seit der Antike bekannte Malfarbe auf der Grundlage einer Öl-Wasser-Emulsion. Als Grundierung nimmt sie der Lasur den für Ölfarben typischen Glanz – die Oberflächen erscheinen matt.

Dieser beliebte Matt-Effekt ließ sich allerdings auch auf einfachere Weise erzielen, nämlich dadurch, dass man den üblichen Wasserfarben etwas Kreide mitmischte. Die Farbe verlor Transparenz und gewann Deckkraft, und der Auftrag erschien ähnlich matt und gedeckt wie lasierende Ölfarbe auf Tempera. So übertrug sich der Name Gouache mit der Zeit auf diesen Typ von Malfarbe. Etwa ab 1850 wurde dieser Gouachefarbe Zink-Weiß beigefügt, was zu hellen, pastelligen Farbtönen führte. Diese ließen sich auch prima mit Pastellen kombinieren. Anders als das damals viel verwendete – und giftige – Bleiweiß stumpft Zink-Weiß die Farbe nicht ab, sondern hellt sie lediglich auf.

Die Farbpalette der frühen Gouachefarben war begrenzt und ihre Qualität entsprach kaum den Ansprüchen von Künstlern. Zwar kamen mit der Entwicklung der Farbchemie auch neue Pigmente und Töne auf den Markt, doch die Farben waren nicht hinreichend lichtecht für künstlerische Ansprüche. Ende des 19. Jahrhunderts wurde die Gouache in einer viel reicheren Farbpalette angeboten, aber sie blieb eine Farbe von geringerer Qualität – beliebt nur deshalb, weil sie billig war. Erst in der Zeit zwischen den beiden Weltkriegen kamen hochwertige Gouachefarben mit lichtechten Pigmenten auf den Markt und eroberten die Ateliers von Illustratoren, Malern und Gebrauchskünstlern.

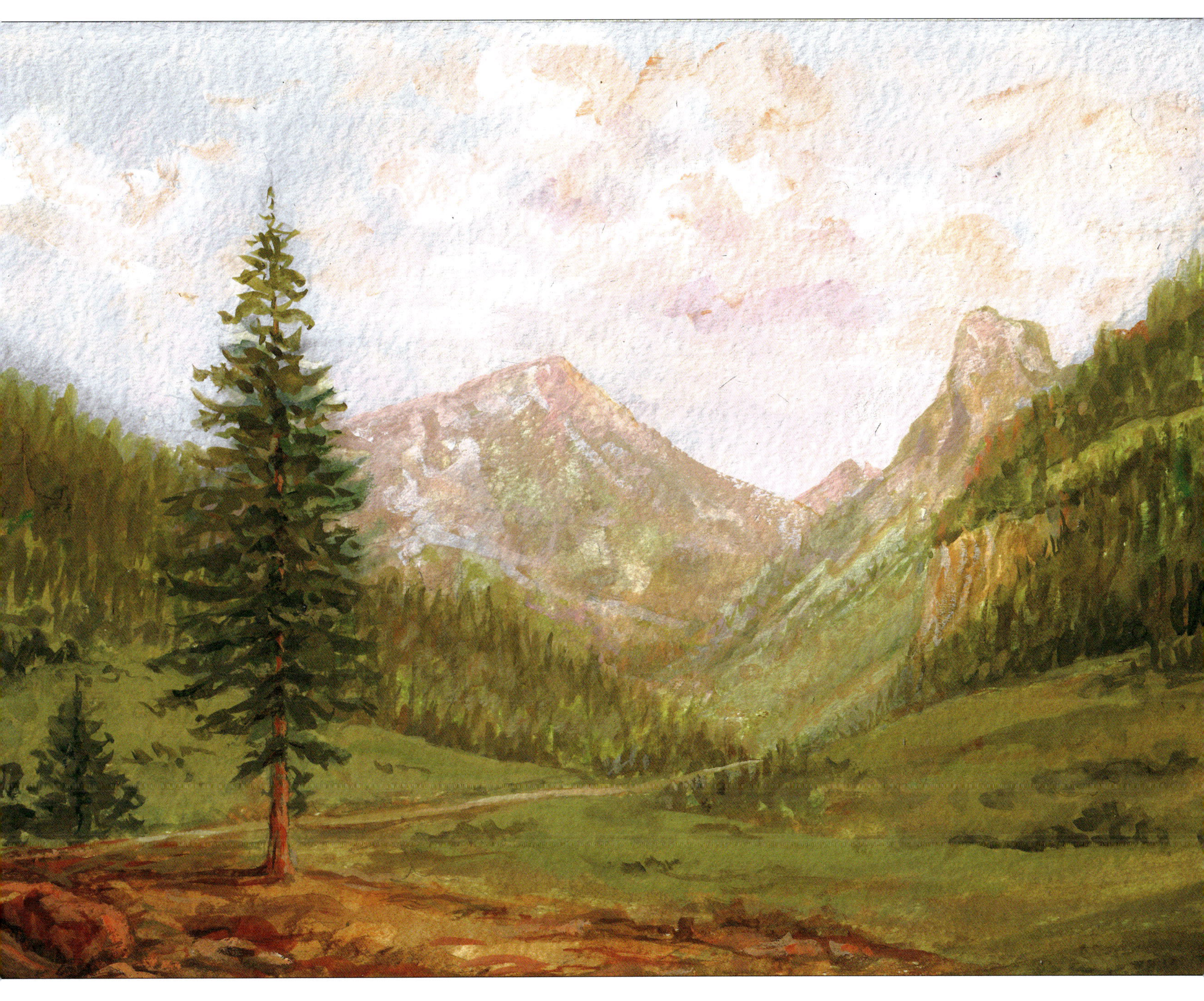

Himmel, Berg und Tal: Das einfache Landschaftsbild auf rauem Aquarellpapier zeigt typische Arten des Farbauftrags: zarte Lasuren im flächig getönten Himmel, deutlichere Strukturen im felsigen Gebirge und deckende Malstriche im grünen Tal. Die satten Farben und Kontraste lassen den Vordergrund heranrücken, während sich die Gipfel in blassen Tönen in die Ferne zurückziehen.

Material

Die Farben

Gouache gibt es in Tuben oder Gläsern. Die Tubenfarben sind, bezogen auf die Inhaltsmenge, deutlich teurer – allerdings auch praktischer, da man die Farbe zum Mischen und Verdünnen direkt auf die Palette geben kann. Markenhersteller wie Schmincke oder Winsor&Newton bieten unterschiedliche Qualitäten an. Preislich am unteren Ende sind die sogenannten Akademie- oder Studienfarben angesiedelt, eine Empfehlung für Anfänger in der Gouachemalerei. Die vermutlich besten hierzulande erhältlichen Gouachefarben kommen von Winsor&Newton und von Schmincke, hier die Horadam Gouache. Zum Vergleich: Die Akademie Gouache von Schmincke kostet pro 100 ml etwa 7 Euro, die gleiche Menge von Horadam das Zehnfache.
Die meisten Hersteller bieten zwischen 30 und 60 Farbtöne an. Da sich die Farben prima zu Zwischentönen mischen lassen, kommen Sie auch schon mit wenigen Farbtönen zurecht, siehe rechts die Farbliste. Das Mischen kann viel Spaß machen und Sie lernen dabei auf praktische Weise, wie sich die Farben zueinander und miteinander verhalten. Einen sicheren Zugang zum gewünschten Ton bietet natürlich eine größere Palette – Sie sehen gleich, mit welcher Farbe Sie es zu tun haben. Sie können die jeweilige Farbe pur und mehr oder weniger verdünnt nehmen oder sie für Mischungen gezielt auswählen. Dafür – und für die Malprojekte in diesem Buch – reichen die unten abgebildeten Farben.

Die jeweils verwendeten Töne werden in den Anleitungen noch einmal gesondert dargestellt.
Das Weiß brauchen Sie fast in jedem Bild für Farbmischungen und als pure Farbe, das Schwarz nur für reine Schwarz-Weiß-Bilder. In farbigen Gemälden wirkt es stumpf und tot. Besser, Sie mischen sich eigenes Schwarz aus Siena gebrannt, Ultramarin und Karminrot an.

Wie Sie sehen werden, lassen sich die Farben prima mischen. Für den Anfang kommen Sie in der Regel mit neun Tönen zurecht.

Hier eine Farbliste für Anfänger:

- Zink-Weiß
- Kadmiumgelb (hell)
- Kadmiumrot
- Alizarin Karminrot
- Gelber Ocker
- Siena gebrannt
- Coelinblau
- Ultramarinblau
- Viridiangrün (Chromoxidgrün)

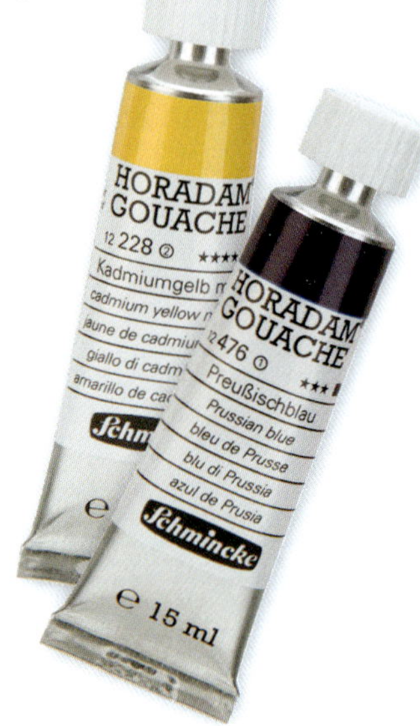

Tubenfarben in Künstlerqualität

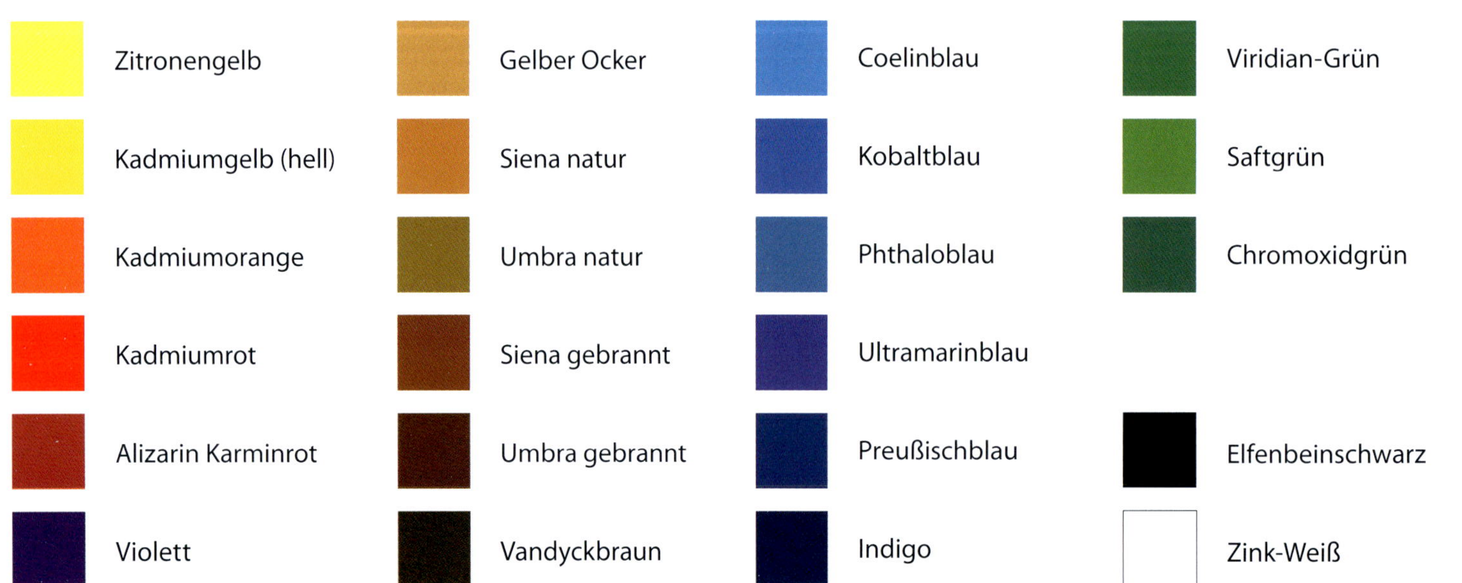

Die Pinsel

Zum Malen nehmen Sie am besten Aquarellpinsel in verschiedenen Größen und Formen. Rotmarderpinsel sind teuer, halten bei guter Pflege aber auch sehr lange. Eine gute Alternative sind hochwertige Synthetikpinsel.

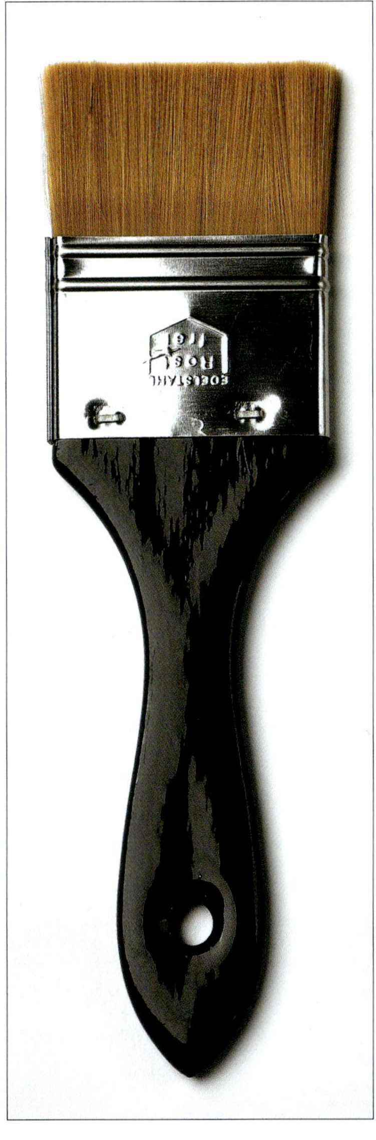

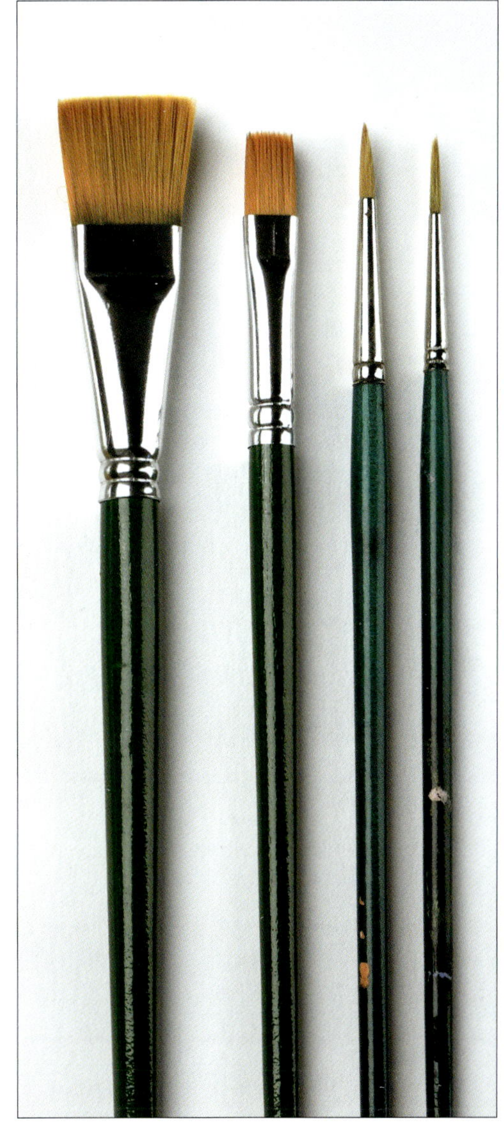

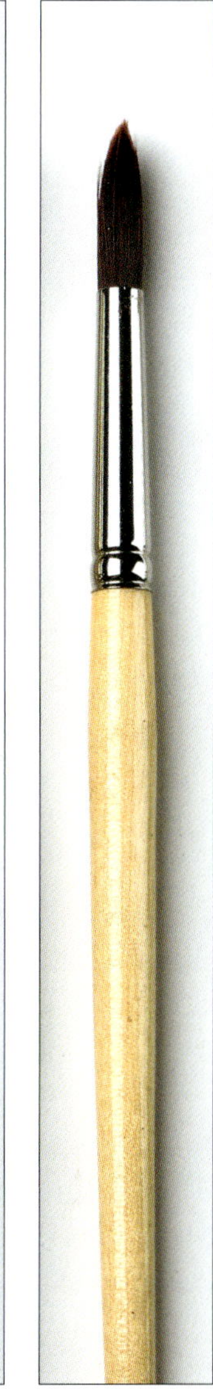

Das Papier

An das Papier stellt Gouache, anders als Aquarell, keine besonderen Ansprüche. Gut bedient sind Sie mit einem glatten, schweren Zeichenpapier ab 200 g/m² oder ebenfalls glattem (satiniertem) Aquarellpapier. Sofern die Farbe nicht sehr nass aufgetragen wird, wird es sich durch die Feuchtigkeit auch nicht wellen – Sie müssen es also nicht aufspannen. Mit einem Aquarellblock sind Sie auf der sicheren Seite, weil die Blätter am Rand festgeklebt sind.

Die Hilfsmittel

- Bleistift HB zum Vorzeichnen
- Transferpapier oder Transparentpapier zum Übertragen der Konturen von einer Zeichnung oder einem Foto auf den Malgrund
- Palette aus glattem Material zum Mischen der Farbe; beim Malen mit Acrylgouache eine Abrisspalette

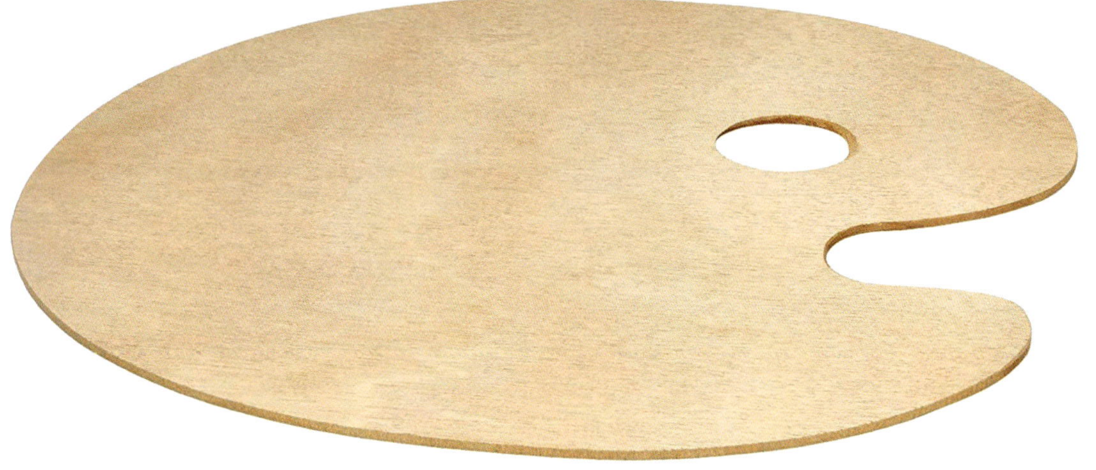

Eine typische Malpalette zum Mischen der Farben

Gut gemischt

Auch wenn Sie eine große Palette an Farben zur Verfügung haben: Das Mischen gehört zum Malen. Im Bild selbst werden Sie Mischfarben beim Lasieren und beim Vermalen erzielen. Die Grundtöne für die jeweiligen Bildbereiche bereiten Sie jedoch am besten auf der Palette vor. Dann können Sie die Farbmischung auf einem anderen Blatt Papier ausprobieren, bevor Sie damit ins Bild gehen. Bedenken Sie, dass die Farben nach dem Trocknen etwas heller werden.

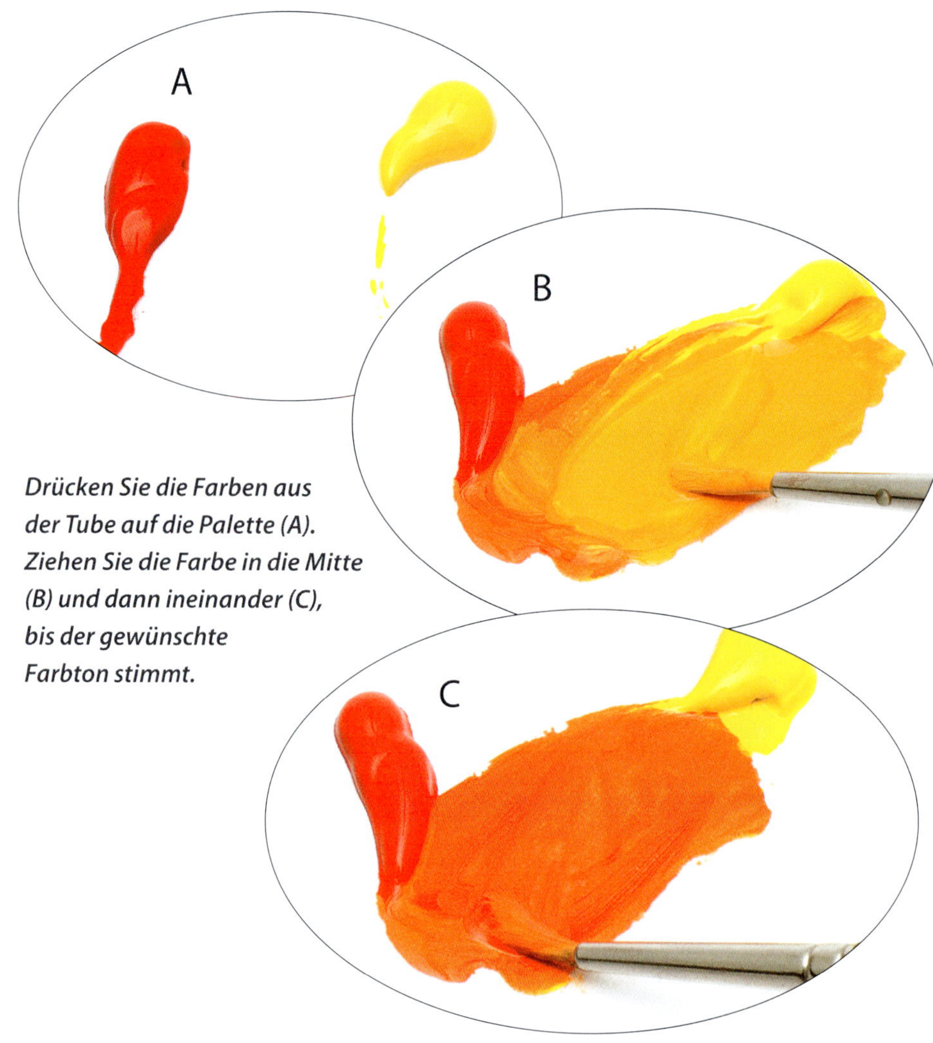

Drücken Sie die Farben aus der Tube auf die Palette (A). Ziehen Sie die Farbe in die Mitte (B) und dann ineinander (C), bis der gewünschte Farbton stimmt.

Mischen

Geben Sie die Farben nebeneinander auf die Palette, ziehen Sie etwas von der einen Farbe in die andere und mischen Sie beide. Nach und nach nähern Sie sich so dem gewünschten Farbton an, den Sie am besten auf einem Blatt Papier ausprobieren sollten. Wie Sie sehen werden, wird die Farbe beim Trocknen etwas heller. Als Palette tut es jede glatte Fläche, auch Glas oder Partyteller. Angetrocknete Farbe können Sie mit ein paar klaren Wassertropfen wieder vermalbar machen.

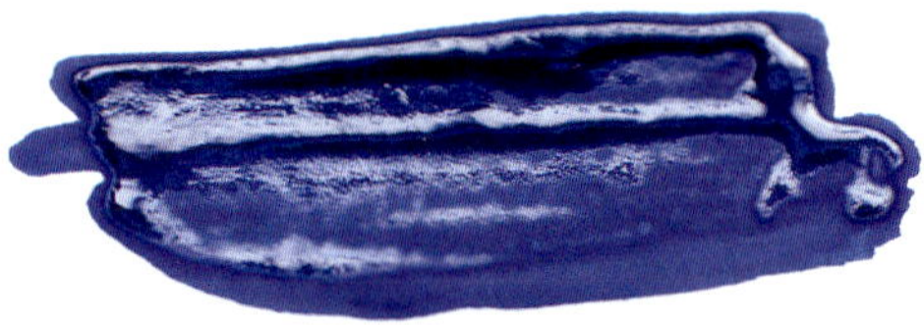

Feuchte Farbe glänzt, und auch die Pinselspuren sind noch sichtbar.

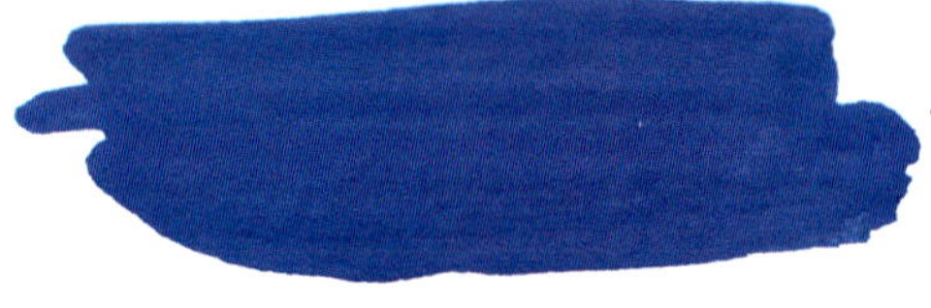

Beim Trocknen wird die Farbe heller, die Malspuren verschwinden.

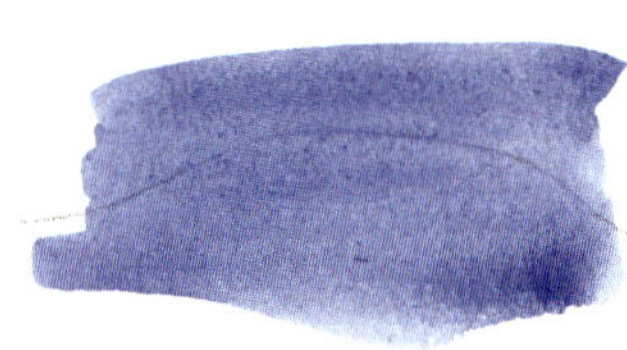

Wässrig: *Verdünnte Gouachefarbe deckt nicht und erinnert an Aquarell.*

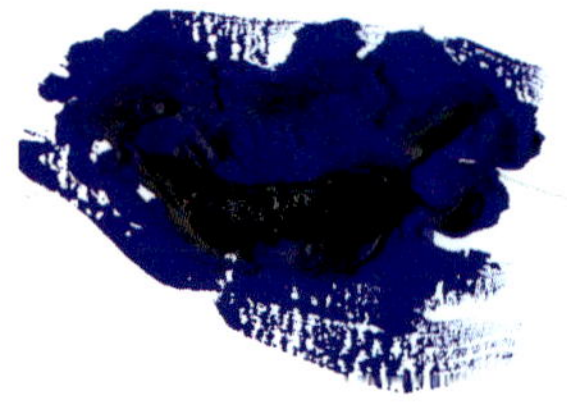

Pastos: *Trocken und sehr dick aufgetragen, bleiben Pinselspuren – ähnlich wie bei Acryl.*

Deckend: *Typisch für Gouache ist der gleichmäßige Farbauftrag.*

Verdünnen und auftragen

Gouachefarben gibt es (wie Aquarellfarben) in gepresster, trockener Form für den Malkasten, im Fläschchen und als Paste in Tuben (empfehlenswert). Geben Sie die Farben stets zuerst auf die Palette, wo sie nach Wunsch gemischt und nach und nach mit Wasser verdünnt werden. Dünne Farbe können Sie zwar nachträglich wieder eindicken, indem Sie weitere hinzufügen, dann aber haben Sie vielleicht mehr Farbe angemischt, als Sie brauchen.

Oben **Kadmiumgelb**, unten links und rechts **Karminrot** und **Ultramarinblau**. Hier sehen Sie, wie sich die Farben an den Flanken und an der Basis beim Vermischen in die eine oder andere Richtung verändern. Probieren Sie das auf der Palette und dann auf einem Blatt Papier aus!

Die Dreiecke im Inneren der Pyramide zeigen die Töne, die sich aus Mischungen der bereits angemischten Farben ergeben. Diese Mischtöne wirken abgedämpft.

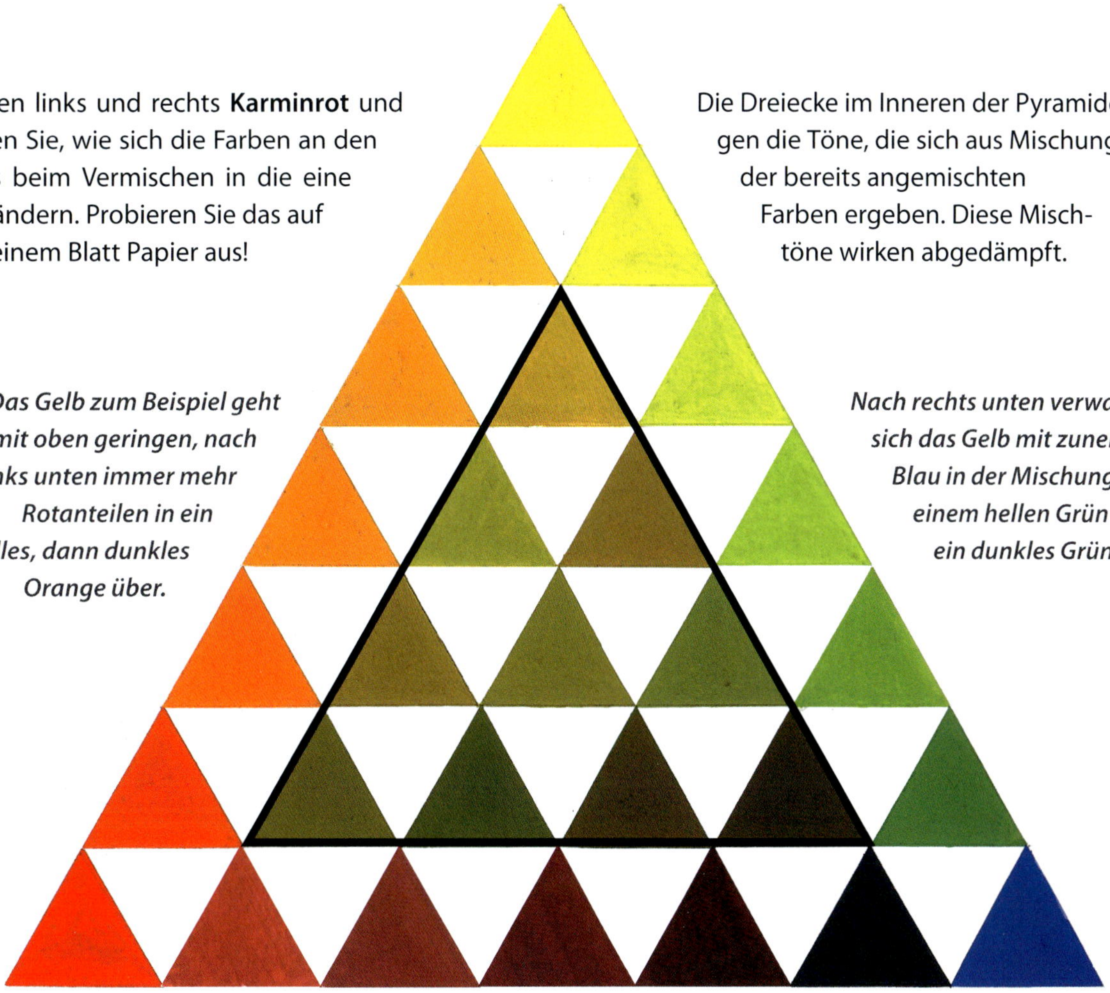

Das Gelb zum Beispiel geht mit oben geringen, nach links unten immer mehr Rotanteilen in ein helles, dann dunkles Orange über.

Nach rechts unten verwandelt sich das Gelb mit zunehmend Blau in der Mischung von einem hellen Grün in ein dunkles Grün.

Unten gehen Rot und Blau in diverse Brauntöne über.

So erhalten Sie eine gleichmäßige Farbfläche

Tragen Sie die Farbe mit dem Flachpinsel abwechselnd mit senkrechten und waagerechten Strichen auf, bis alle Pinselspuren verschwunden sind.

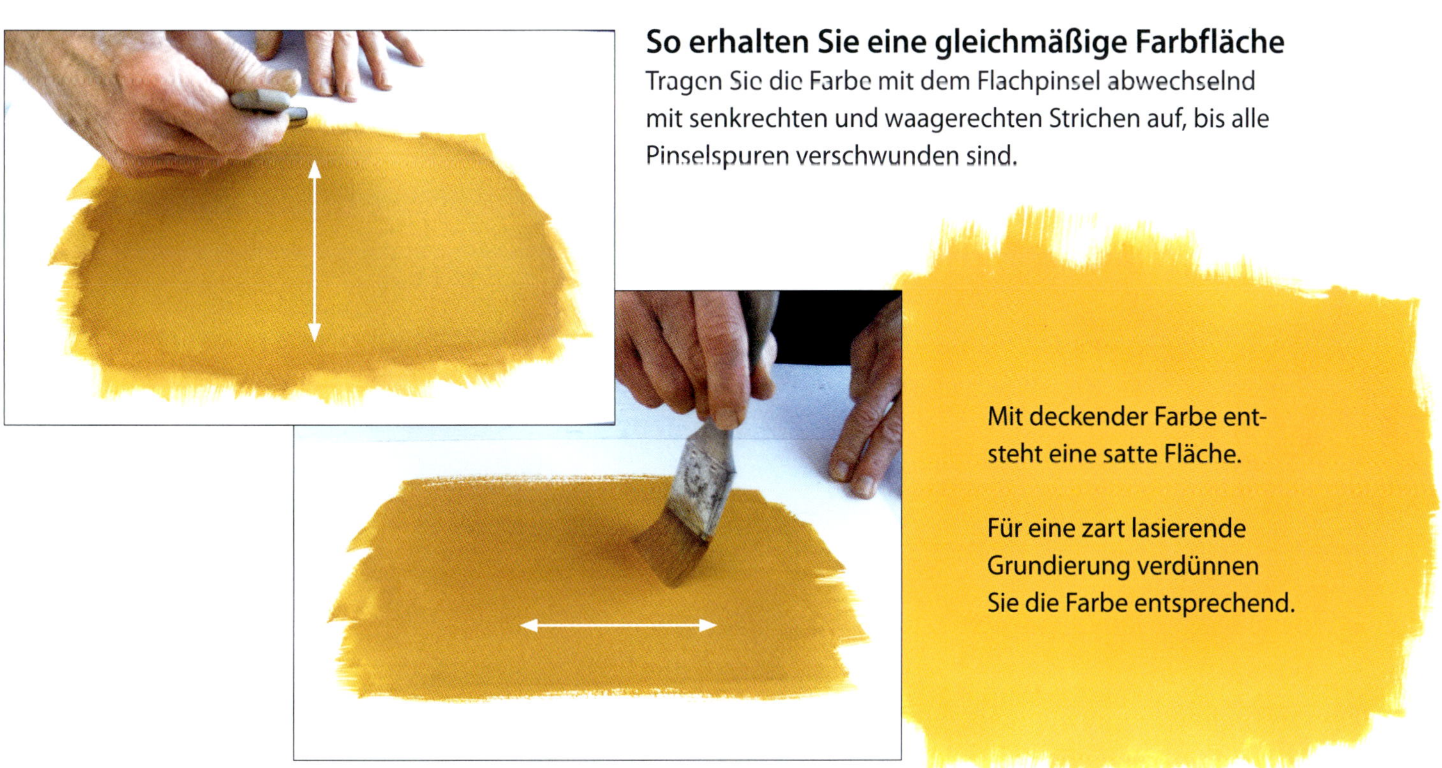

Mit deckender Farbe entsteht eine satte Fläche.

Für eine zart lasierende Grundierung verdünnen Sie die Farbe entsprechend.

Erste Schritte

In diesen einfachen Beispielen machen Sie sich mit den wichtigsten Eigenschaften, Malweisen und Effekten von Gouache vertraut.

Farben verblenden

Mit Gouache lassen sich zwei Farben stellenweise so ineinandermalen, dass eine Farbe in die andere weich übergeht. Ebenso gut können Sie Verläufe von hell nach dunkel malen – und umgekehrt: also Objekte schattieren oder ins Licht setzen.

Untermalen und lasieren

Mit verdünnter Farbe können Sie Lasurschichten aufbauen; die Untermalung muss dazu trocken sein.

Trocken malen

Mit sehr wenig Farbe auf dem trockenen Pinsel bleiben körnige oder streifenförmige Malspuren stehen – hier malt sozusagen das Papier mit.

Nass in nass

Tragen Sie in eine nasse Farbe oder direkt daneben eine andere auf, sodass sie ineinander übergehen. Mit dem Pinsel steuern Sie den Farbfluss.

Deckend malen

Unverdünnt und dick aufgetragen deckt Gouache die untere Farbschicht ab. Etwas zugemischtes Weiß gibt auch verdünnten Farben mehr Deckkraft. Das Weiß hellt die Farbe auf und nimmt ihr zugleich Leuchtkraft, der Farbauftrag wird milchig und pastellig.

Korrigieren

Misslungene Striche oder „falsche" Farben können Sie entweder deckend übermalen – oder Sie befeuchten die Stelle mit Wasser und tupfen die Farbe ab. Vielleicht müssen Sie den Vorgang wiederholen. Nach dem Trocknen wieder frisch drauflos – siehe die Übung rechts.

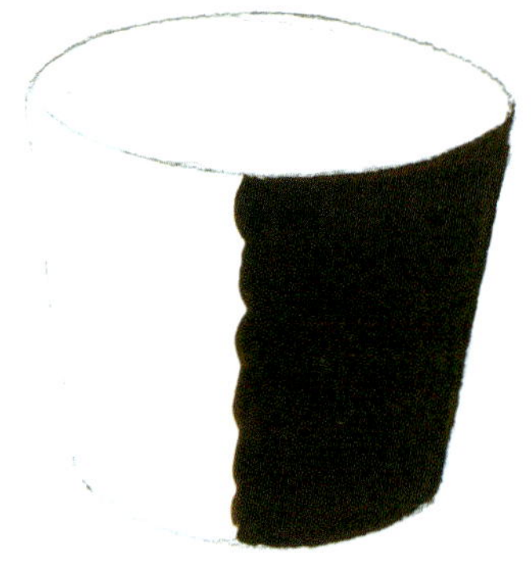

Hier bekommt der Becher beim Schattieren und Verblenden eine glatte Glasur mit schwachen Streifen. Malen Sie eine Seite weiß, die andere dunkelbraun aus.

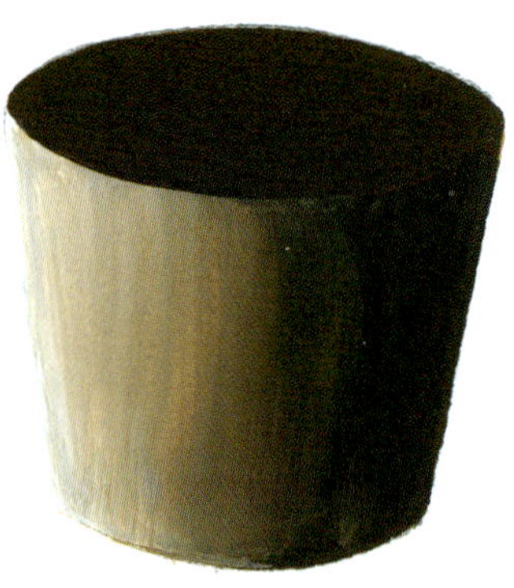

Waschen Sie den Pinsel aus. In die feuchte Farbe malen Sie von der Mitte weg senkrechte Striche nach außen, ohne weitere Farbe aufzunehmen.

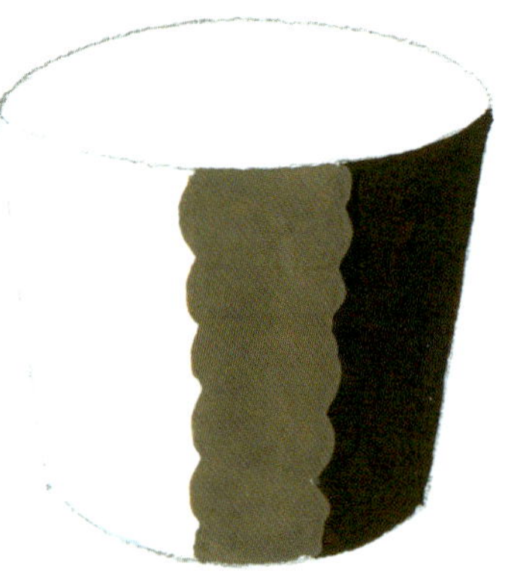

Beim trockenen Verblenden erhalten Sie eine körnige Textur. Malen Sie den Becher in Weiß, einem aufgehellten Braun und Dunkelbraun vor.

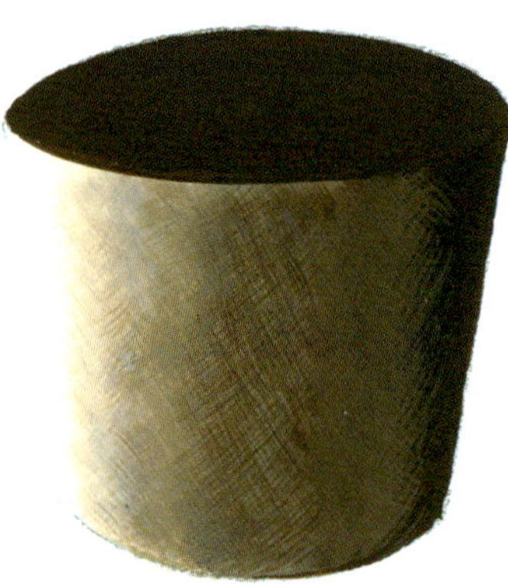

Wischen Sie den Pinsel am Küchenkrepp trocken (nicht auswaschen). Stupfen Sie ihn kreuz und quer auf. Das gibt eine schraffurartige Textur.

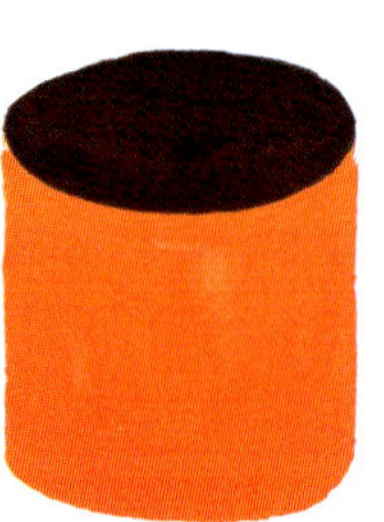

Korrigieren ist einfach: Das Dunkelbraun soll umgefärbt werden.

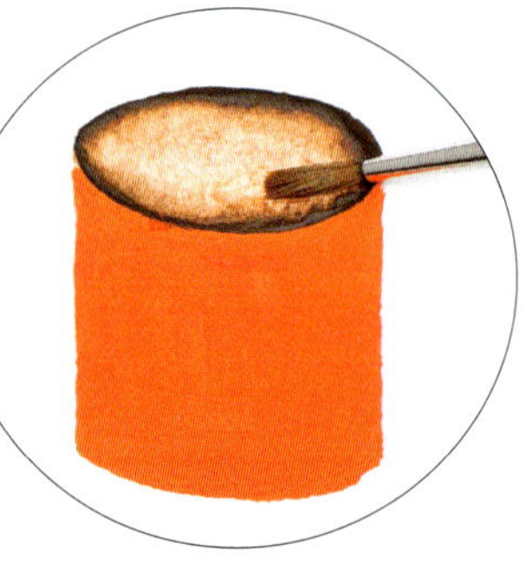

Befeuchten Sie das Braun mit dem nassen Pinsel und tupfen Sie die Farbe ab.

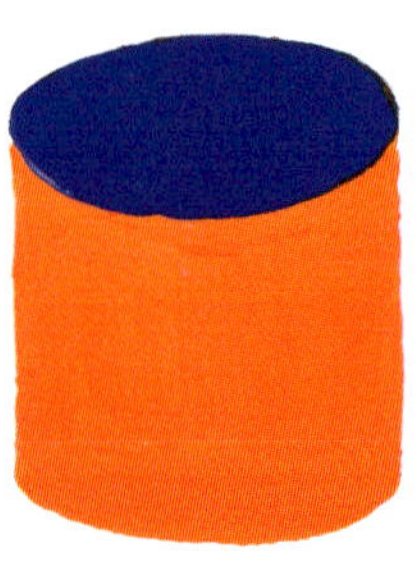

Trocknen lassen und mit einer anderen Farbe (hier z. B. in Blau) bemalen.

Nass auf trocken, nass in nass

Malen Sie die Wolken mit Weiß in das getrocknete Himmelsblau, dann in das nasse Weiß blau-violette Schatten und oben einen Hauch Gelb.

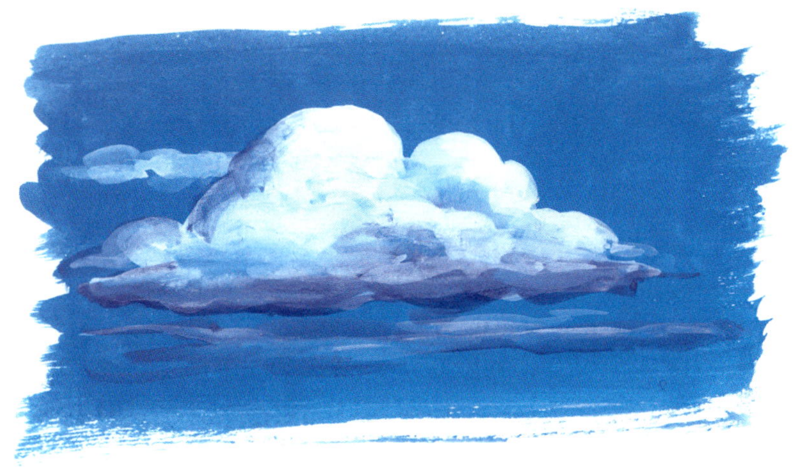

Schatten und Glanzlicht

Mischen Sie wenig Braun zum Rot, verdünnen Sie die Farbe ein bisschen und malen Sie den Apfel aus. Schattieren Sie ihn mit etwas Blau zum Braun, malen Sie den Stängel und zuletzt das Glanzlicht in Weiß mit einer Spur Gelb.

Trockenbauweise

Zeichnen Sie die Backsteine vor und in einem Ziegelrot (Kadmiumrot mit Siena gebrannt) aus. Trocknen lassen, die Fugen mit einem mit Rot abgetönten Weiß malen, die Flecken auf den Ziegeln mit etwas Weiß zum Rot. Wieder trocknen lassen. Dann ziehen Sie rotbraune Schattenstriche unter die Backsteine, dazwischen wieder weiße Fugen.

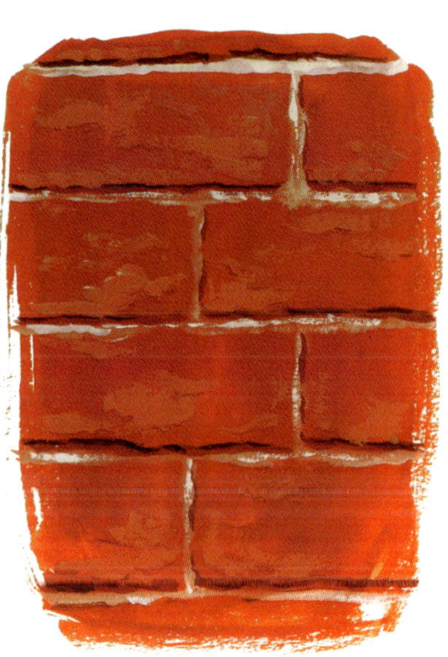

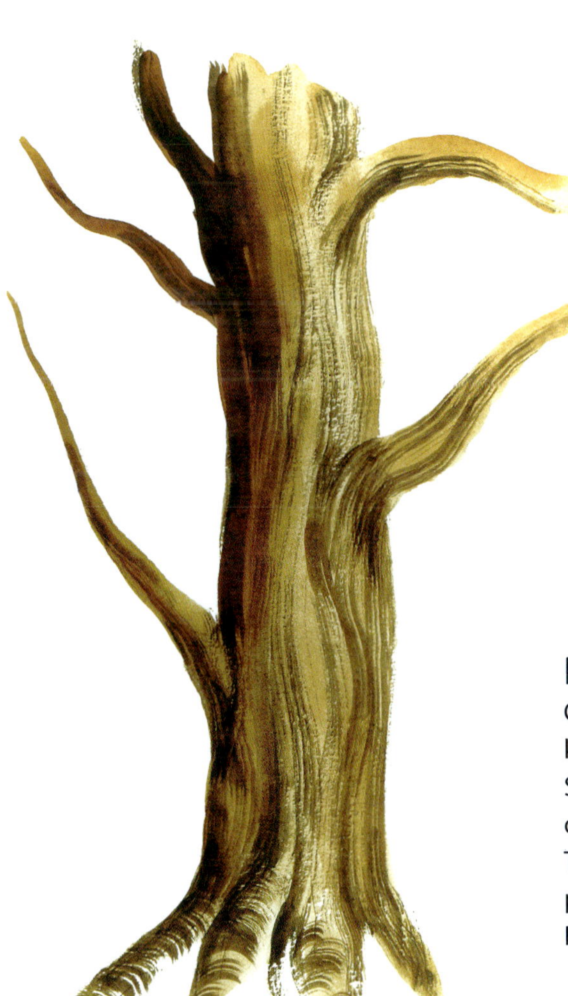

Borstig gebürstet

Ganz wenig Farbe auf dem trockenen Borstenpinsel gibt einen gebrochenen, körnigen Malstrich – und eine interessante Rindenstruktur. Erst untermalen Sie den Stamm mit dem Rundpinsel in verdünntem Hellbraun aus und ziehen die Schattenstriche (Dunkelbraun mit Dunkelblau) in die nassen Farben. Trocknen lassen. Dann nehmen Sie mit den Spitzen des trockenen Borstenpinsels Umbra gebrannt auf, folgen der Wuchsrichtung und „bürsten" die Farbe trocken und grob auf die Lichtseite. Sieht nach grober Borke aus …

Tipps und Effekte

Bleistift, hart und weich

Mit dem Bleistift 2B kann man auch Schattenpartien festlegen und die Schraffuren unter den Lasuren durchscheinen lassen – etwa, um harte Oberflächenstrukturen zu verdeutlichen.
Zum Zeichnen und Nachzeichnen von Konturen auf einem trockenen Farbgrund nehmen Sie einen weichen Bleistift (4B oder 6B), der gut und deutlich abfärbt. So lassen sich auch Details klar umreißen und vom Hintergrund abheben.

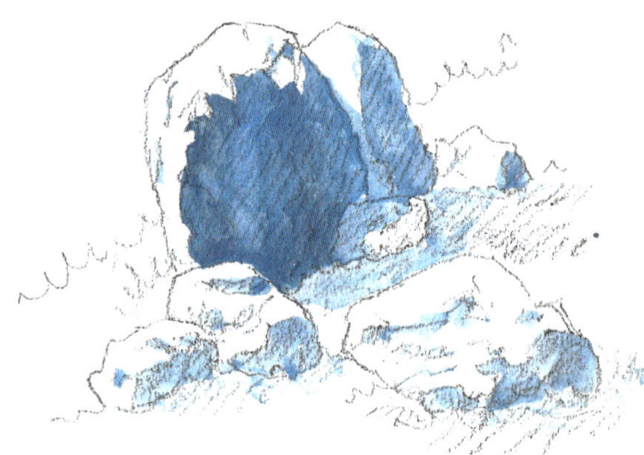

Oder der weiche Bleistift wird vom Hilfsmittel zum Werkzeug, das dem Motiv zuletzt einen grafisch-illustrativen Charakter gibt.

Wolken und Laub

Was sich in der Natur zu zufälligen plastischen Gebilden zusammenballt, lässt sich zwar auch fantasievoll zeichnen und malen, doch allzu leicht fällt das Ergebnis stereotyp aus. Halten Sie sich lieber an natürliche himmlische Vorbilder – oder Fotos.

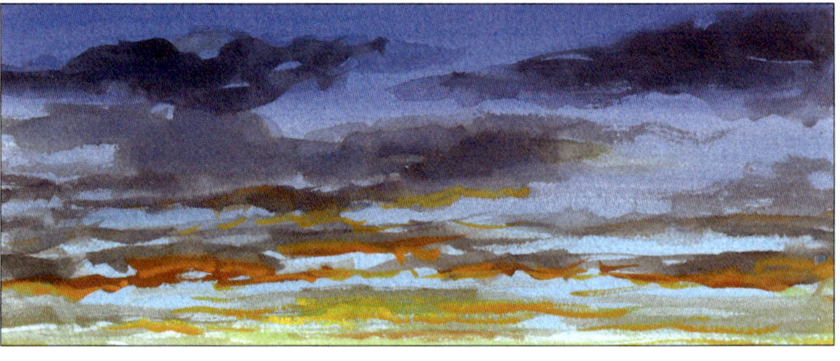

Farbverläufe

Beim Verblenden von Farben nass in nass entstehen weiche Verläufe. Sollten harte Ränder bleiben, können Sie diese auch nachträglich noch mit klarem Wasser ausgleichen. Oder Sie befeuchten solche Bereiche schon zuvor mit Wasser, sodass die Farben von sich aus ineinanderfließen, hier im Bereich zwischen Blau und Gelb.

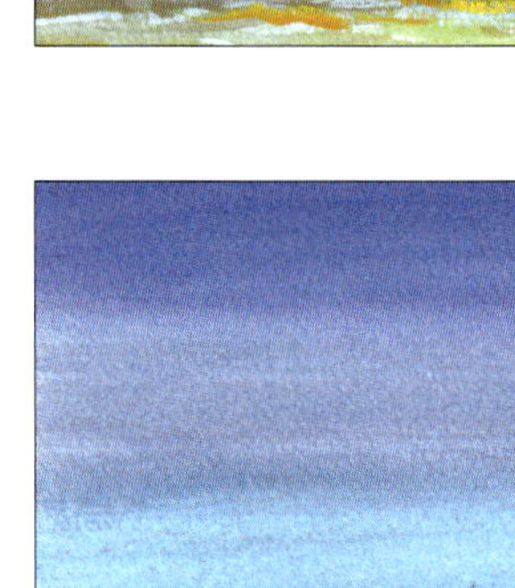

Modellieren

Folgen Sie der Form im Verlauf von Licht und Schatten. So entstehen Wölbungen, Rundungen und Vertiefungen: Das Objekt wird körperlich. Noch einfacher und effektvoller geht das, wenn die Struktur der Oberfläche selbst die Richtung des Pinselstriches angibt – etwa auf Fell, Federn, Rinde, Fels oder Wellen.

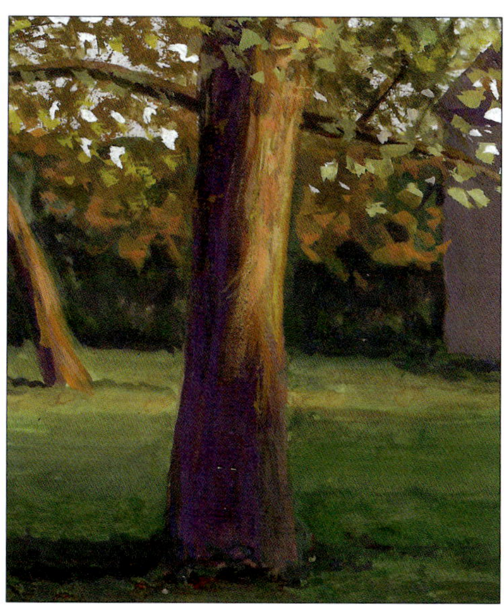

Eigenschatten

Eigenschatten (Körperschatten) entstehen durch den Lichteinfall auf den Objekten selbst. Klassisches Beispiel ist der Baumstamm, der sich durch den Hell-Dunkel-Verlauf von der beleuchteten Seite zur Schattenseite rundet.

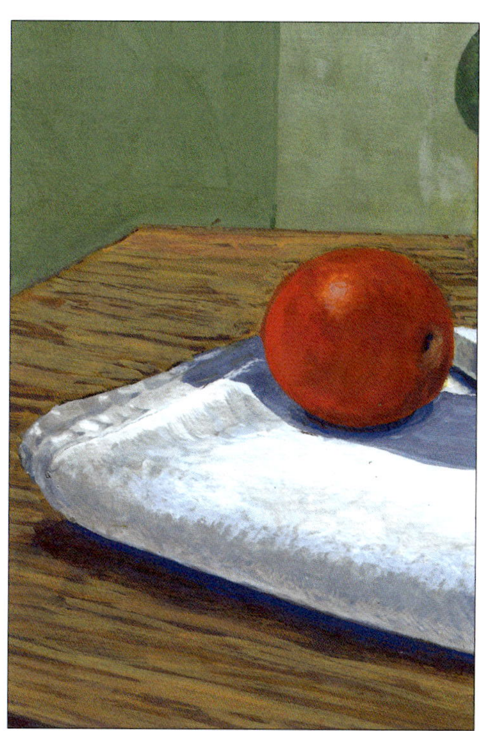

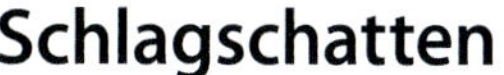

Schlagschatten

Der Schatten, den ein Ding auf ein anderes oder den Boden wirft, ist nicht neutral grau. Immer spielen die Farben des Untergrundes und der Umgebung mit. In Zweifelsfällen ist ein kühler Blauton fast immer eine gute Wahl. Im klaren Licht grenzen sich die Schattenformen klar vom Untergrund ab, bei diffusem Licht laufen die Schatten weich und undeutlich aus.

Nähe und Ferne

Beim Blick in die Landschaft erscheinen nahe Objekte wie etwa Bäume nicht nur klarer und detaillierter, sondern auch in kräftigen Farben. Ferne Bäume verblassen vage mit einem Stich ins Bläuliche. Der Grund: Auf der langen Strecke zwischen dem Standort des Betrachters und den entfernten Dingen wird das Licht von Staub und Dunst getrübt. Die Teilchen filtern auch die Rotanteile im Licht heraus, umso präsenter sind dann die Blautöne. Beim Malen simulieren Sie dieses natürliche Phänomen und bringen damit Tiefe in die Landschaft.

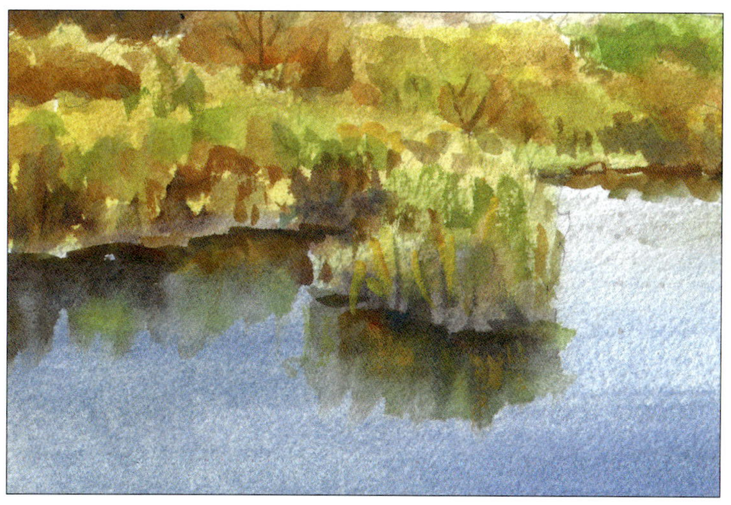

Lasuren

Beim dünnen, transparenten Farbauftrag scheint die untere Farbe durch, etwa wie durch eine farbige Glasscheibe. Dabei entsteht ein Zwischenton, der durch die zwei Schichten tiefer wirkt als in einer auf der Palette oder nass in nass im Bild vermischten Farbe. Um beim Lasieren solche Mischungen zu vermeiden, muss die untere Farbe trocken und die obere in wenigen Strichen aufgetragen werden.

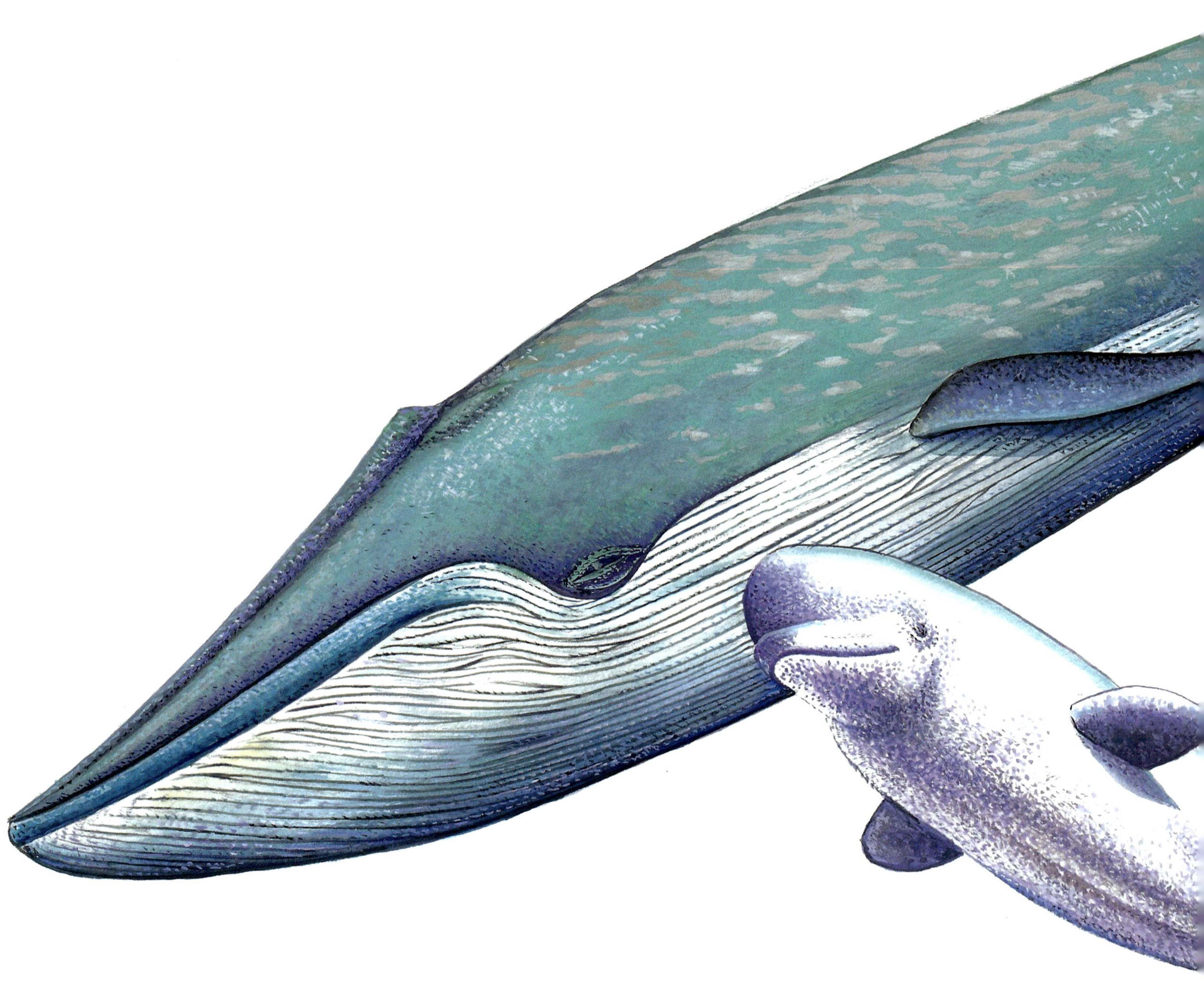

Hinter den Delfinen zieht der Blauwal seine Bahn.

Diese Art einer naturgetreuen Illustration braucht keinen ozeanischen oder sonstigen Hintergrund. Es geht alleine um das Modell, seine Gestalt und Farbigkeit, die Beschaffenheit der Oberflächen und um die arttypischen Einzelheiten. Dass dabei ein eindrucksvolles und zugleich dekoratives Gemälde entsteht, liegt sozusagen in der Natur der Sache – hier der Tiere. Und auch an den Gouachefarben, die sich für zoologische oder botanische Illustrationen besonders gut eignen.

Grundlage dafür ist immer eine genaue Vorzeichnung mit dem Bleistift, die unter der anfänglich lasierenden Grundierung erhalten bleibt. Das gilt auch für die Umrisse der Details. Bis die Bleistiftlinien nach und nach von den weiteren Farbschichten überdeckt und dann auch überflüssig werden, zeigen sie dem Pinsel sozusagen den Weg. Deshalb kann man mit Gouache und den entsprechenden Pinseln sehr detailliert und kontrolliert malen und das Zwischenergebnis – Farben und Einzelheiten – immer wieder an das Vorbild anpassen. Zugleich ist es ein Leichtes, große Flächen einheitlich oder mit weichen Farb- und Schattenverläufen aufzutragen, um das Modell zu modellieren.

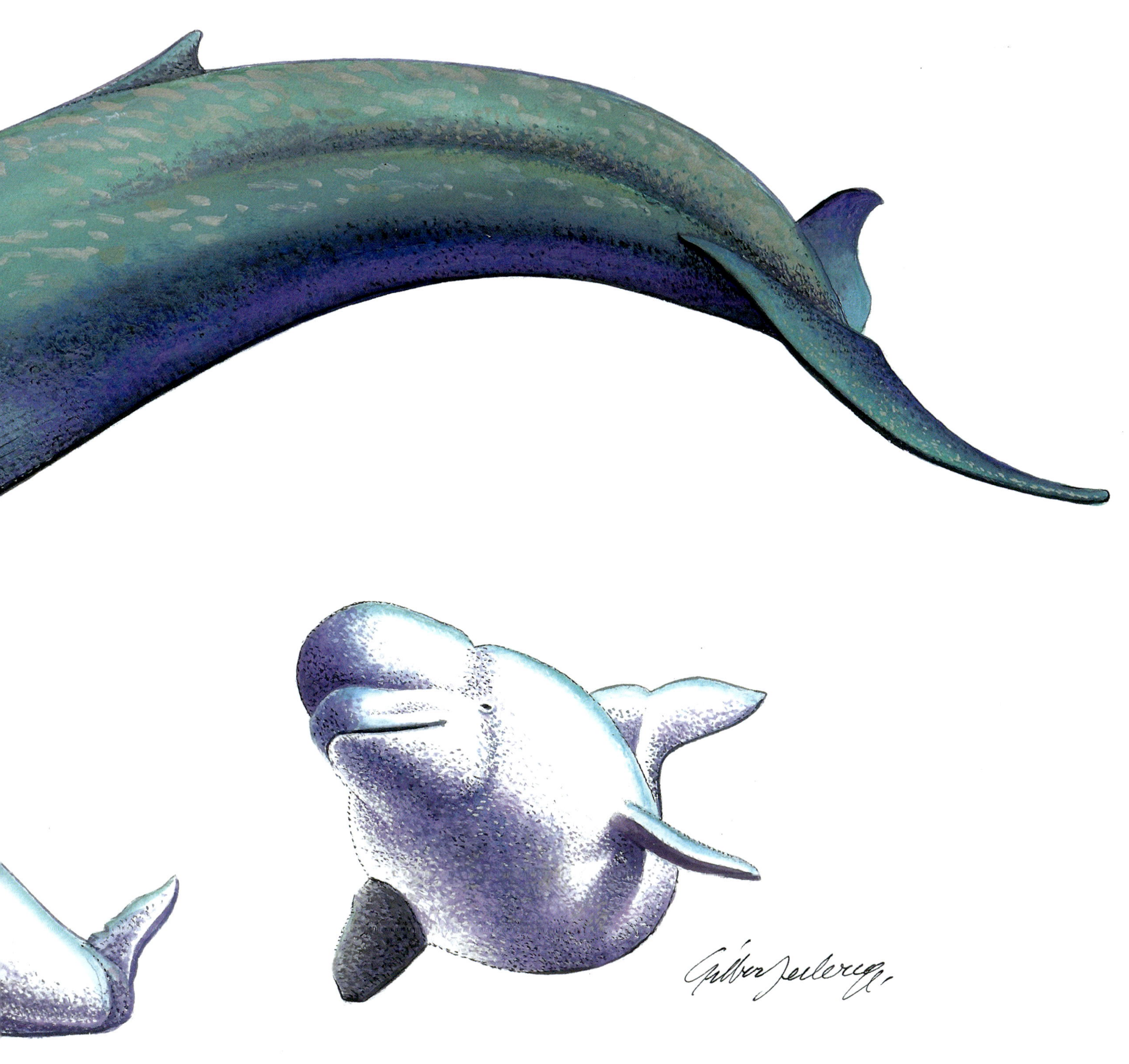

Aquarellfarben würden die Konturen durchscheinen lassen und den realistischen Eindruck stören – in der Wirklichkeit haben Dinge keine Konturlinien, sie grenzen sich durch Farbkontraste voneinander und vom Hintergrund ab. Das erlaubt es, das Motiv vor einen leeren Hintergrund zu stellen, sodass sich das Augenmerk ganz und gar auf das Modell richtet.

Sodann lassen sich Lichter dort auftragen, wo sie von Natur aus liegen: zuletzt auf der obersten Ebene. Das hat Gouache mit Acrylfarben gemeinsam, die sich jedoch nach dem Trocknen nicht mehr verändern lassen. Gouachefarben lassen sich nach dem Trocknen immer noch feucht verblenden, um realistische Effekte zu erzeugen.

Übungen

Bei den einfachen Übungen auf den nächsten Seiten können Sie sich mit den typischen Eigenheiten und Möglichkeiten von Gouache vertraut machen.

Das sind beispielsweise der nasse und trockene Farbauftrag, das Lasieren, das Modellieren mit Licht und Schattentönen oder das Herausarbeiten von glatten und strukturierten Oberflächen. Zugleich üben Sie das Malen von einzelnen Elementen, bevor Sie damit in ein größeres Stillleben, Blumen- oder Landschaftsbild gehen. Wenn Ihnen solche kleinen Studien nicht auf Anhieb gelingen – ein neuer Versuch ist schnell getan und Sie gewinnen genug Routine, um sich dann auch in einem aufwendigeren Gemälde wohlzufühlen.

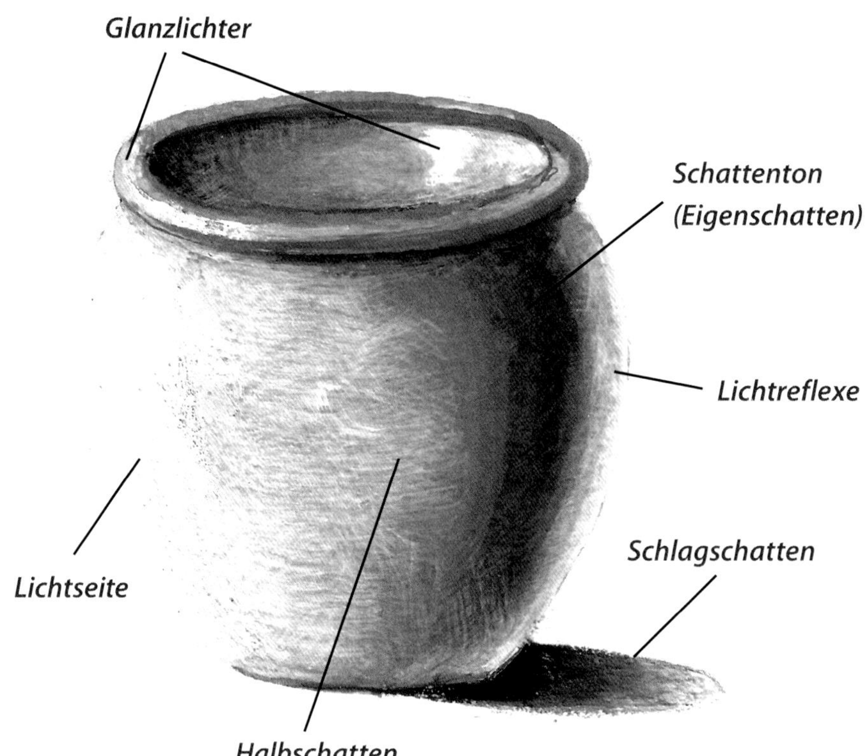

Mit Licht und Schatten erhält der graue Topf sein Volumen. Dabei tragen Sie die Farben nass auf und übermalen die Lichtseiten zuletzt mit einem trockenen Weiß, was dem Objekt auch eine realistische Struktur gibt. Anders als mit Aquarellfarben können Sie also auch hell auf dunkel malen, was die Aufgabe ziemlich vereinfacht. Die unterschiedlichen Grautöne (hell, mittel, weiß) mischen Sie auf der Palette aus Weiß und Schwarz.

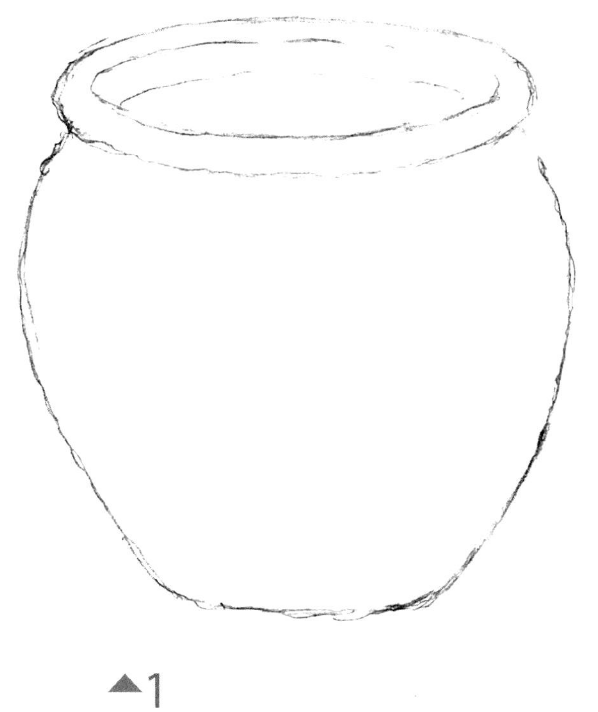

▲1

Die Vorzeichnung mit dem Bleistift HB.

2

Beginnen Sie mit dem mittleren und dunklen Grau, wobei Sie mit dem Pinsel den Wölbungen folgen.

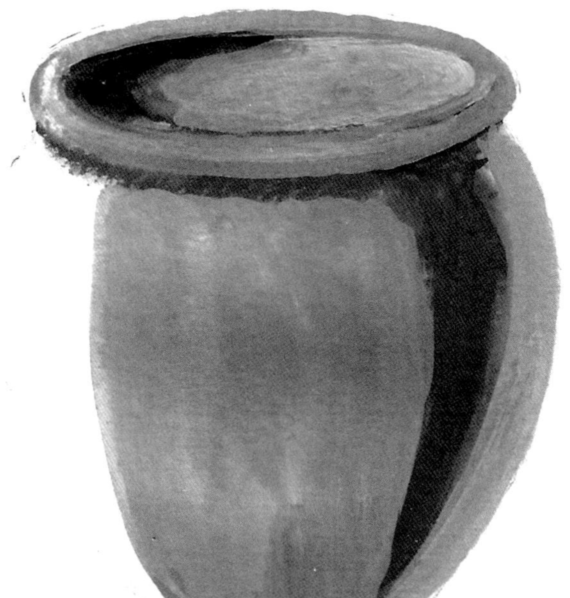

3

Grundieren Sie den Topf in zwei Grautönen bis auf die linke Seite fertig. Dann lassen Sie die Farbe trocknen.

4

Zum Beleuchten nehmen Sie sehr wenig trockenes Hellgrau auf den Pinsel und ziehen es den Wölbungen entlang vom Hellgrau in den Eigenschatten (siehe weißes Oval). Dadurch werden die Kanten weich.
Im zweiten Schritt malen Sie von den Außenrändern des Topfes mit trockenem Weiß und sichtbaren Pinselspuren über das Hellgrau (siehe Pfeile). So deuten Sie zugleich die Beschaffenheit der Oberfläche an.
Die Glanzlichter malen Sie mit Weiß, den Schlagschatten mit Schwarz und Dunkelgrau.

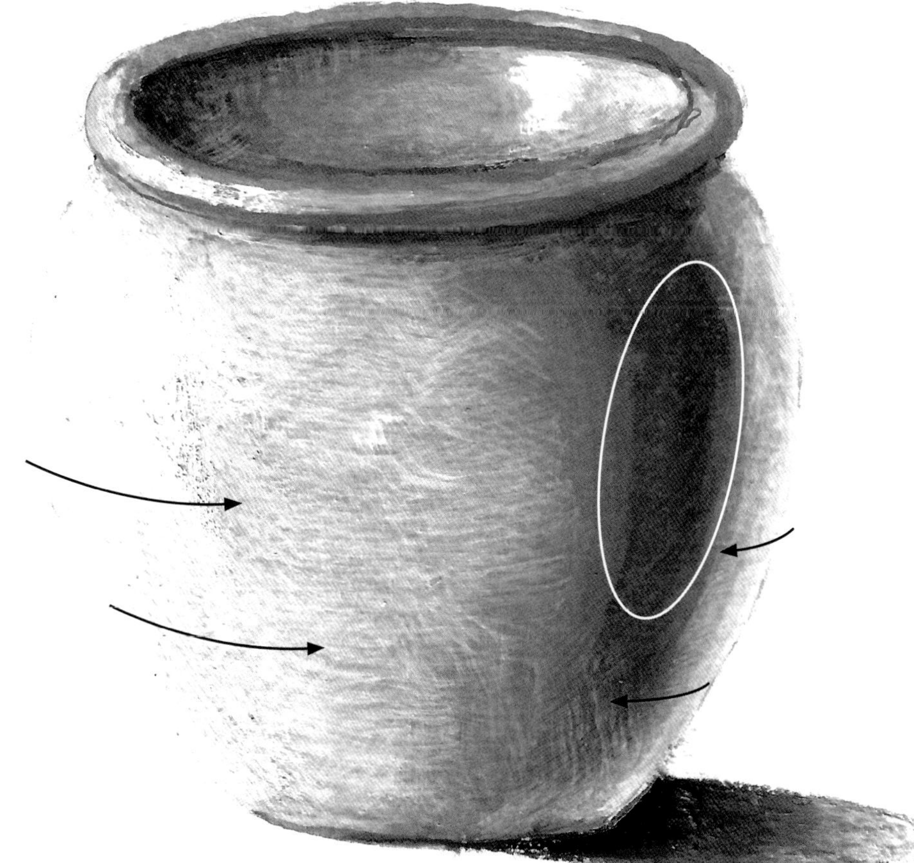

Sepia

Aus der Trockenübung wird ein interessantes Stillleben. Die durchbrochenen Pinselstriche und die Sepiatöne erinnern an ein antikes Fresko. Aus Schwarz und Kadmiumorange in unterschiedlichen Anteilen entstehen neutrale bis warme Brauntöne. Und weil der Pinsel deutliche Spuren hinterlässt, lassen sich Früchte und Schale recht einfach und effektvoll modellieren.

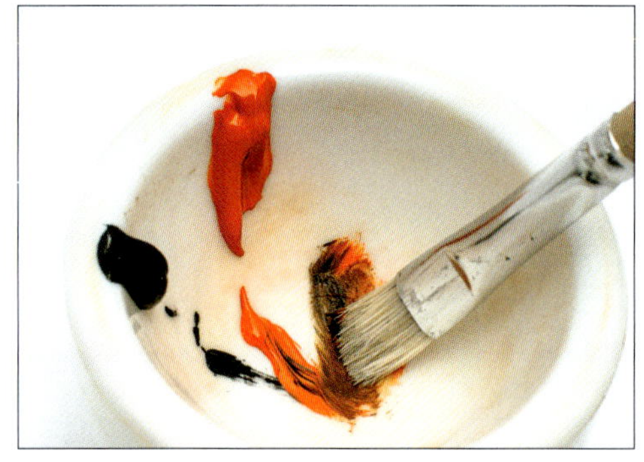

Für das Bild reichen zwei erbsengroße Kleckse, die Sie zur Mitte hin ineinanderziehen und vermischen.

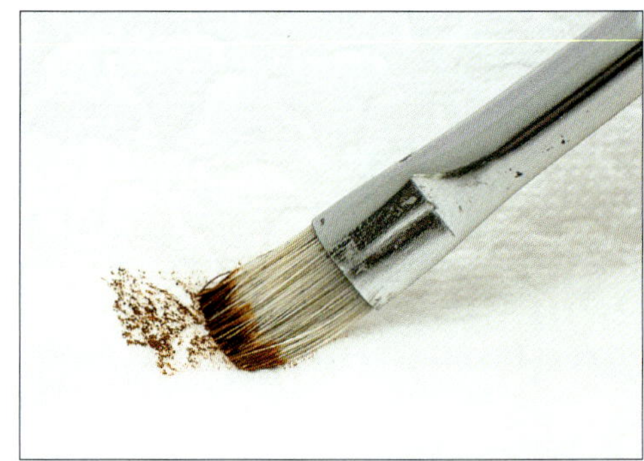

Nehmen Sie wenig Farbe auf, die Sie auf Schmierpapier noch abstreifen.

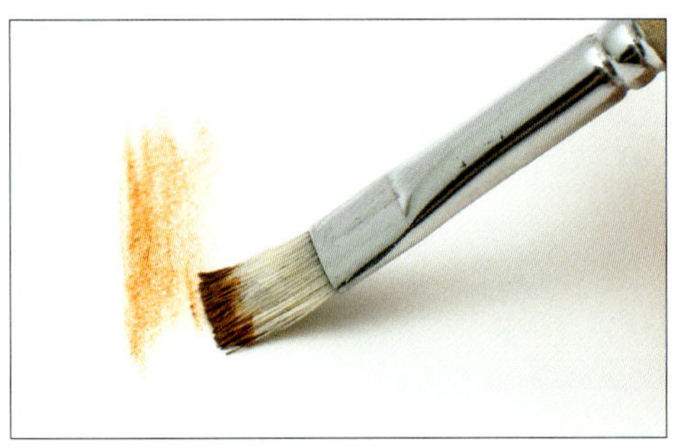

Für einen stärkeren Abrieb ziehen Sie den Flachpinsel seitwärts.

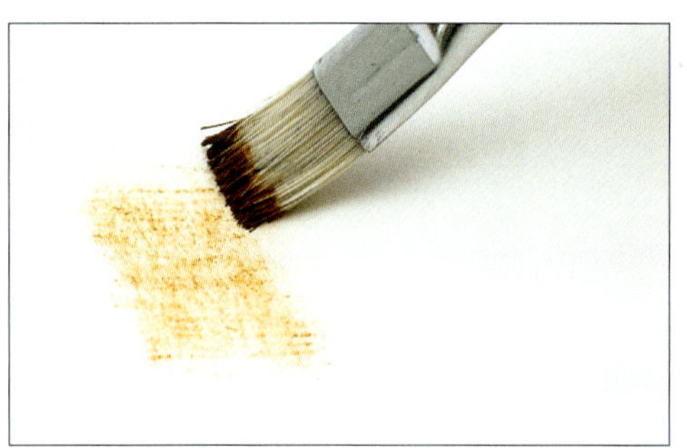

Farbflächen tragen Sie mit der Breitseite auf.

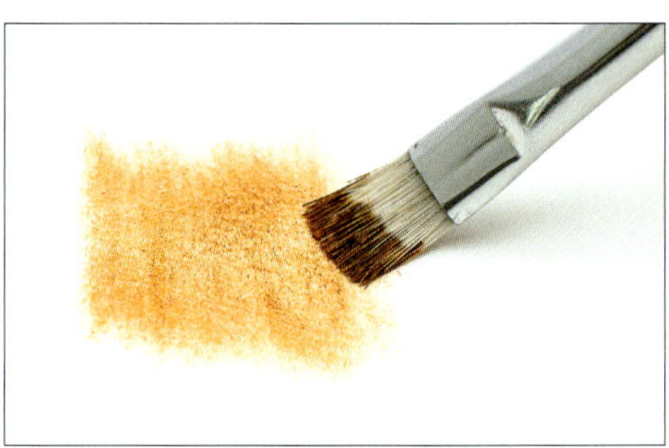

Zum Abdunkeln bürsten Sie die Farbe gegen den Haarstrich auf, um sie auch in die Poren des Papiers zu reiben.

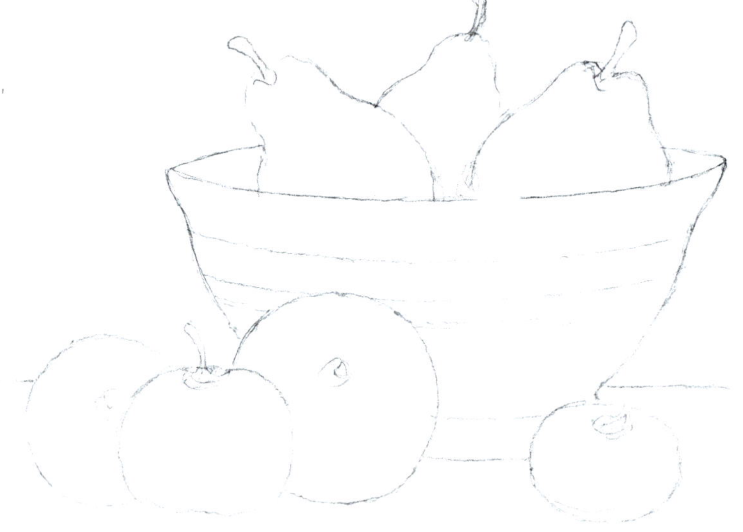

1

Die Vorzeichnung mit Bleistift. Wo die Linien später nicht überdeckt werden, fügt sich ihr Grau unauffällig in das Bild ein.

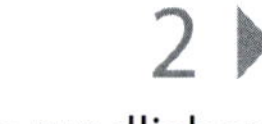

2

Die Pinselstriche folgen den rundlichen Formen. Beginnen Sie mit hellen Tönen. Verdünnen Sie die Farben nicht; den Weißton liefert das Papier unter der gesprenkelt aufgetragenen Mischung.

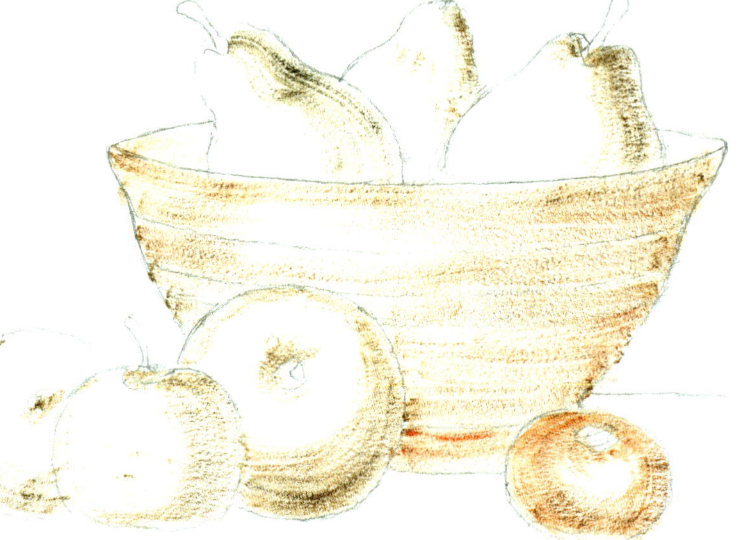

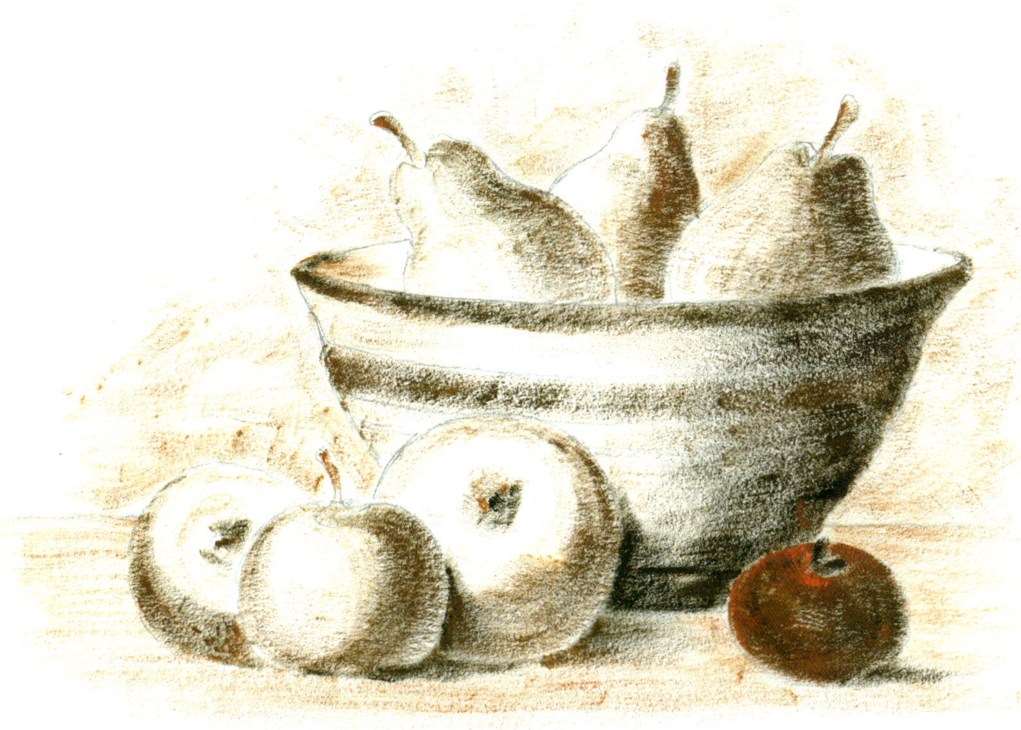

3

Nach und nach vertiefen Sie die Schatten mit einer dunkleren Mischung mit Blau, was ein Dunkelbraun ergibt. Den Apfel rechts untermalen Sie Rot und überarbeiten ihn Dunkelbraun.
Auf die Wand tragen Sie die Farbe kreuz und quer auf, auf dem Tisch mit horizontalen Strichen. Die dunklen Schlagschatten lassen Sie sanft auslaufen.

4

Dunkeln Sie die Wand mit mehr Rot zur Farbmischung ab. Das erhöht den Kontrast zu den hellen Bereichen. Arbeiten Sie Details wie die Stängel genauer aus. Auf den Objekten verstärken Sie die Eigenschatten und intensivieren darunter auch die Schlagschatten.

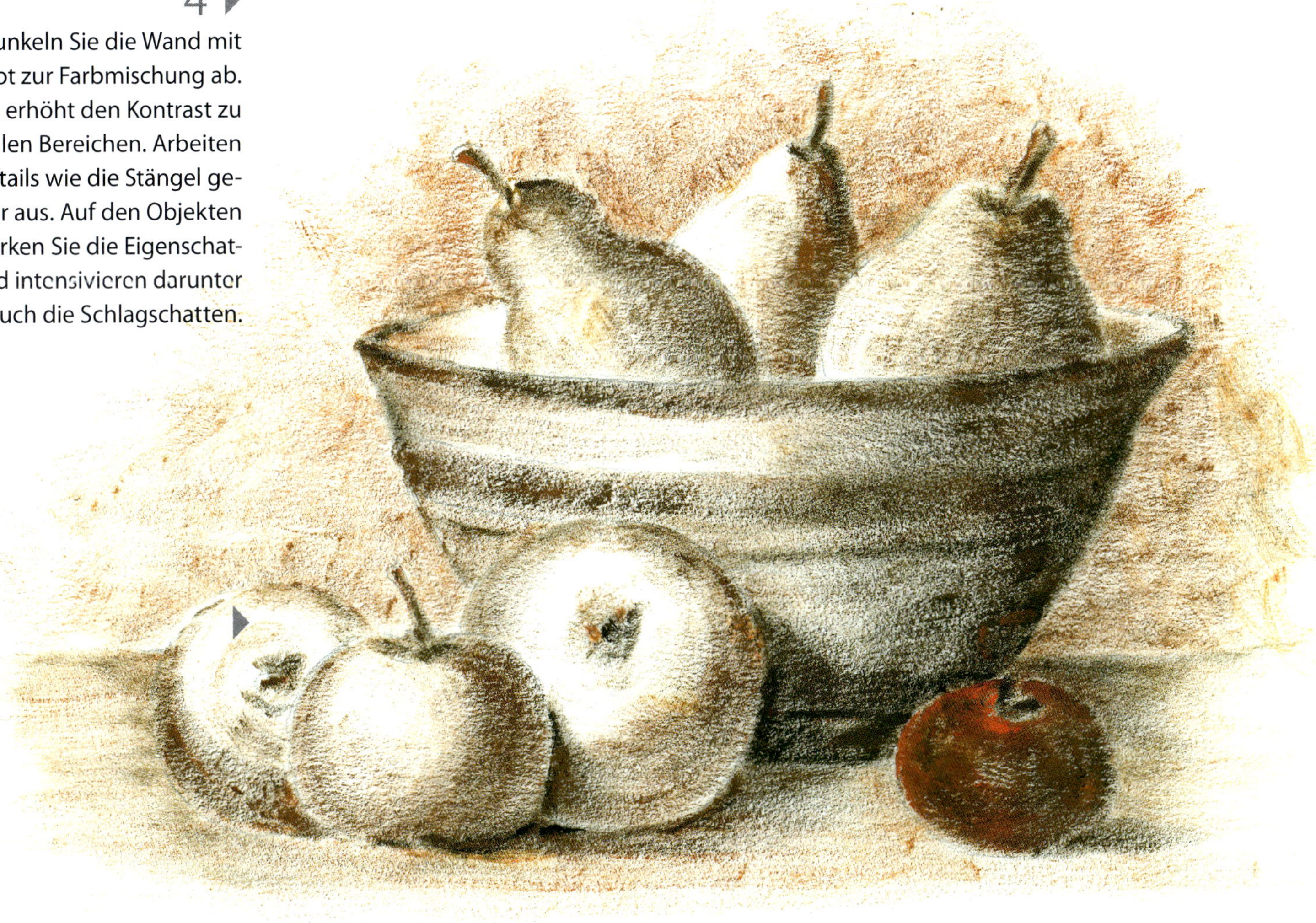

Sprühen statt malen

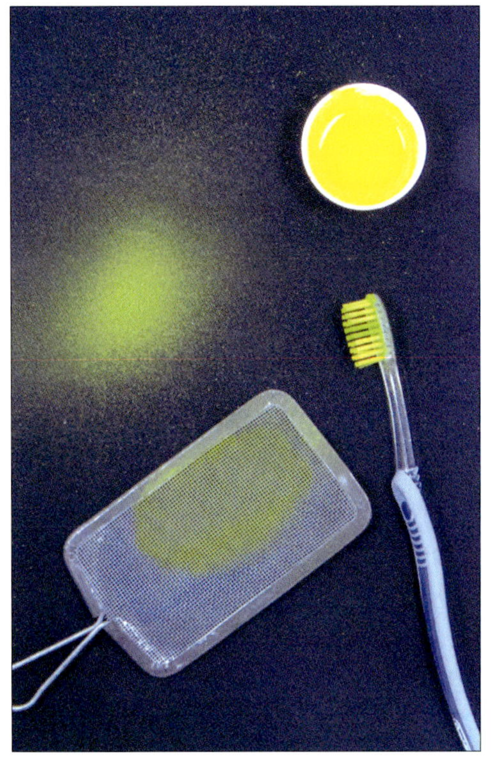

Das Papier muss nicht immer weiß sein, die Farbe nicht aufgemalt und das Motiv nicht naturalistisch. Hier beispielsweise entsteht auf einem schwarzen Malgrund mit aufgesprühtem Gelb und einfachen Mitteln ein grafisch-abstraktes Bild.

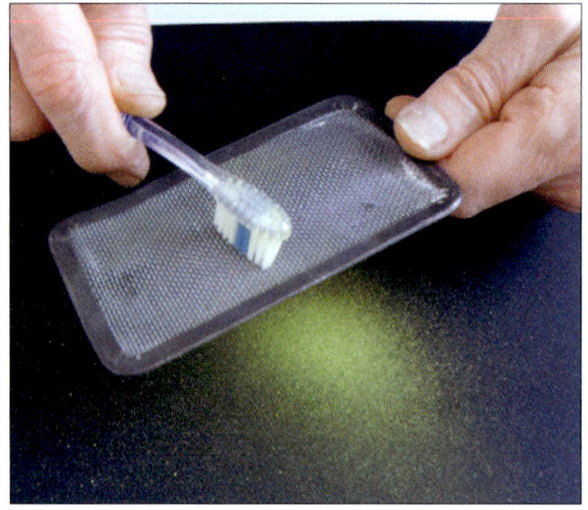

◀ 1

Die Mittel dazu: Sieb und Zahnbürste zum Aufsprühen der Farbe und Kartonstreifen als Schablonen. Verdünnen Sie die Farbe – hier das Gelb – in einem Schälchen bis zur Konsistenz von Tinte. Nehmen Sie die Farbe mit der Zahnbürste auf und bürsten Sie damit über das Malsieb nahe am Papier. So wird die Farbe fein verteilt: dicht im Zentrum, immer schwächer zum Rand hin.

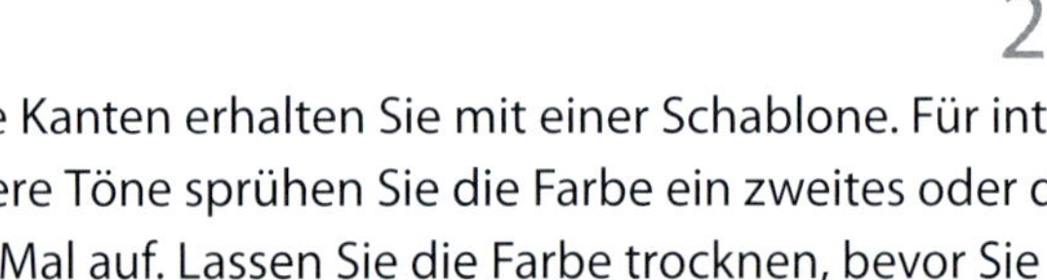

2 ▶

Klare Kanten erhalten Sie mit einer Schablone. Für intensivere Töne sprühen Sie die Farbe ein zweites oder drittes Mal auf. Lassen Sie die Farbe trocknen, bevor Sie die Schablone für den nächsten Schritt auflegen.

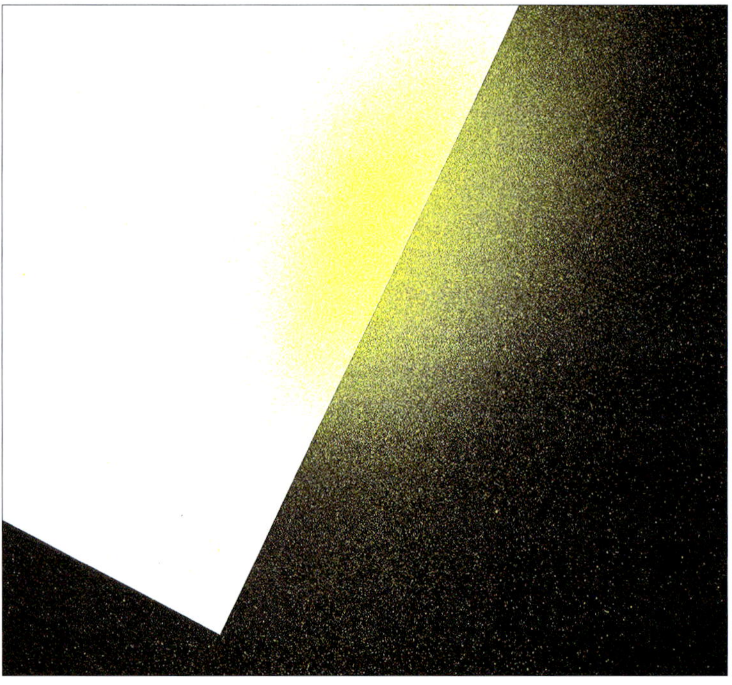

◀ 3

Besonders stark ist die Wirkung von hellen Tönen auf schwarzem Hintergrund. Wie Sie sehen, reicht dafür schon ein einfaches Gelb.

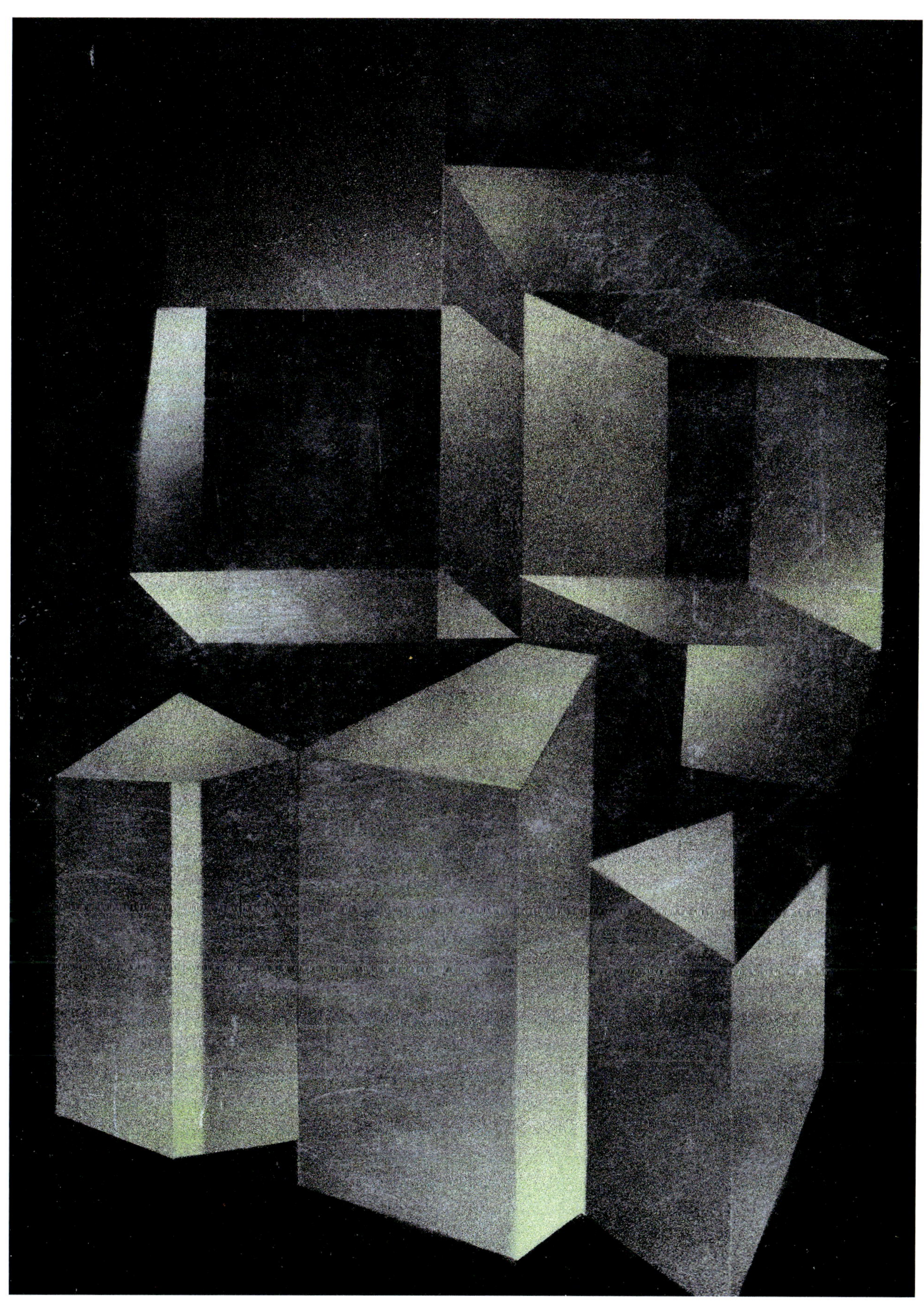

Im Bildaufbau können Sie auch planvoll vorgehen. Mehr Spaß macht es, die Schablone nach Lust und Laune zu verschieben, um zu sehen, was sich aus dem Spiel von Kanten und Flächen ergibt. Dafür verwenden Sie mehrere Schablonen, mit denen Sie das Umfeld sorgfältig abdecken.

Grün ohne Grün

Im Licht und Schatten spielt die Birne in vielen lebendigen Tönen, die zugleich die Textur der Schale abbilden und die Birne in Form bringen. Dafür nehmen Sie Coelinblau (Lichtblau), Kadmiumgelb, Kadmiumrot und Weiß. Wie Sie sehen, entsteht aus einer blau-gelben Mischung ein interessantes und tiefes Grün, das im Schatten mit wenig Rot darüber bräunlich schimmert. Für die Beleuchtung sorgt ein abgedämpftes Weiß.

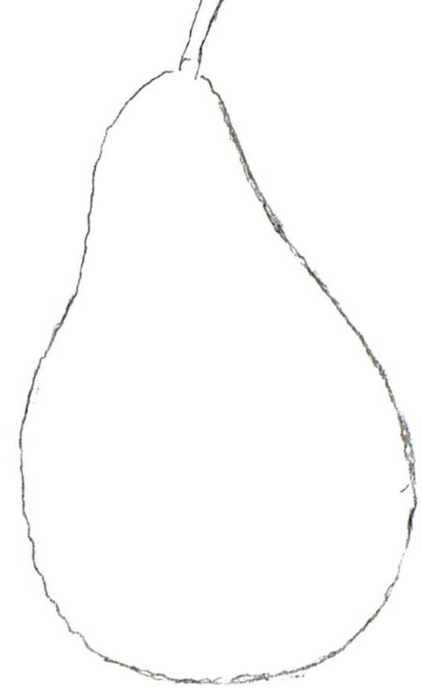

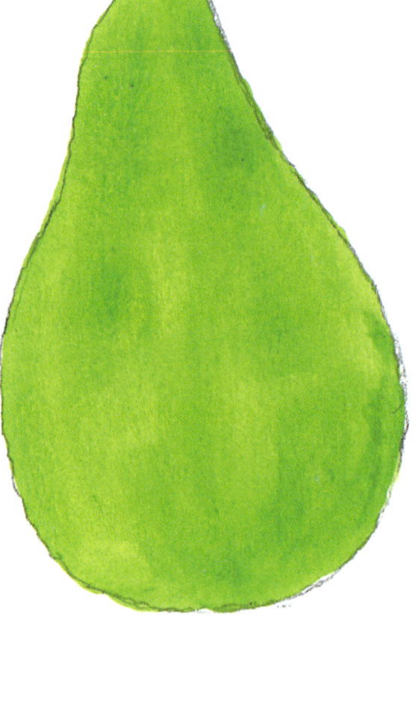

1

Grundieren Sie die Vorzeichnung mit einer ziemlich flüssigen Mischung aus Gelb und Blau.

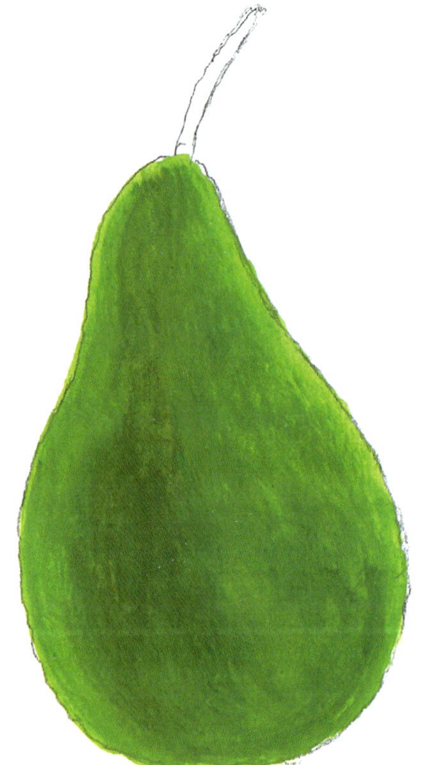

2

Nach dem Trocknen dunkeln Sie den mittleren Bereich mit Blau, Rot und wenig Gelb ab. Wieder trocknen lassen.

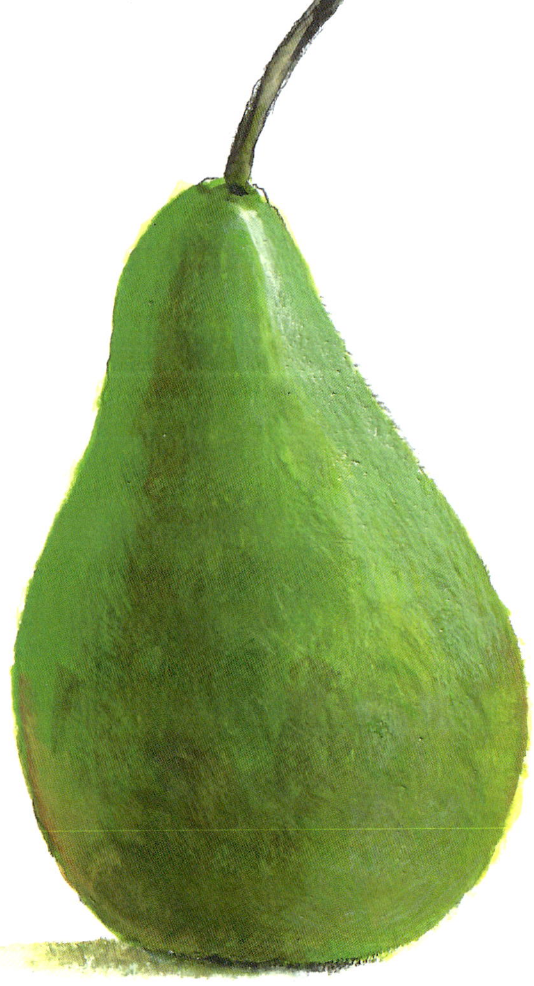

3

In der gleichen Mischung übermalen Sie die Schattenpartien mit einzelnen sanften Pinselstrichen – malen Sie nicht zu viel hin und her! Für die lichten Bereiche nehmen Sie mehr Gelb und kein Rot, für die Glanzlichter ein mit Gelb abgetöntes Weiß. Den Stängel malen Sie in einer Mischung aus Rot und Blau. Ein kleiner Schlagschatten gibt der Birne Halt.

Rosen sind schön, aber schwierig?

Eigentlich nicht, wenn die Vorzeichnung stimmt, wenn Sie beim Schattieren den Konturen folgen und die hellen und dunklen Rosatöne in weichen Verläufen auftragen. Probieren Sie das mit Kadmiumrot, Karminrot und Weiß aus.

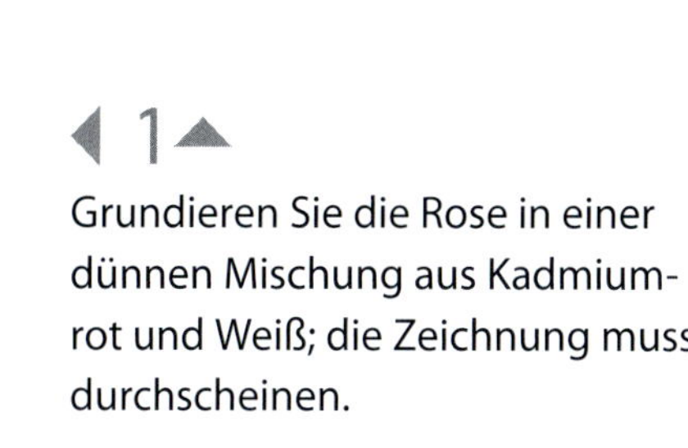

1

Grundieren Sie die Rose in einer dünnen Mischung aus Kadmiumrot und Weiß; die Zeichnung muss durchscheinen.

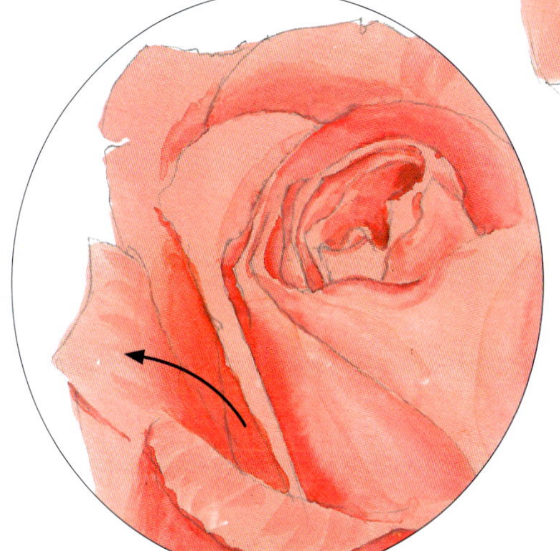

2

Die tiefsten Schatten dunkeln Sie mit Karminrot und wenig Weiß ab. Mit einem sauberen Pinsel und wenig klarem Wasser ziehen Sie das noch feuchte Rot mit einzelnen Pinselstrichen nach oben ins Helle (siehe Pfeil). Trocknen lassen.

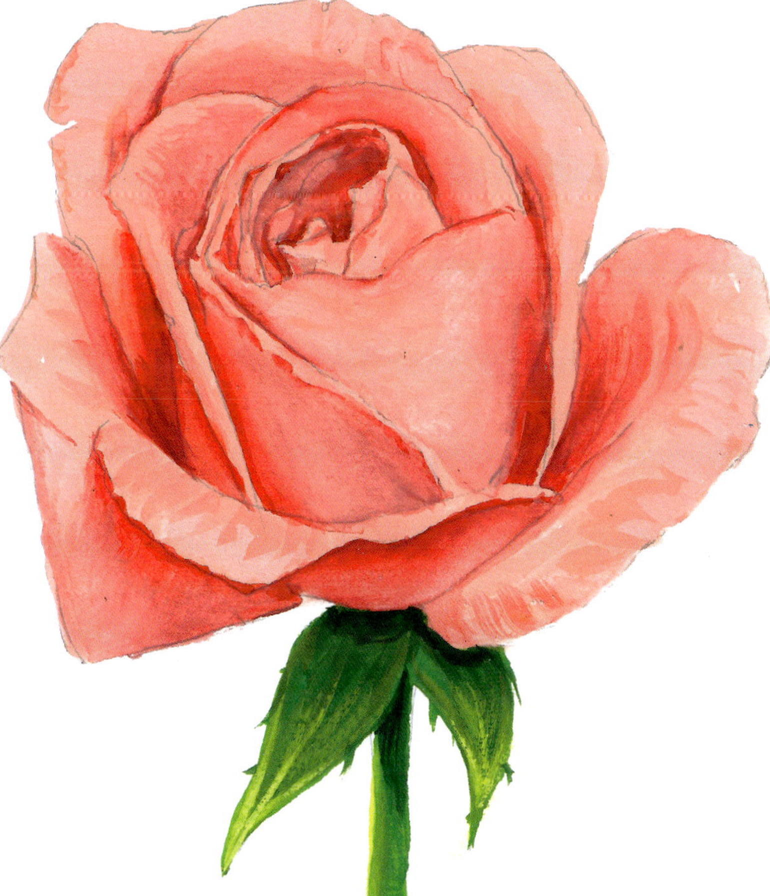

3

Hellen Sie das Rosa der Grundierung mit einer Mischung aus Weiß und wenig Kadmiumrot weiter auf. Malen Sie die Lichter mit innen schmalen, außen breiteren Pinselstrichen auf die Blütenränder. Auf den äußersten Wölbungen ziehen Sie das Hellrosa leicht nach innen. Der Stiel und die grünen Blätter werden in Saftgrün grundiert und mit gelben und im Schatten dunkelblauen Strichen ausgearbeitet.

Bäume

Bäume beleben die Landschaft, bringen bei gestaffelter Aufstellung Tiefe ins Bild und lassen sich mit leichter Hand überall dort ins Bild pflanzen, wo Balance und Schatten fehlen. Auch als einzelne Studienobjekte zeigen sie, wie man die Farben effektvoll für ein realistisches Erscheinungsbild aufschichten kann.

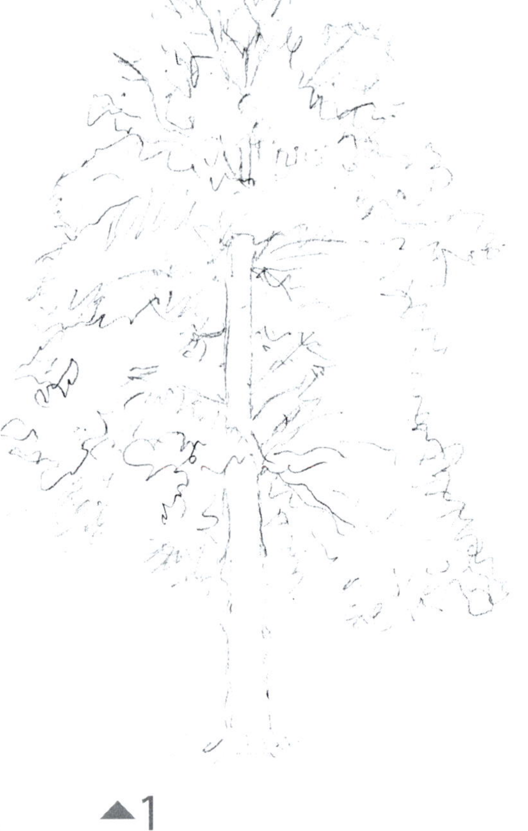

▲1

Die Vorzeichnung wird nach und nach verschwinden.

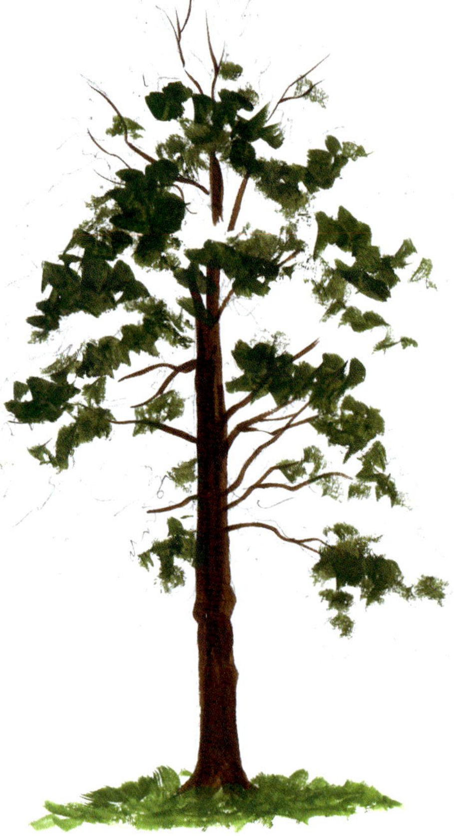

▲2

Tragen Sie die Farben so auf, dass möglichst lange der Bleistift zu sehen bleibt. Für Stamm und Äste nehmen Sie eine dunkelbraune Mischung. Die Äste ziehen Sie mit der Pinselspitze nach außen. Das Blattwerk malen Sie in Dunkelgrün.

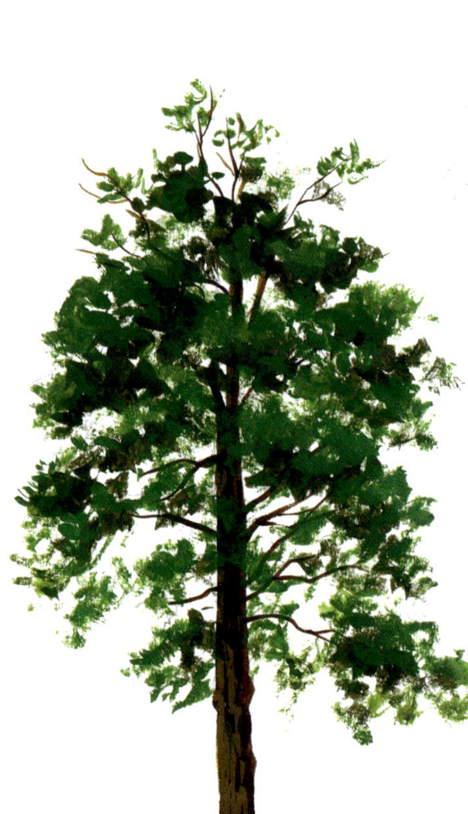

▲3

Übermalen Sie die Blätter lückenhaft mit helleren Grüntönen, außen nur noch mit zarten Tupfen.

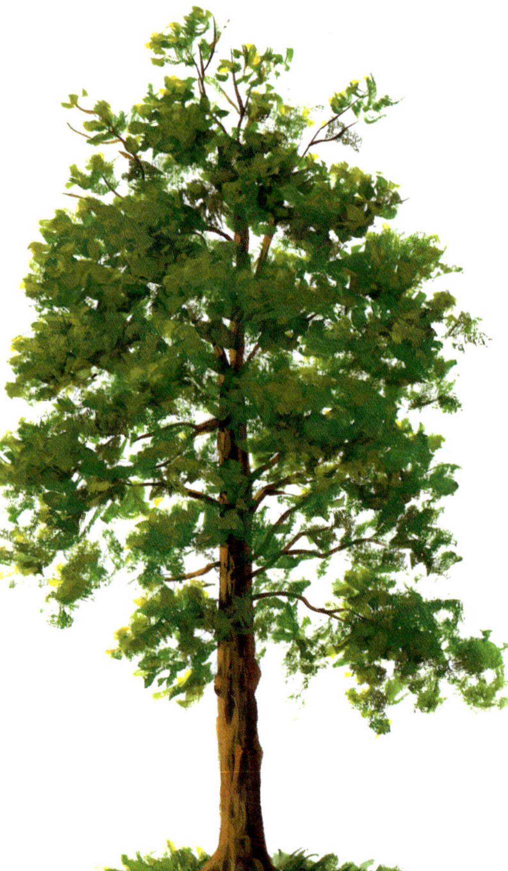

4 ▶

Beleuchten Sie den Stamm einseitig mit Gelb und Orange zum Braun – die feinen Pinselstriche bilden die Rindenstruktur ab. Über die Blätter setzen Sie mit Gelb und Grün wiederum helle Lichter. So wirkt das Laub durchbrochen und beleuchtet. Die Staffelung der Grüntöne gibt der Krone Volumen.

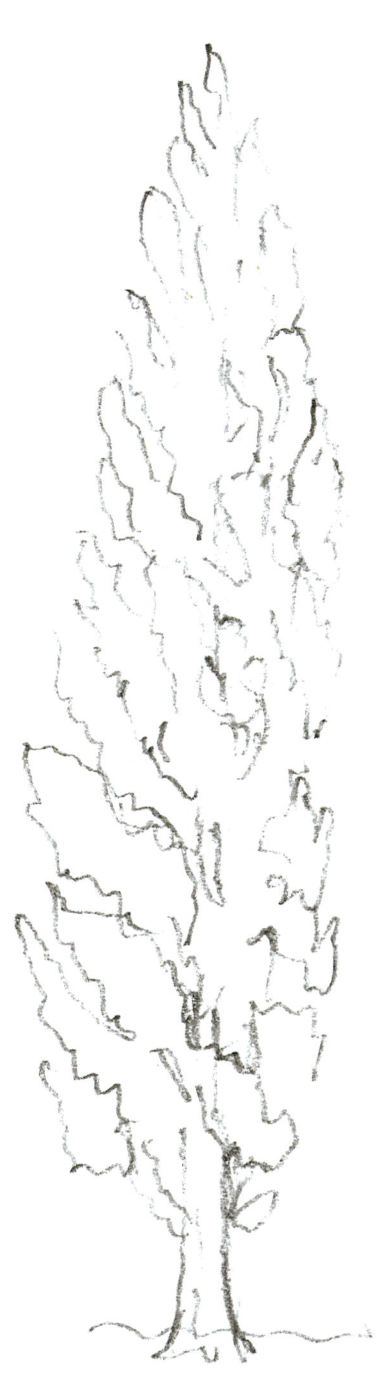

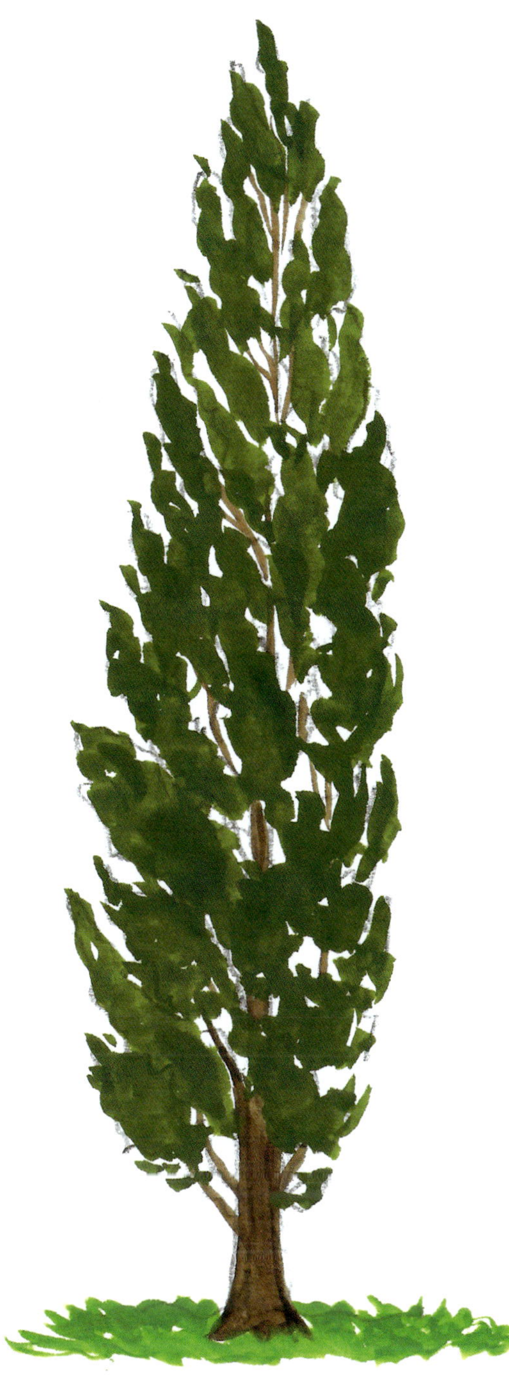

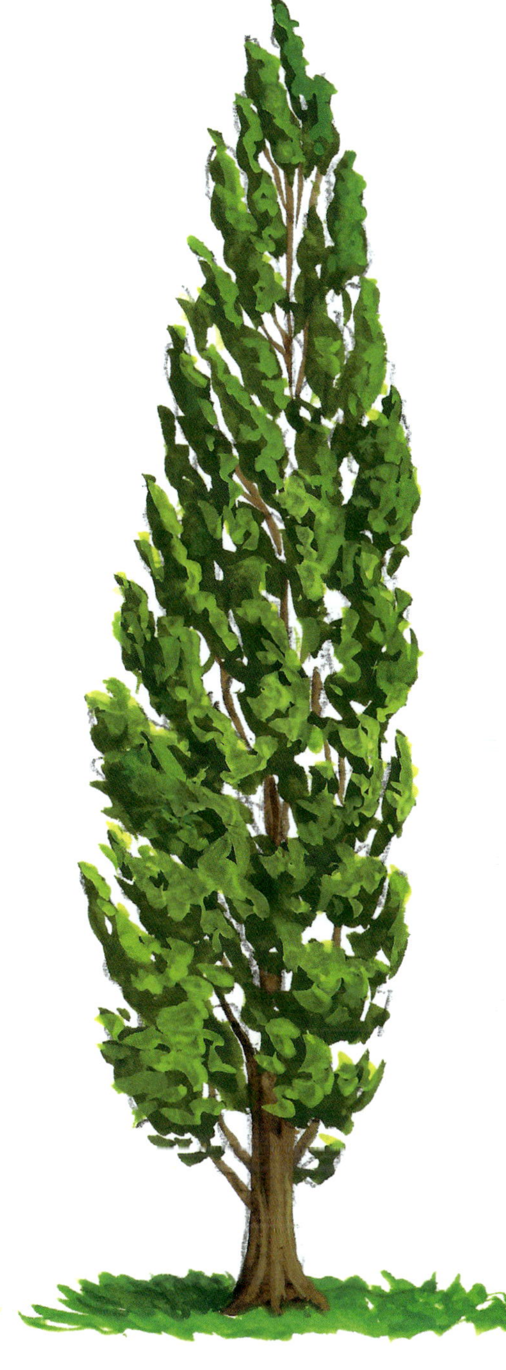

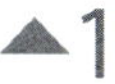1

Das gleiche Spiel bei der Pappel, nur dass Sie hier die einzelnen aufstrebenden Laubgruppen kräftig vorzeichnen – es schadet nicht, wenn der Bleistift zuletzt noch da und dort hervorlugt oder durchscheint.

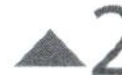2

Grundieren Sie die Äste und den Stamm in Dunkelbraun. Die Laubgruppen tragen Sie mit einer nassen Mischung aus Saftgrün und Dunkelbraun darüber auf. Lassen Sie die Schattentöne gut trocknen.

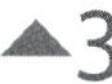3

Nun kommt mit dem Licht auch eine realistische Struktur in die Pappel. Dazu hellen Sie das Grün mit Gelb und Ocker auf. Setzen Sie den Pinsel mit reichlich Farbe senkrecht an und ziehen Sie kurze Striche über die Grundierung. Auf die äußersten Spitzen tupfen Sie eine Mischung aus Gelb und Ocker auf. Die Grundierung tritt als Schattenfarbe zurück und die Pappel erhält ihre typische Form.

Harte Brocken

Lassen Sie den Bleistift in dieser Übung ruhig mitspielen. Er liefert nicht nur die Konturen, sondern schärft sie sogar, was gut zu den harten Felsstrukturen passt. Auch die dunkelgrauen Schattenschraffuren scheinen unter den Farblasuren durch und bilden die Risse und Adern im Gestein ab. Grau bei alledem ist nur der Bleistift – natürliches Gestein enthält fast immer Farbtöne, die sich im wechselnden Licht ebenfalls verändern.

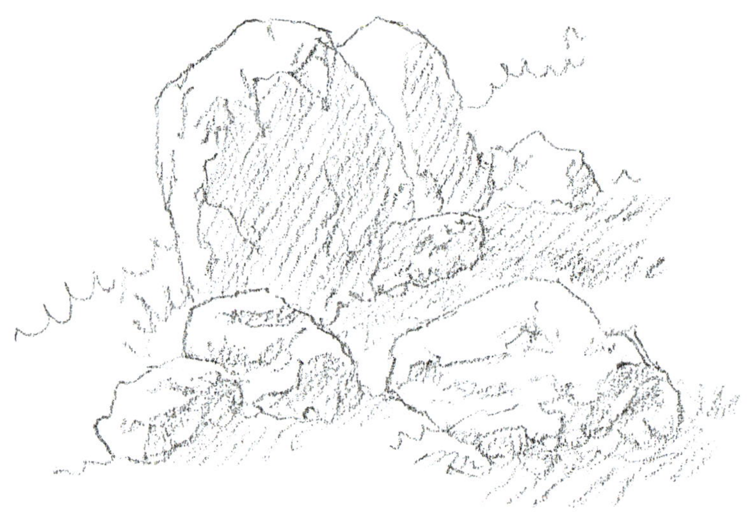

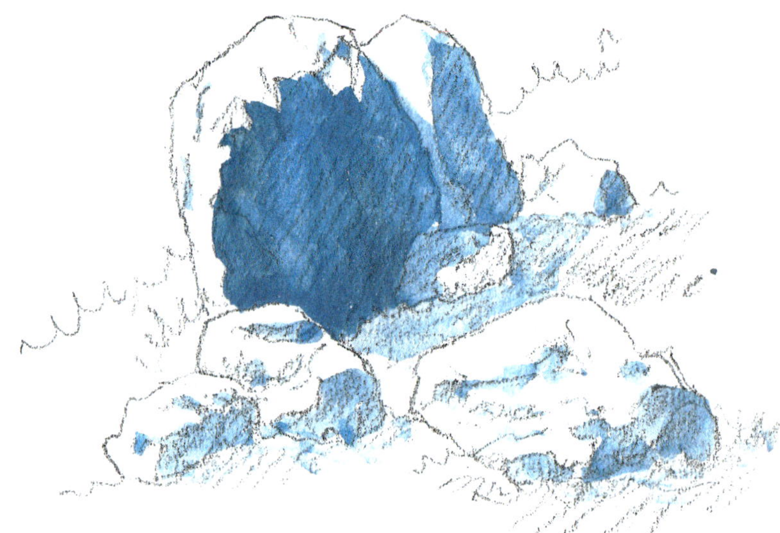

▲1

Mit Felsen lässt es sich schön komponieren. Gruppieren Sie die Brocken mit dem Bleistift 3B leicht gestaffelt; ein Abhang bringt noch mehr Spannung. Die Schattenpartien zeichnen Sie mit Parallelschraffuren.

◀ 2

Tönen Sie die Schattenseiten mit verdünntem Kobaltblau, die etwas helleren Bereiche mit Coelinblau.

3 ▶

Die im Sonnenlicht liegenden Stellen lasieren Sie schwach mit stark verdünntem Orange. Nach dem Trocknen geht es an die Feinarbeit: Die hellsten Bereiche übermalen Sie kleinteilig in Weiß, die Schatten verstärken Sie wiederum mit Blau und Siena gebrannt, was einen lebendigen Grauton ergibt. Damit arbeiten Sie auch die Risse und Kanten heraus. Vermalen Sie die Farben nicht, sondern lassen Sie harte Ränder stehen!

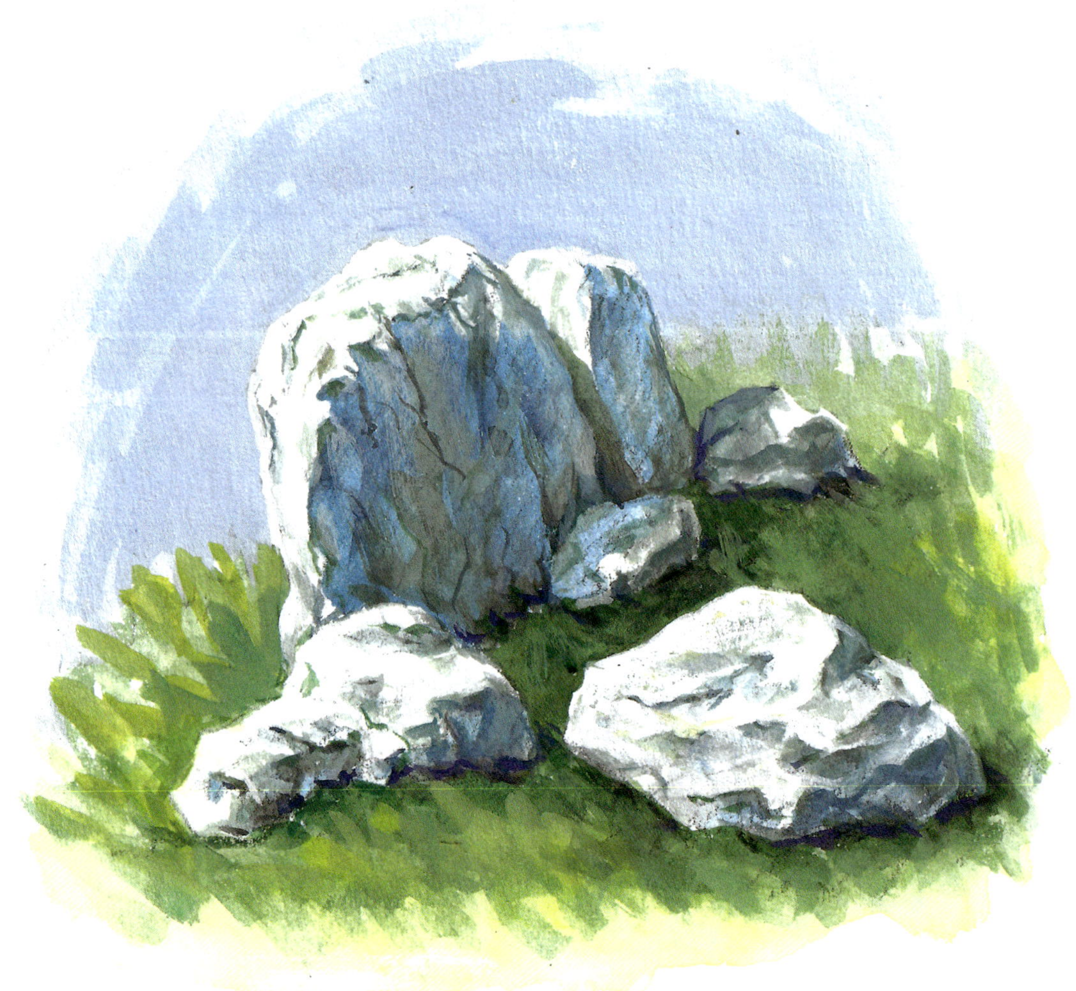

Der himmlische Hintergrund bringt nicht nur etwas Atmosphäre in die Studie. Wichtiger noch: Von ihm heben sich hier die hellen Partien deutlich ab – was auch realistisch ist. Felsen liegen nicht auf weißem Papier …
Der Liegeplatz der Felsen wird hüben wie drüben hellgrün grundiert. Nach dem Trocknen ziehen Sie dunkelgrüne Grashalme darüber, die Sie zuletzt wiederum mit hellgrünen bis gelben Strichen beleuchten.

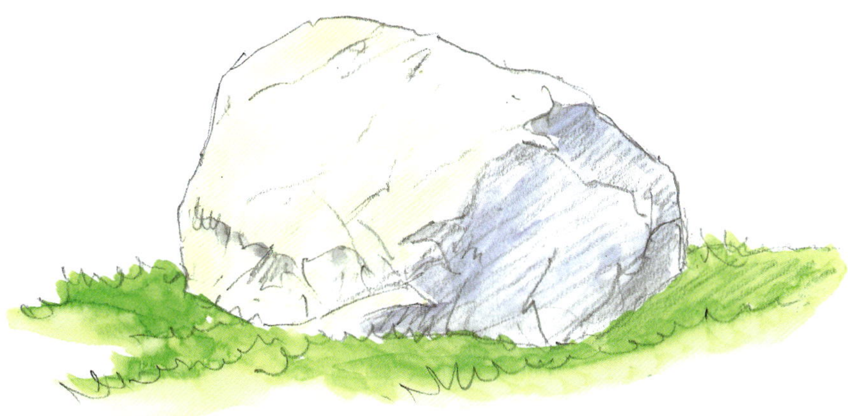

1

Bei diesem Solitär sind die Kontraste noch stärker und die Strukturen deshalb gröber. Das beginnt wiederum mit Bleistiftstrichen und schwachen Grundierungen in Ocker und Blau. Noch lassen Sie den Bleistift zur Orientierung stehen.

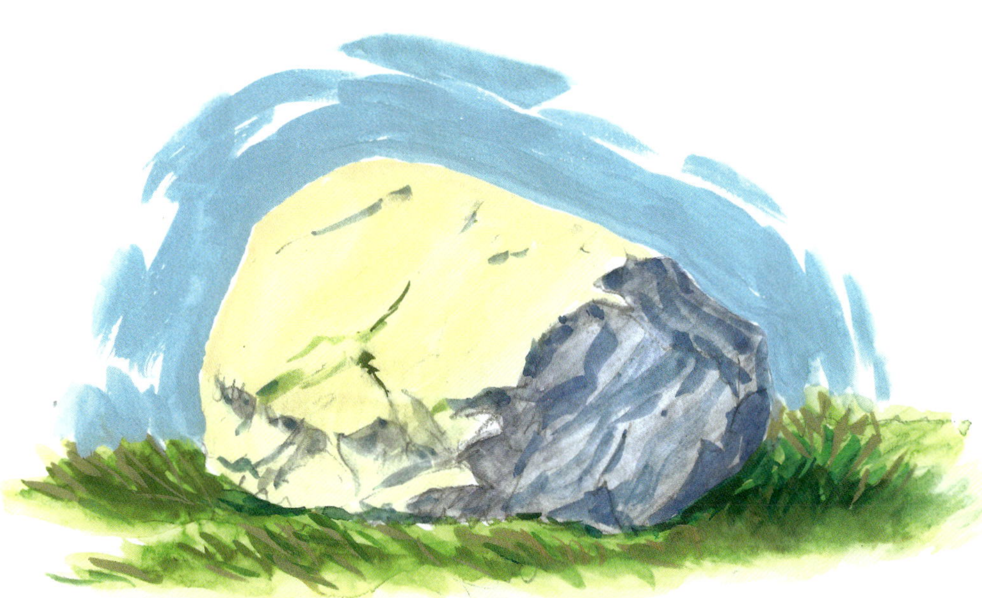

2

Mit Ocker und diversen Blautönen verstärken Sie die Licht- und Schattenseiten. Die Risse und tiefen Schatten malen Sie dunkler nach.

3 ▶

Nach dem Trocknen übermalen Sie die hellsten Bereiche in einem reinen Weiß. Für die Schatten nehmen Sie stellenweise etwas Rot und Braun hinzu, was die Farbe anwärmt. Vermalen Sie die Bereiche nicht, sondern lassen Sie die Pinselstriche deutlich stehen.

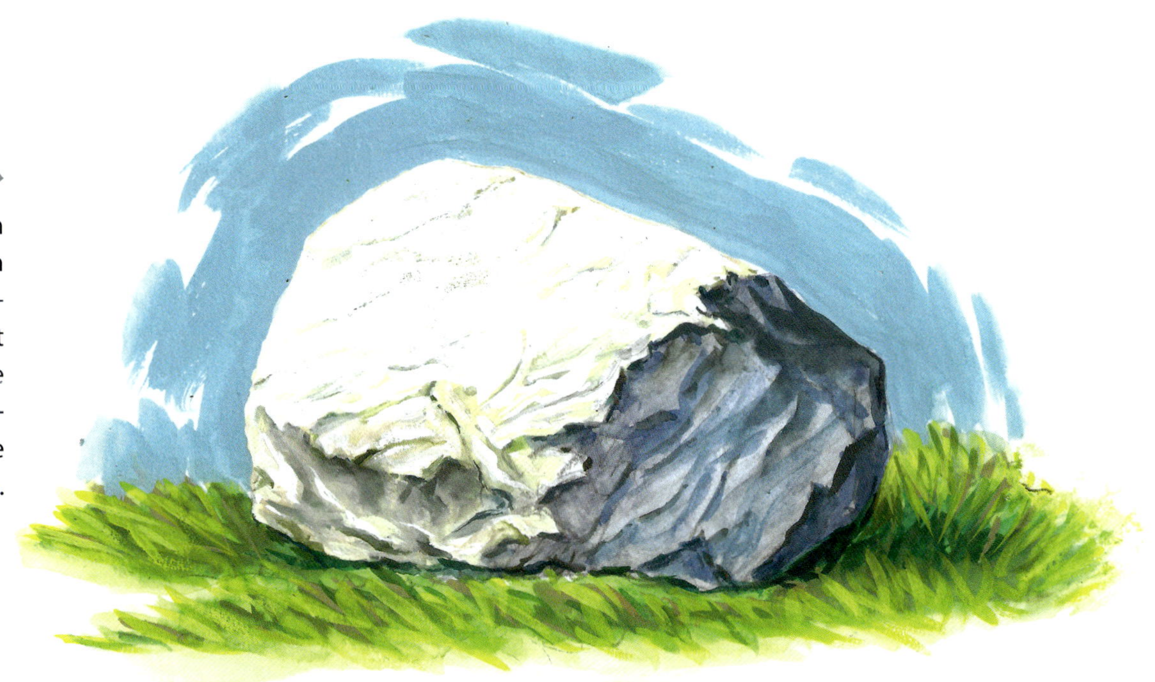

Heiter bis wolkig

Erde braucht Himmel – wie viel Raum er im Bild einnimmt, hängt von der Landschaftsform und auch vom Blickwinkel des Betrachters ab: Steht man auf ebener Erde, spannt sich ein weiter, hoher Himmel auf. Aus der Vogelperspektive oder mit Blick ins Tal wird der Himmel allenfalls zu einem Streifen am oberen Bildrand.
Oft passt ein blanker Himmel zur Szene, doch meistens bringt eine lockere oder dichte Bewölkung eine bestimmte Stimmung ins Bild. Wolken sind einerseits einfach zu malen, weil sie eben keine definierte Gestalt haben. So kann man schön mit verschiedenen Formen und auch überraschend vielen Farben spielen. Andererseits sollen diese flauschigen, mitunter auch bedrohlich wirkenden Gebilde natürlich aussehen. Das gelingt am besten, wenn Sie diverse Formationen zunächst außerhalb des eigentlichen Gemäldes üben und ausprobieren.

◀ 1

In der Vorzeichnung mit Bleistift grenzen Sie die Wolkenform vom Himmel ab und deuten dabei auch leicht die Innenkonturen an.

2 ▶

In der Regel hellt sich ein blauer Himmel zum Horizont hin auf. Damit erscheint er nicht als Fläche, sondern in natürlicher Weise als Gewölbe. In diesem Sinne malen Sie den Bereich oberhalb des Wolkenbandes dunkelblau. Für den Streifen darunter verdünnen Sie das Blau, fügen etwas Weiß hinzu und ziehen trockene Streifen in den unteren Wolkenrand.

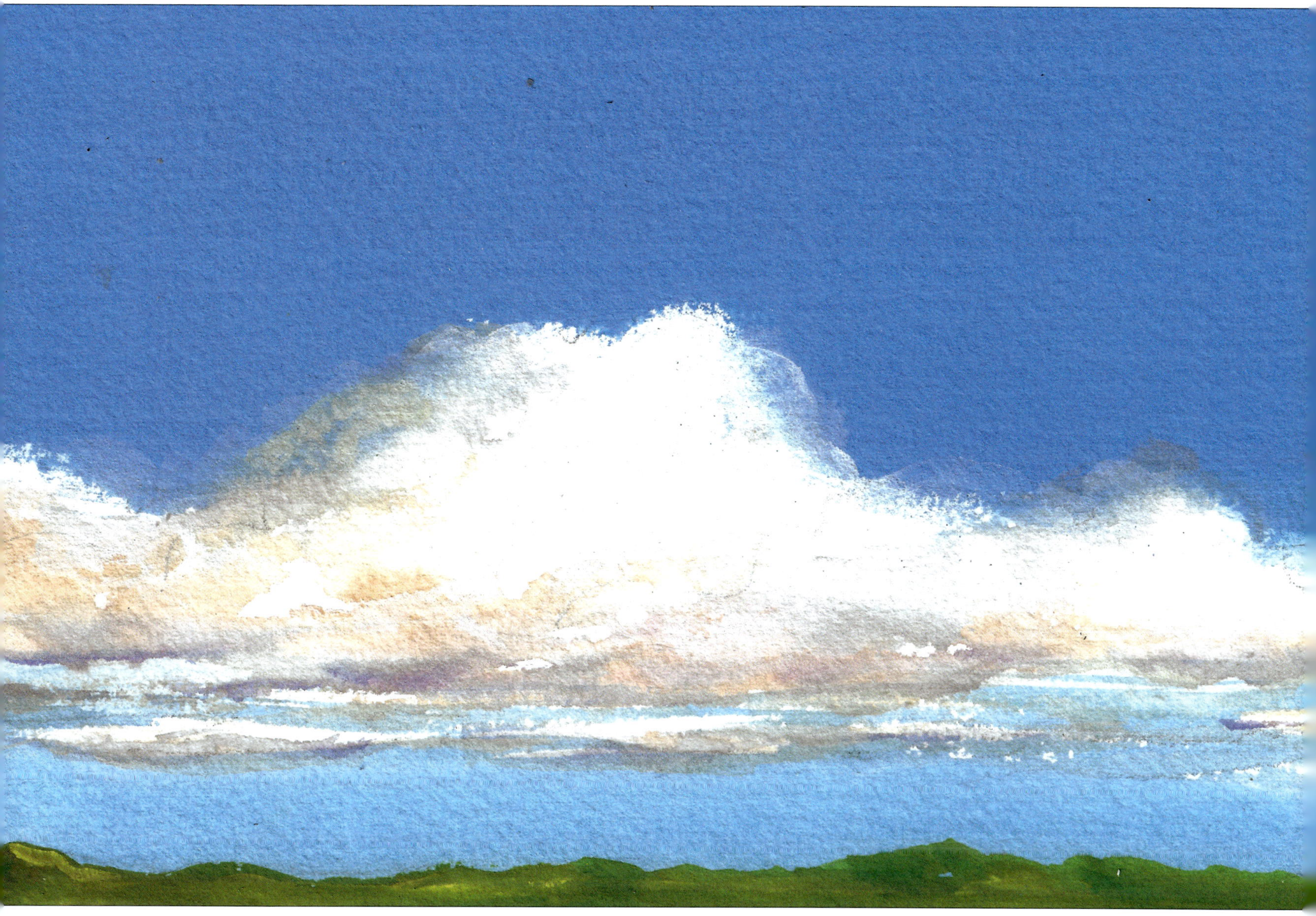

3

Mischen Sie Orange und Violett in unterschiedlichen Anteilen. Ziehen Sie wenig von der verdünnten Farbe vom Rand oder von unten her weich ins Weiß; da und dort verblenden Sie die Töne, anderswo tragen Sie hellere oder dunklere Striche hinein. Die Schattentöne bauschen die Wolken auf und geben ihnen ihre Form.

In die noch etwas feuchte Farbe tupfen und streichen Sie mit dem trockenen Pinsel rechts etwas Weiß über die Wolkenränder, um die Grenze aufzulösen. Links und unten nehmen Sie etwas vom Orangeton und wiederum Weiß.

Vielleicht vervollständigen Sie die Studie mit einer Kulisse aus grünen Hügeln, die den Wolken sozusagen ihren Platz im Himmel zuweisen. Grundieren Sie den Streifen mit einem satten Dunkelgrün. Dann beleuchten und modellieren Sie die Hügel mit ein paar gezielten gelbgrünen Pinselstrichen.

Federwolken

Das ist der einfachste Weg, den Himmel federleicht zu bewölken. Sie brauchen dazu einen Flachpinsel, mit dem Sie die Blautöne (aus Kobaltblau und einer Spur Kadmiumgelb) auftragen. Die Federwolken selbst bleiben papierweiß. Sie sind so zart und flauschig, dass darin keine Schatten entstehen. Sie können sich Fotos als Vorbild nehmen – vielleicht reicht gerade eben ein Blick aus dem Fenster – oder Sie lassen sich beim Malen einfach treiben.

Im ersten Schritt verdünnen Sie das Blau, bis es fast die wässrige Konsistenz von Aquarellfarben hat. In diesem Beispiel tragen Sie oben eine blaue Fläche mit ausgefransten Rändern auf. Für den mittleren Bereich streifen Sie die Farbe vom Pinsel ab und malen die restliche Farbe trocken auf.

Himmelspanorama

Warum nicht gleich ein großformatiges Wolkenbild im breiten Querformat malen? Es macht Freude, mit großzügigen Pinselstrichen nass in nass ans Werk zu gehen und unterwegs zu sehen, wie sich die Wolken zusammenballen, auseinandertreiben und sich zu interessanten Gebilden formen. Da die Farbe sehr feucht aufgetragen wird, besteht Gefahr, dass sich das Papier dabei wellt. Deshalb brauchen Sie sehr dickes Aquarellpapier (ab 400 g/m^2) oder einen Malkarton. Oder Sie malen das Bild auf der obersten Lage eines Aquarellblocks. Die Seiten darauf sind an den Rändern festgeklebt und man entfernt sie mit einem Cutter erst nach dem Trocknen.

Grundieren Sie die gesamte Bildfläche mit Kobaltblau, dem Sie für den oberen Bereich wenig, nach unten hin etwas mehr Weiß hinzufügen. Beim horizontalen Vermalen der Farbe mit einem breiten Flachpinsel entsteht ein gleichmäßiger Verlauf von hell nach dunkel. Unten malen Sie in die feuchte Farbe eine Spur Ocker hinein. Lassen Sie die Untermalung gut trocknen. Bereiten Sie auf der Palette Ocker, Gelb, Orange und Weiß vor. Zum Malen der Wolken nehmen Sie am besten einen Flachpinsel. Tragen Sie die Farben mit kurzen Strichen querfeldein auf, um sie stellenweise nass in nass ineinanderzuziehen oder übereinanderzuschichten – zuoberst immer die helleren Töne, an den oberen Rändern auch Weiß. Für die Wolkenbäuche nehmen Sie eine dunkle Mischung.

Was Sie beim Lasieren eigentlich vermeiden sollten, nämlich die untere Farbschicht wieder anzulösen, hat hier jedoch Methode: Beim nassen Malen nehmen Sie einen Teil der blauen Grundierung mit, die sich nun mit den wolkigen Farbtönen vermischt und als weitere Farbe mitspielt.

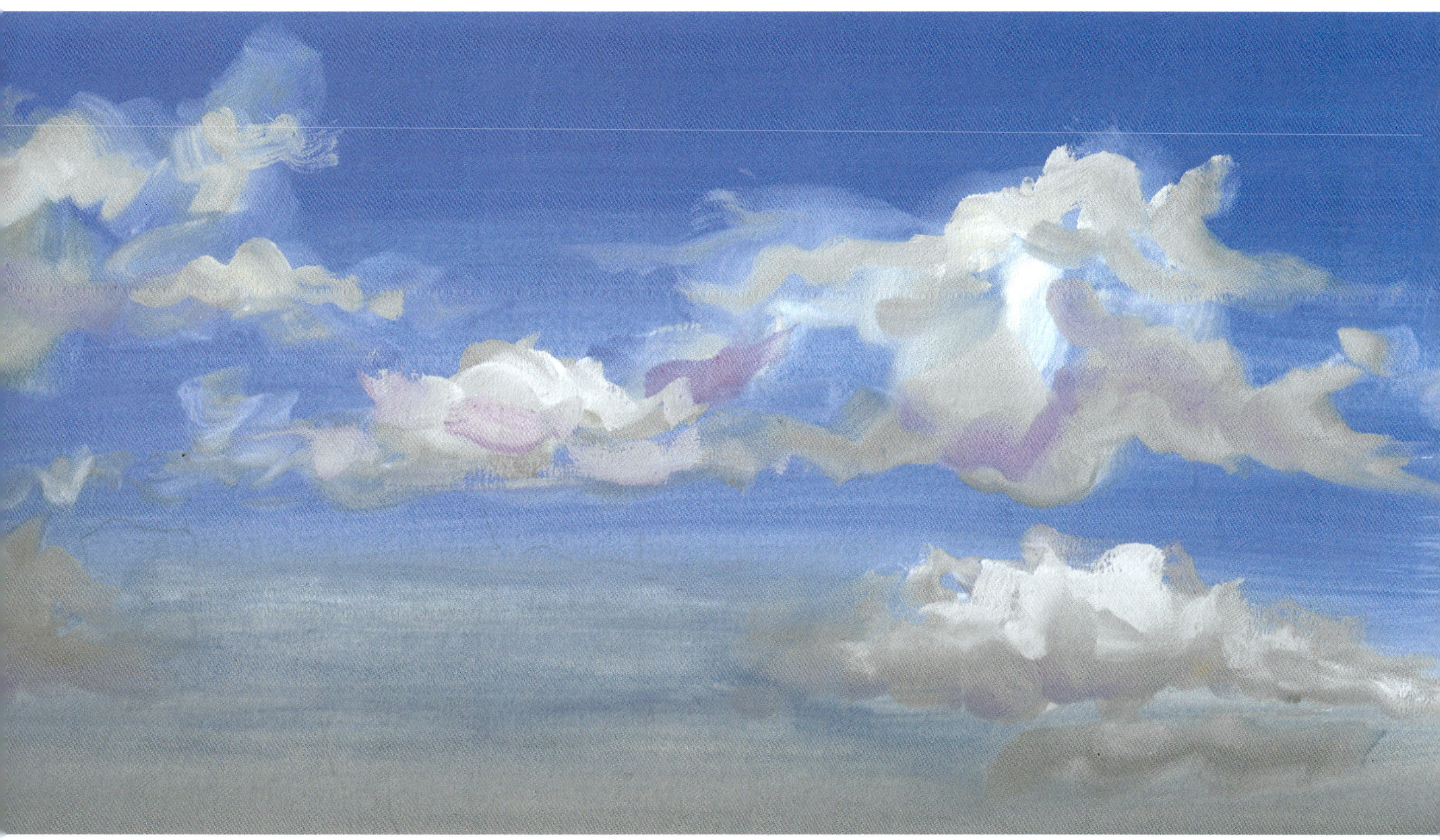

Hochgebirge

Das strahlende Sonnenlicht lässt den nackten Fels des Gebirgsstocks aufleuchten und zeichnet im Kontrast dazu tiefe, dunkle Schatten in die Risse, Abbrüche und Felsformationen.

Mit wenigen Farben und harten Kontrasten bekommt das imposante Motiv einen fast grafischen Charakter. Die Schatten grau, die Felsen farbig – bei diesem Erscheinungsbild könnte es bleiben; es sei denn, Sie geben dem Motiv auf den nächsten Seiten noch einen malerischen Touch und modellieren die Felsen weiter aus.

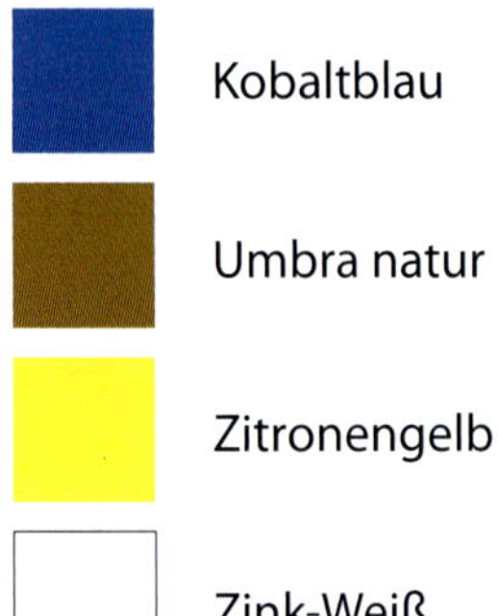

Kobaltblau

Umbra natur

Zitronengelb

Zink-Weiß

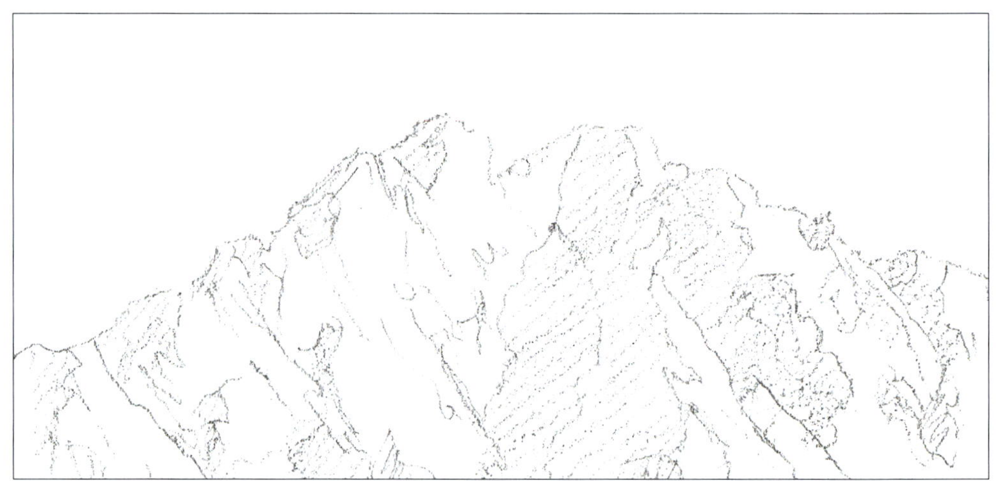

▲1

In der Vorzeichnung definieren Sie mit dem Bleistift 2B die Außen- und Innenkonturen und deuten die Schattenbereiche mit Schraffuren an.

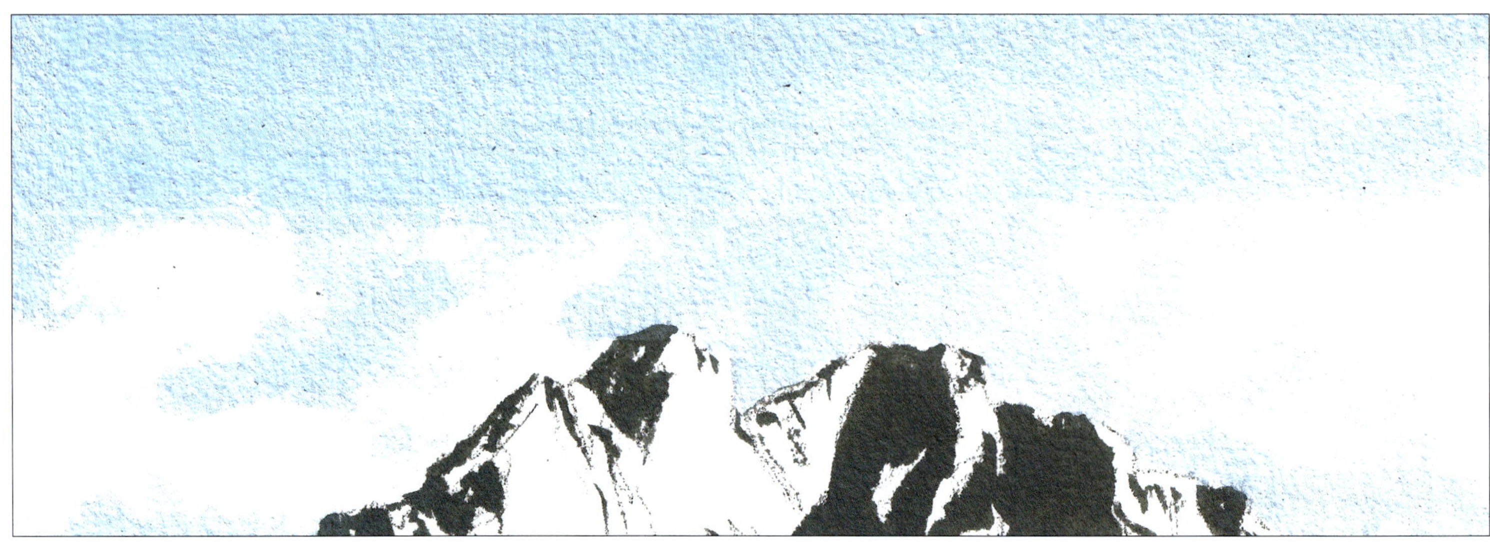

▲2

Das Himmelsblau tragen Sie in der auf S. 38 beschriebenen Weise auf; die Federwölkchen bleiben also papierweiß, was eine schöne Leichtigkeit ins Bild bringt. Umso wirkungsvoller ist dann der Kontrast zu den massiven Felsformationen, die ihrerseits durch hart abgegrenzte Licht- und Schattenpartien gekennzeichnet sind.

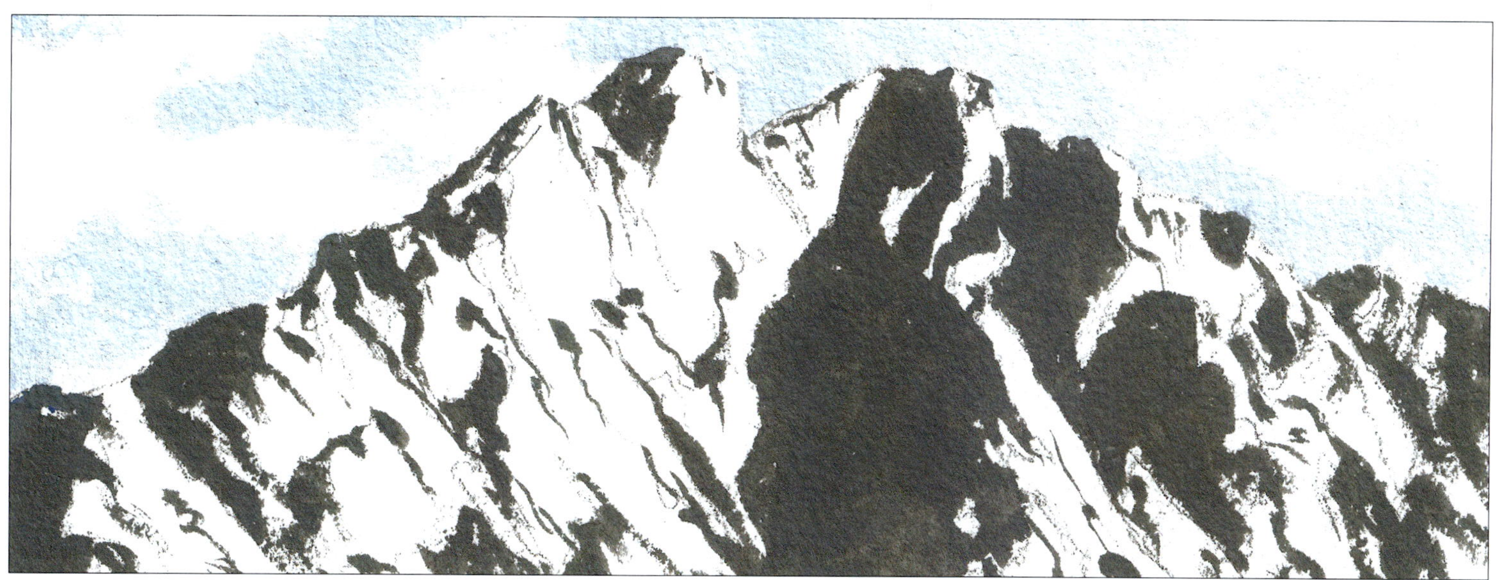

▲3

Anders als in der monochromen Landschaft auf S. 47 nehmen Sie für die dunkelgraue Untermalung kein verwässertes Schwarz, sondern mischen sich den Schattenton aus Kobaltblau, Umbra Natur und Weiß zusammen. Hinzu kommt ein Hauch Gelb, der den Farbton etwas anwärmt. Tragen Sie die Farbe mit unterschiedlich großen Pinseln und satten Strichen auf die schraffierten Flächen auf. So entsteht ein klares Muster. Die Kanten und Sprünge ziehen Sie mit der Pinselspitze. Streifen Sie die Farbe auf Küchenpapier ab und ziehen Sie die restliche Farbe mit dem trockenen Pinsel ins Licht. Das Papierweiß bricht durch und erzeugt eine körnig auslaufende Spur.

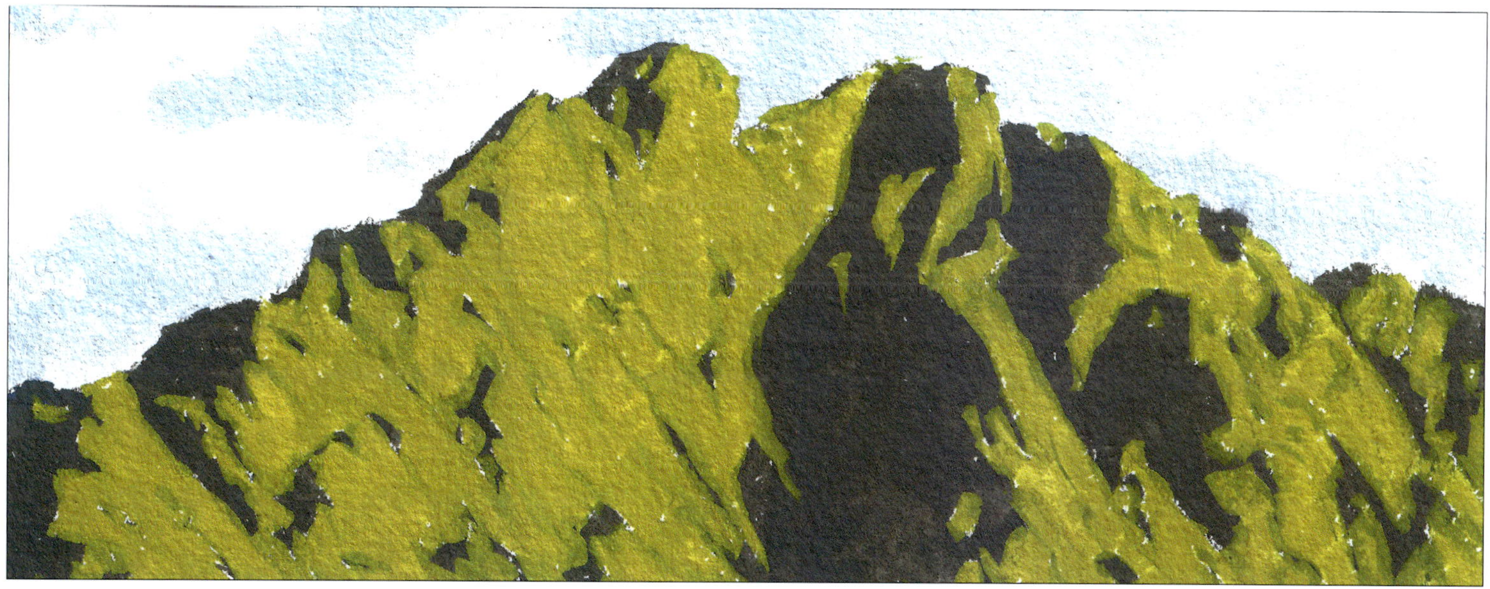

▲4

Die weiß gebliebenen Bereiche grundieren Sie in einem warmen Braun aus Gelb und Umbra. Nach dem Trocknen übermalen Sie den nackten Fels stellenweise mit etwas Weiß zum Braun. Malen Sie nicht zu viel hin und her, sondern lassen Sie die hellen Striche und Tupfen so stehen, wie sie kommen. In dieser Phase steht der Gebirgsstock dank der klaren Kontraste fast grafisch vor dem Himmel. Wenn Ihnen das gefällt, belassen Sie es dabei. Oder Sie wollen dem Bild noch mehr Tiefe und einen malerischen Charakter geben. In diesem Fall …

5

… mildern Sie die harten Kontraste ab, gestalten die Farben harmonischer und geben auch den bisher flächigen Schattenpartien eine felsige Struktur.
Dafür nehmen Sie eine Mischung aus Weiß, dem Kobaltblau des Himmels und Umbra Natur.
Ziehen Sie deckende Striche entlang der Vorsprünge und Kanten talwärts – nun auch in den abgeschatteten Bereichen. Hier wirkt die dunkle Untermalung mit. Auf diese Weise modellieren Sie auch die tiefen Bereiche mit ihren Spalten und Rissen.
Damit das so bleibt, dürfen Sie die Untermalung nicht anlösen, sonst geht die Struktur verloren.
Zuletzt verteilen Sie in einem lasierenden Graugrün Linien über die gesamte Bergkuppe.

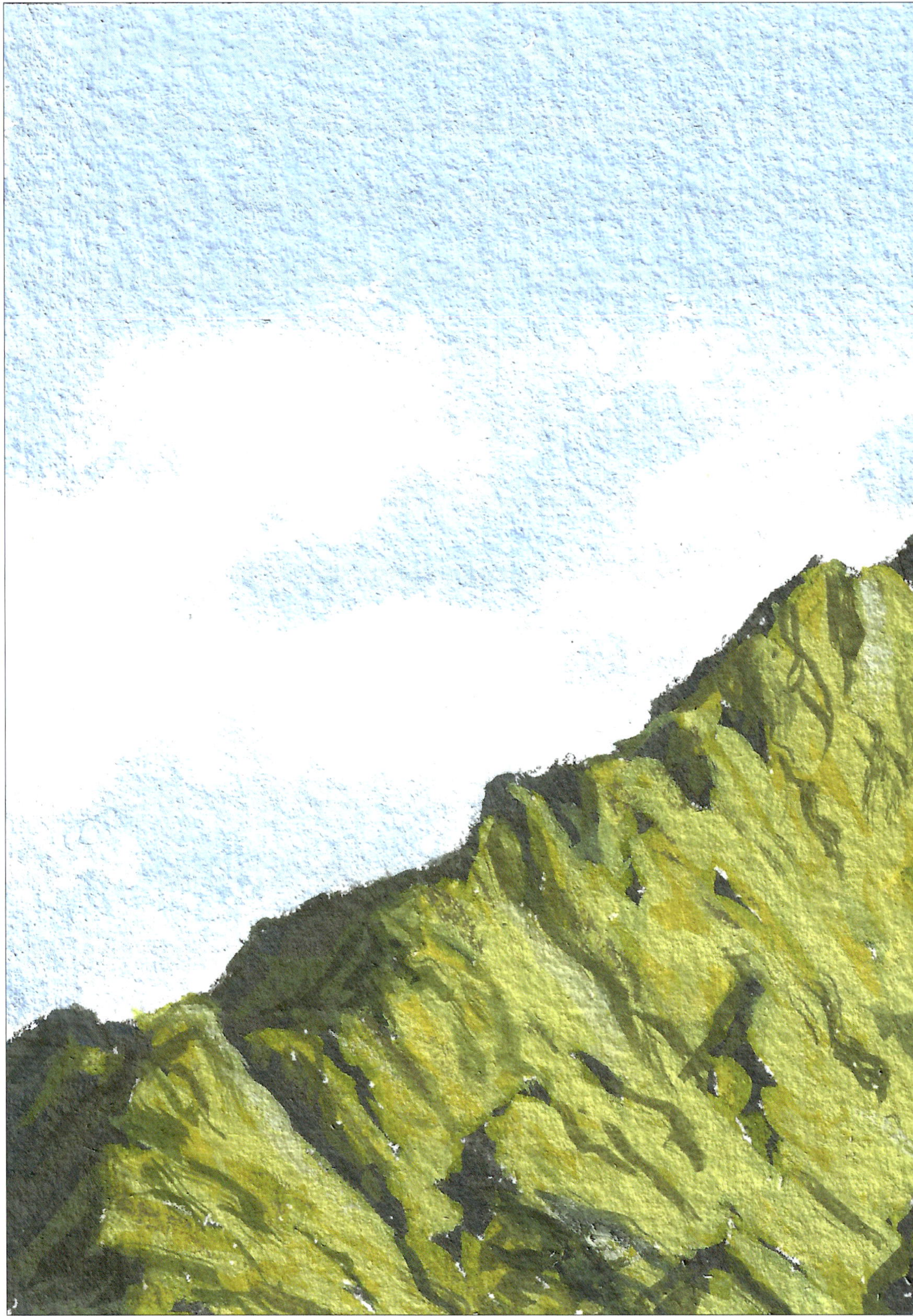

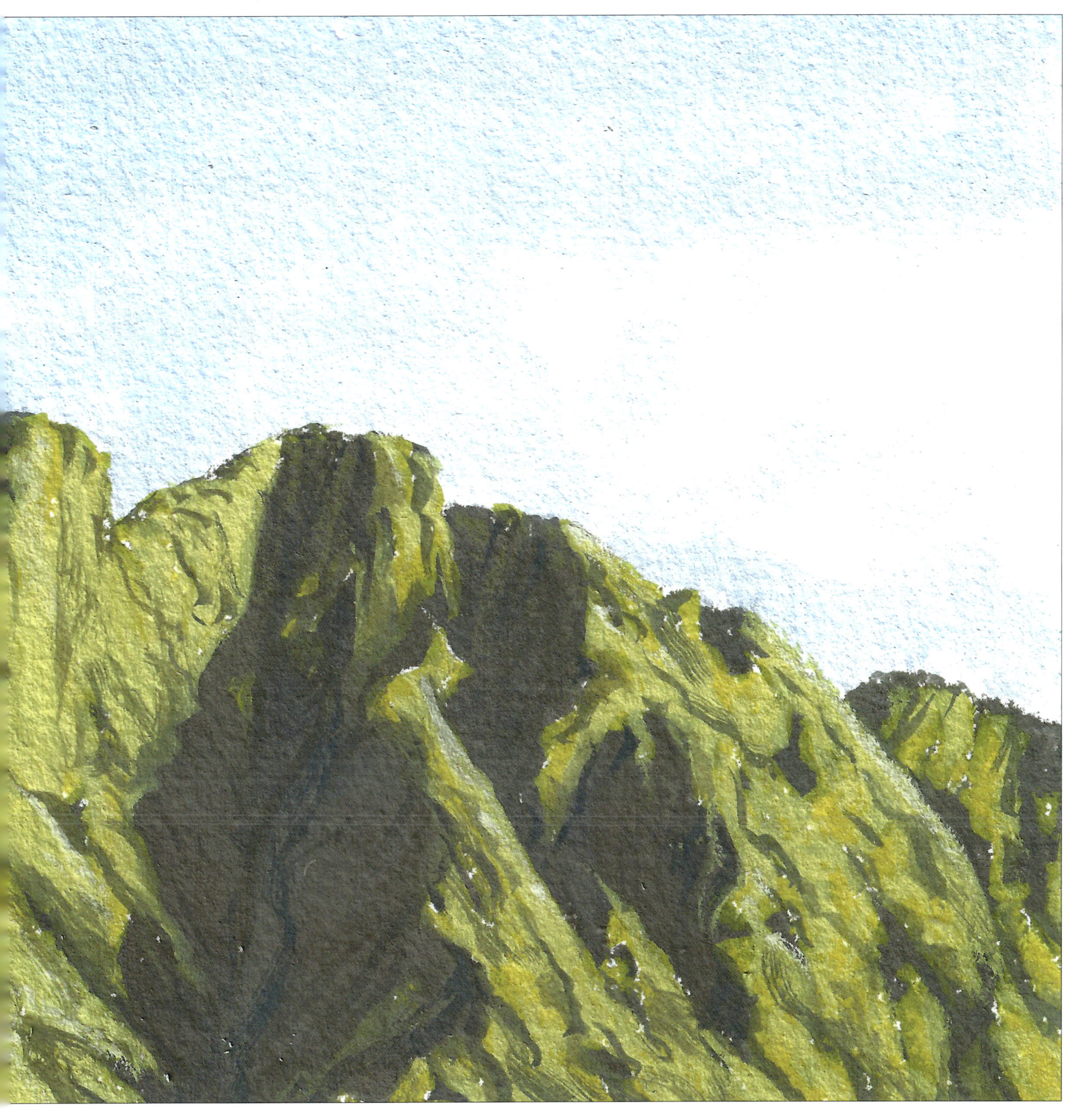

Kleine Mühle

Die klappernde Mühle am rauschenden Bach ist als Motiv recht einfach und klar gehalten. So zeigt sich ebenso klar, wie alleine aus diversen flächig aufgetragenen Grautönen eine interessante Übung mit einer schönen Bildtiefe entsteht.

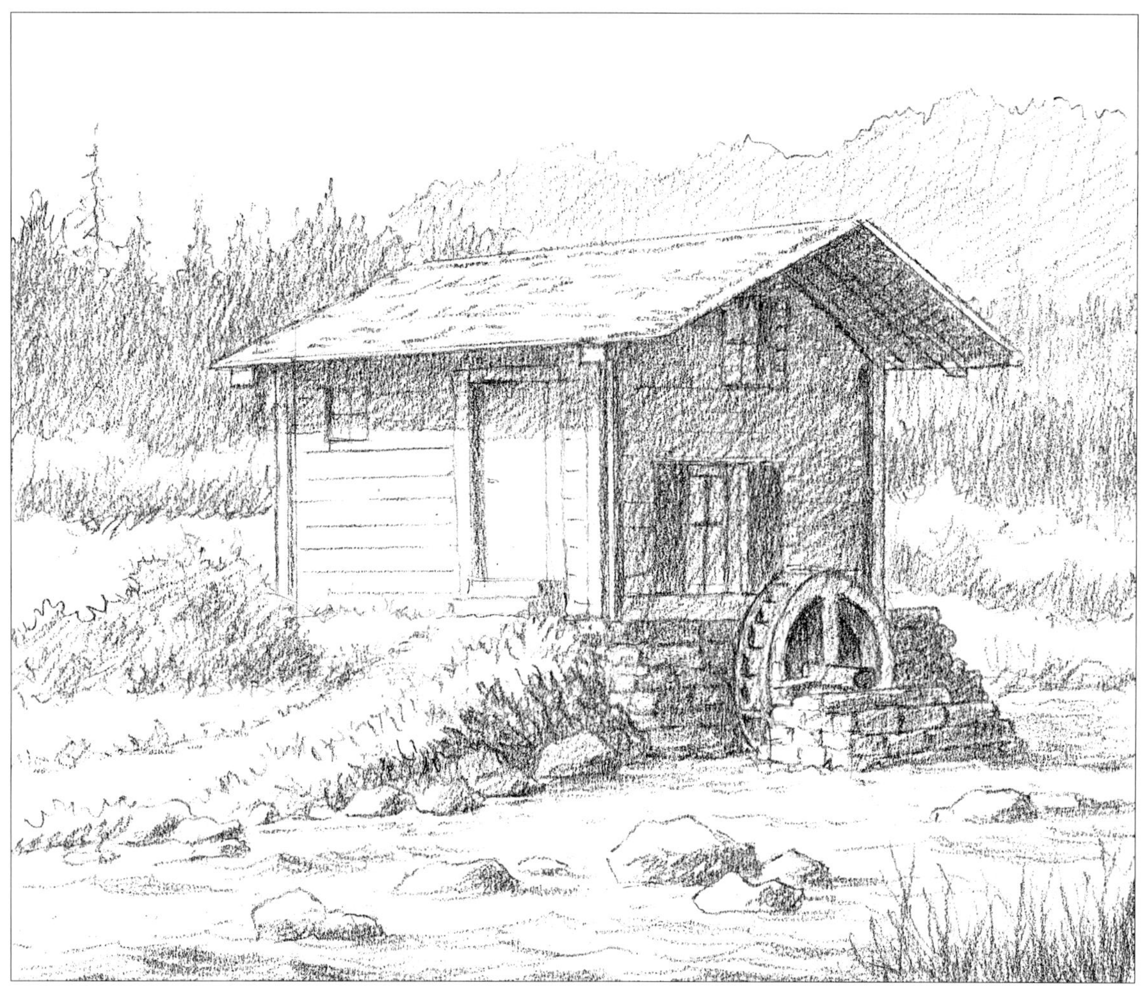

Die Bleistiftzeichnung dient als Referenz. Hier können Sie mit mehr oder weniger dichten und kräftigen Schraffuren die diversen Grauwerte festlegen und sich beim Malen daran orientieren. Und nebenbei haben Sie zu der kleinen Malerei auch noch eine hübsche Bleistiftzeichnung geschaffen …

Das Schwarz-Weiß-Bild übersetzt die Tonwerte (die Helligkeit und Dunkelheit) der natürlichen Farben in Graustufen. Dabei malen Sie nur mit mehr oder weniger verdünntem Schwarz. Deshalb müssen Sie sich nicht um die Farbwahl kümmern, sondern nur darauf achten, die passende Abstufung für die jeweiligen Bildteile zu treffen. Zugleich erleben Sie, wie die Hell-Dunkel-Kontraste – vorne stark, hinten zunehmend schwächer – den Eindruck vom Räumlichkeit erzeugen: Die Ferne verblasst, der Vordergrund rückt heran, und dazwischen stehen hübsch gestaffelt die Kulissen aus Geländestufen und Wald.

Tipp

In einem farbigen Bild sollten Sie lieber kein reines Schwarz verwenden, sondern sich einen sehr viel lebendigeren Schwarzton zum Beispiel aus Siena gebrannt, Ultramarin und Karminrot zusammenmischen. Hier allerdings geht es um reine Graustufen. Die Abstufungen entstehen durch das zunehmende Vermischen von Weiß mit wenig Schwarz.

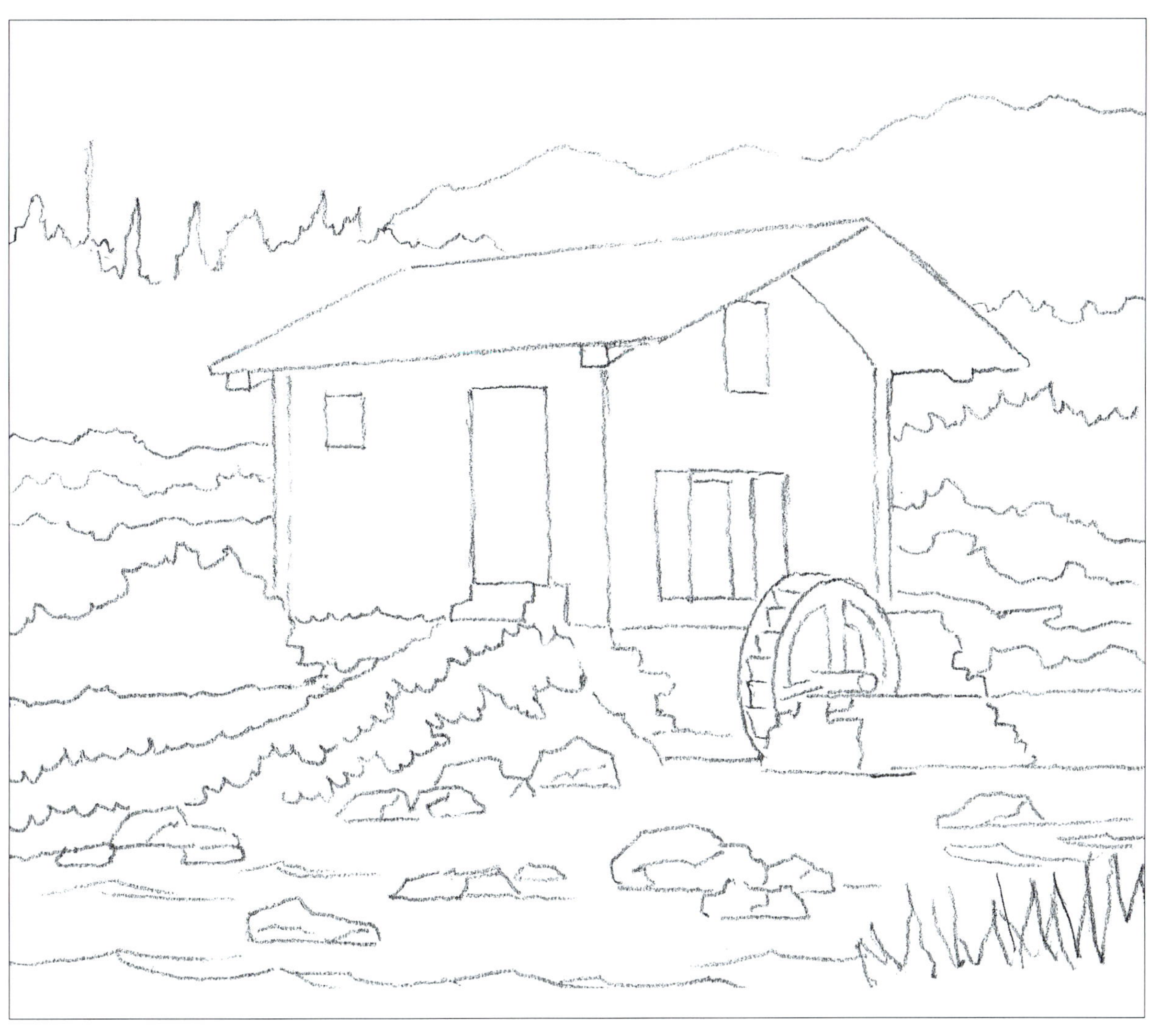

▲1

Die Vorzeichnung mit dem Bleistift 2B. Wenn Sie sich unsicher sind, können Sie die Konturen hier abnehmen und von einer vergrößerten Kopie auf den Malgrund übertragen; oder Sie holen sich die Umrisse vom fertigen Bild auf der übernächsten Seite.

2 ▶

Für den ersten Malschritt benötigen Sie vier Grautöne. Damit grundieren Sie die markierten Flächen.

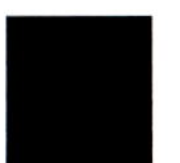

Elfenbeinschwarz

Zink-Weiß

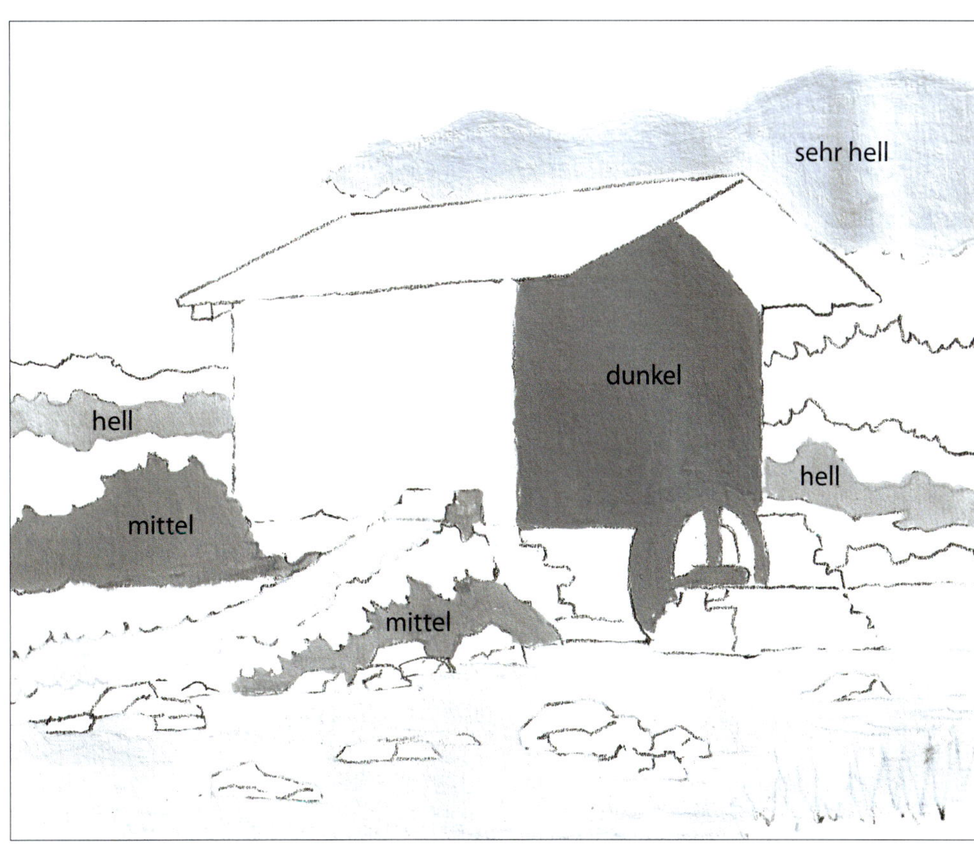

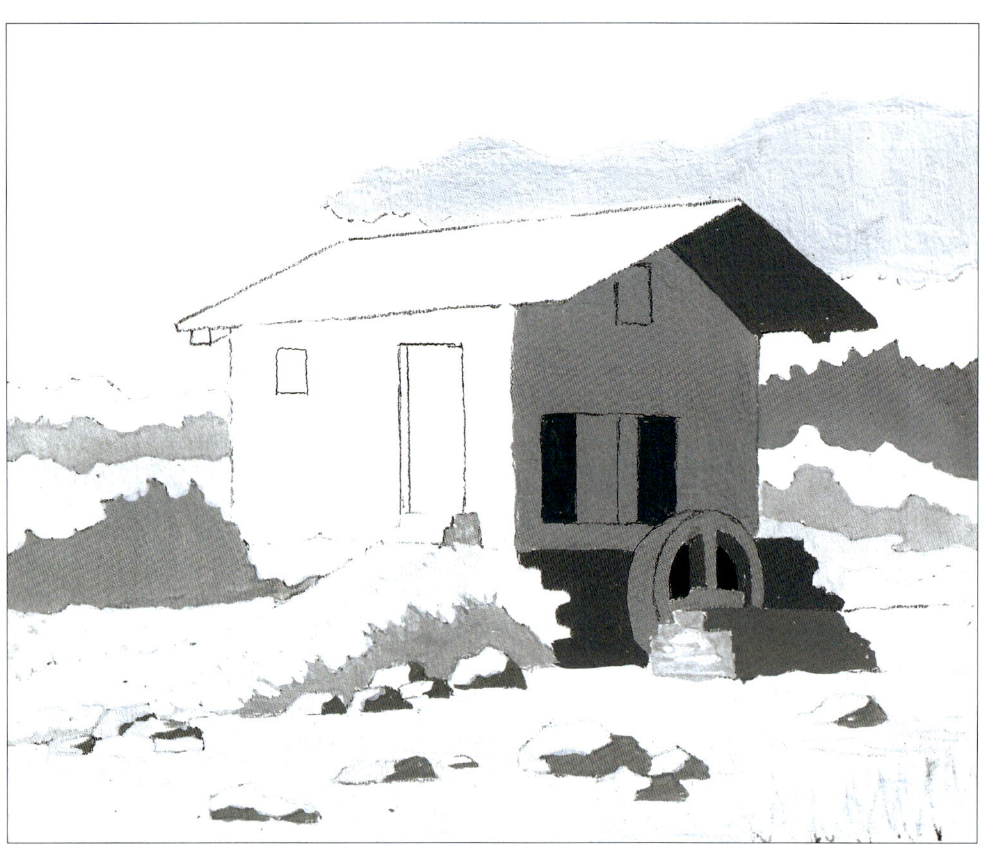

 3

Nach dem Trocknen fahren Sie mit weiteren Bildteilen fort. Helle Elemente können Sie natürlich unbesorgt dunkel übermalen. Im umgekehrten Fall müssen Sie in einem helleren Grau (viel Weiß mit wenig Schwarz) deckend darübermalen. Dieser helle Ton verliert allerdings seine Transparenz.

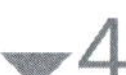 4

Den hinteren Wald untermalen Sie flächig, vorne fügen Sie weitere Details hinzu, tönen zum Beispiel die Lichtseiten der Steine hellgrau und geben dem Bewuchs mit hellen und dunklen Pinselstrichen Struktur – besonders klar im Vordergrund. Hier ziehen Sie auch erste Wellenstriche ins Wasser.

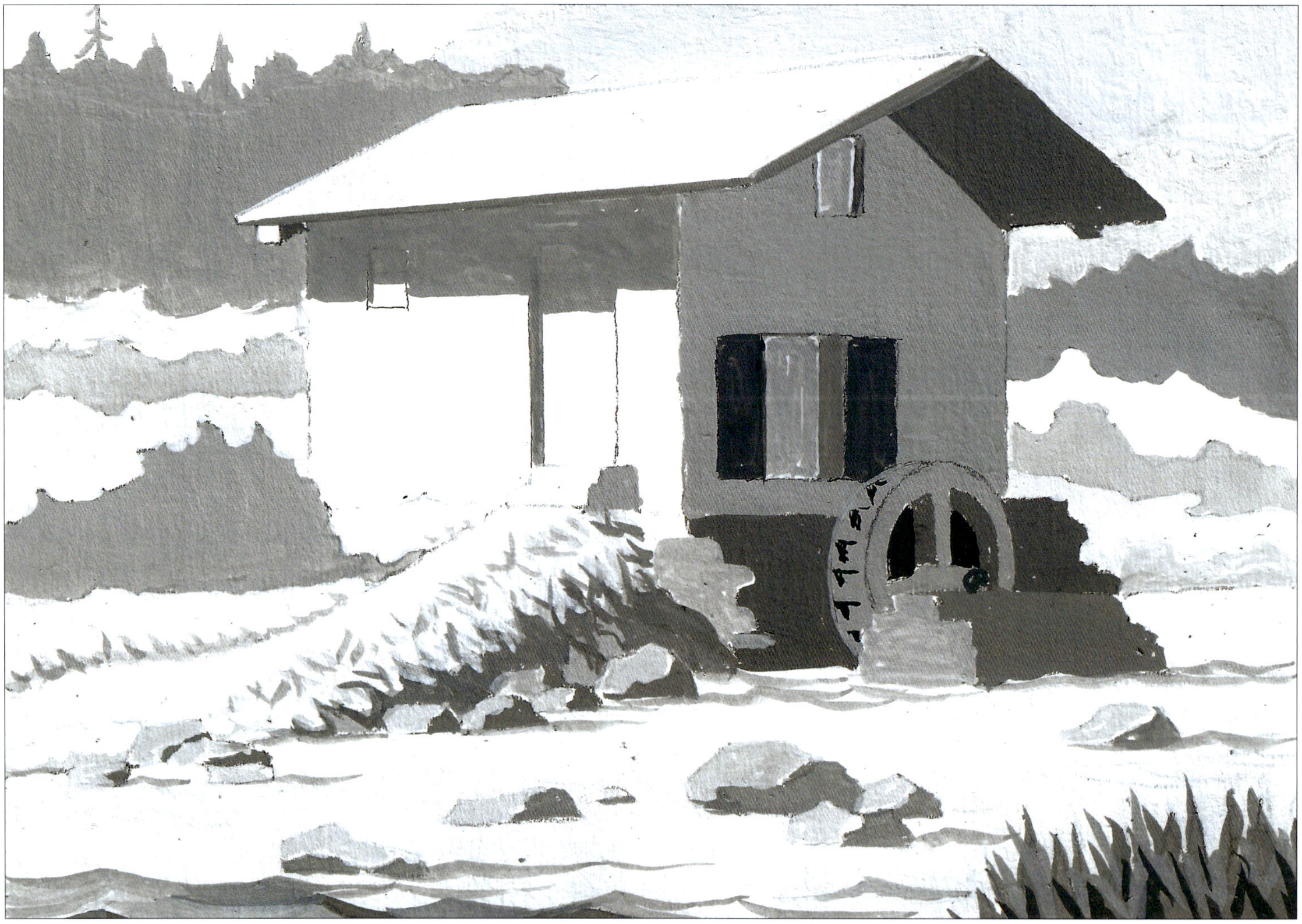

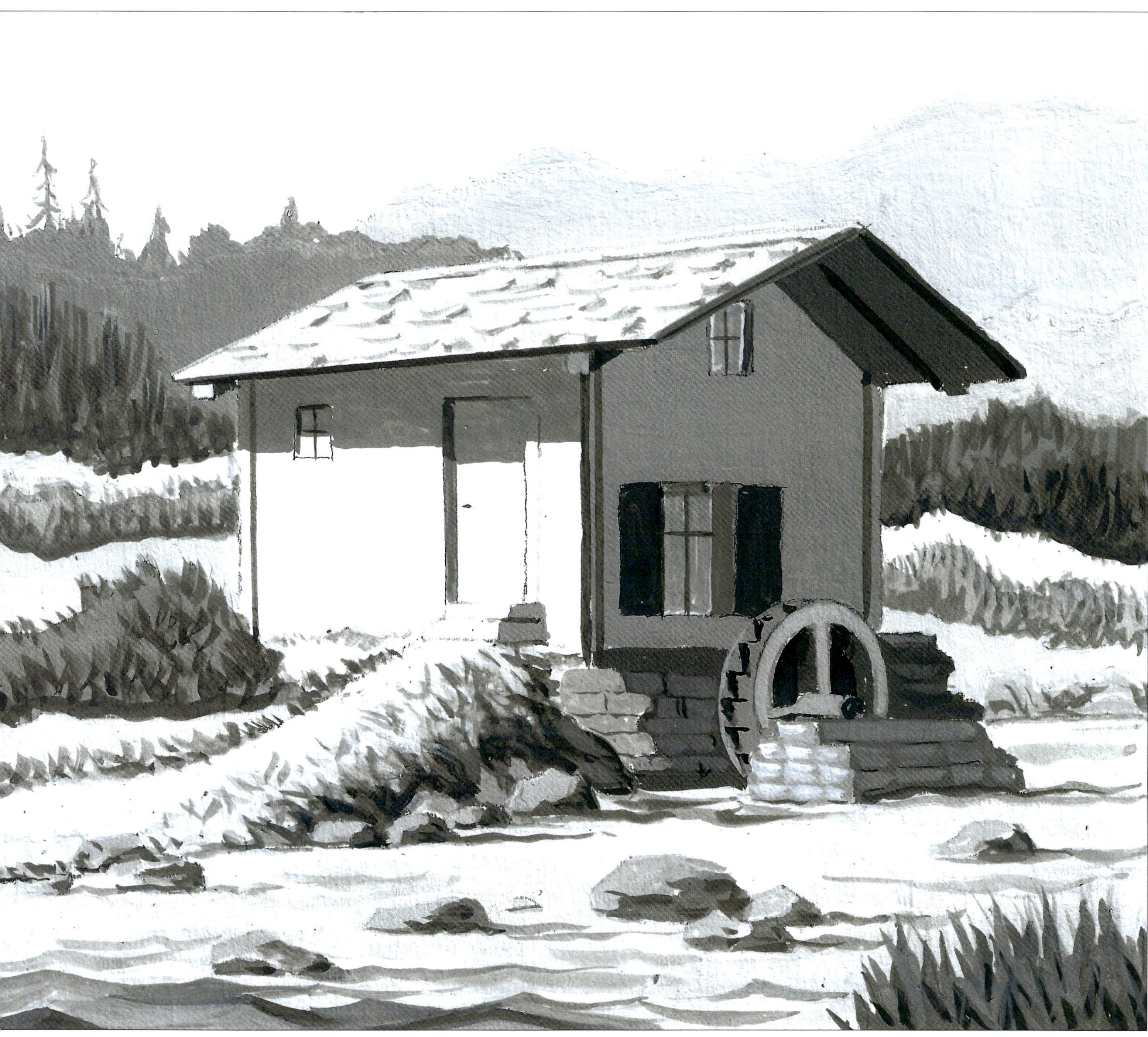

▲5

Zuletzt fügen Sie Details hinzu: im Mittelgrund dunkle Pinselstriche für Bäume und Gebüsch, vorne im Gelände Schattenstriche und am Haus die Dachdeckung, Fenster und die Fugen am Fundament. Im Vordergrund sind die Kontraste am stärksten, während der hintere Wald flächig bleibt und die Berge überdies gänzlich blass bleiben und sich in der Ferne verlieren.

Tipp

Wenn Sie das Motiv lieber farbig ausgestalten wollen, nur zu! Nehmen Sie dafür eine frische Vorzeichnung und entsprechende Farben. Was deren Tonwerte betrifft, können Sie sich an der Helligkeit und Dunkelheit der Grautöne in diesem Motiv orientieren.

Stiller See

Ein stimmungsvolles Landschaftsmotiv, ideal für erste Schritte in Gouache in den wichtigsten Techniken: lasierender und deckender Auftrag, mischen und verdünnen auf der Palette und verblenden der Farben auf dem Malgrund. Für all dies reicht der kleine Rundpinsel.

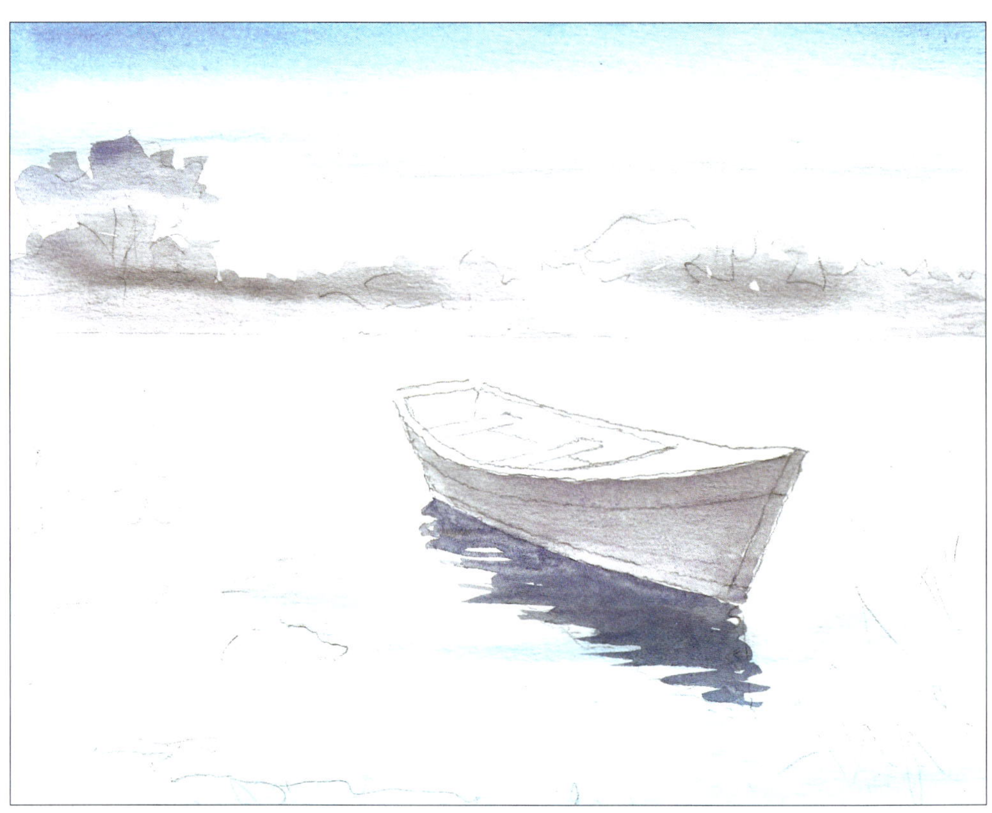

1 

Die Vorzeichnung mit Bleistift: das Boot genau, der Rest angedeutet. Das ferne Ufer und das Boot untermalen Sie in einem verdünnten Violett mit Braun, den Himmel und stellenweise auch das Wasser in einem blassen Blau. Für die Spiegelungen nehmen Sie Violett, Blau und Braun hinzu.

2

In die Spiegelungen malen Sie nass in nass violette waagerechte Striche. Das nahe Ufer grundieren Sie in diversen Brauntönen. Die Planken des Bootes malen Sie dunkelrot und blau, die Schatten innen mit einer dünnen grauen Mischung aus Blau, Rot und Braun.

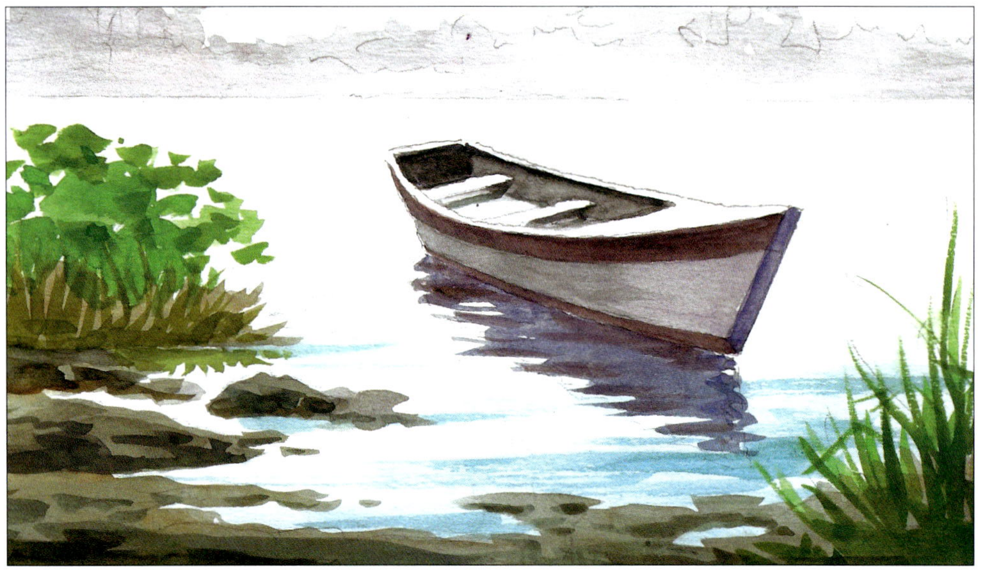

3

Auf die Ufersteine ziehen Sie dunkelbraune Schattenstriche. Links malen Sie erst die Äste und setzen dann grünes Laub auf. Rechts ziehen Sie dunkelgrüne Halme hoch, die Sie nach dem Trocknen mit etwas Gelb zum Grün ins Licht setzen. In Ufernähe tönen Sie das Wasser mit blassvioletten horizontalen Malstrichen.

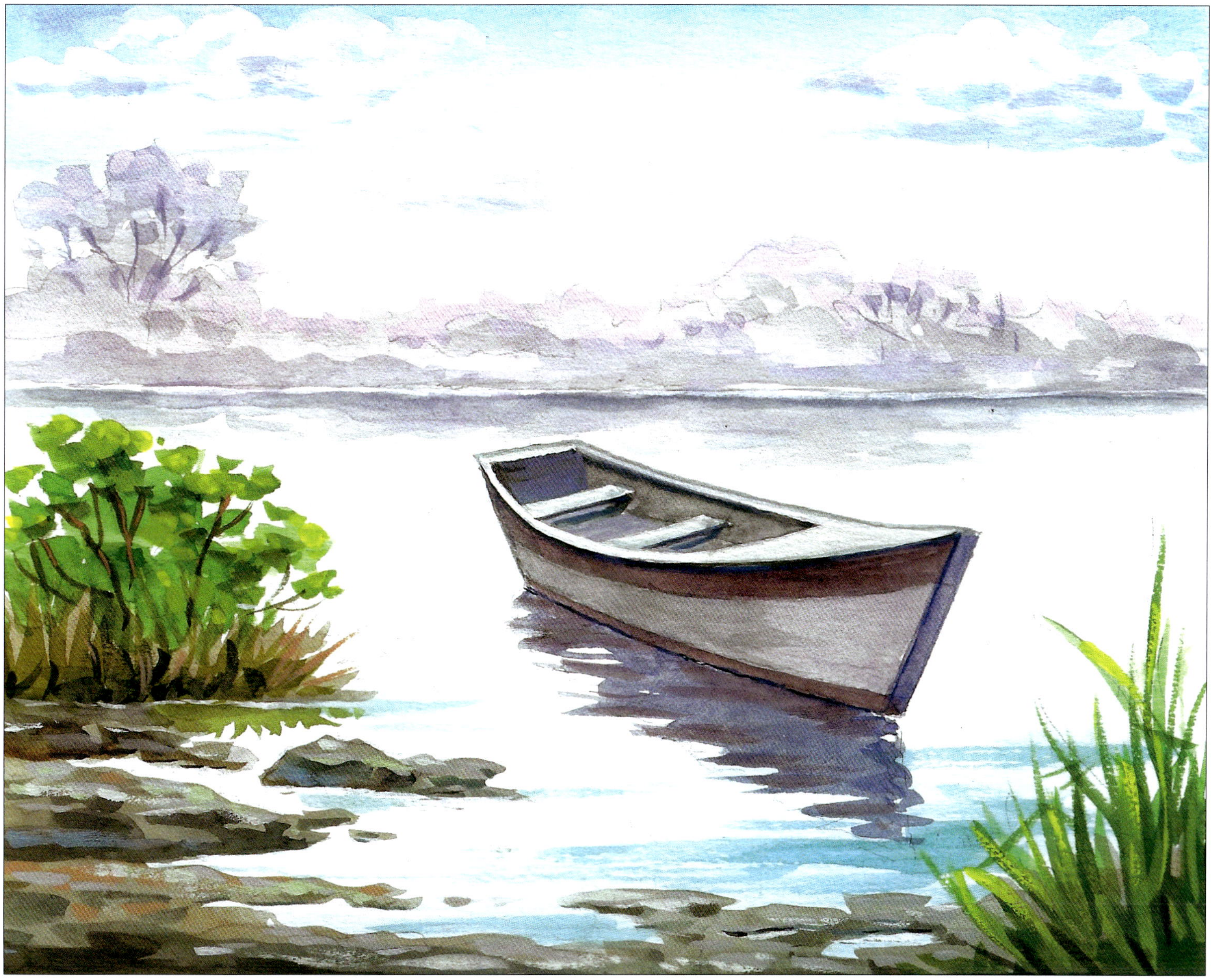

▲4

Beim fernen Ufer bleiben Sie bei blassen Blautönen: Gelände, Gebüsch und Bäume mit Violett. Das Wasser mit etwas weniger Violett. Dann malen Sie noch ein paar weiße an der Unterseite schattierte Wolken ins Himmelsblau. Die flachen Felsen im Vordergrund modellieren Sie mit Blau im Schatten und wenig Umbra und Weiß auf den Lichtseiten.

Tipp

Die Nähe detailreich in satten, warmen Farben, die Ferne blass, bläulich und verschwommen: Hier wie generell in der Landschaftsmalerei bringt dieses einfache Zaubermittel Tiefe ins Bild.

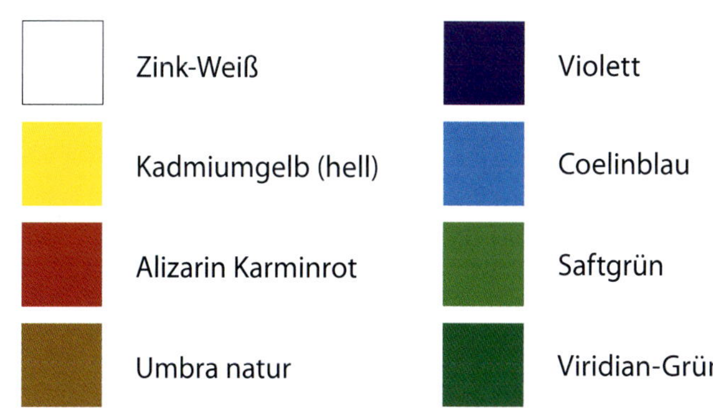

Wasser und Farbe

Für mehr oder weniger bewegte Wasserflächen sind Gouachefarben geradezu ideal. Transparent lasierend, in mehreren Schichten aufgetragen, geben Sie dem Wasser sozusagen Tiefe.

Klares Wasser ist durchsichtig und eigentlich unsichtbar; alles, was wir sehen – und malen – können, sind zum einen die auf der Oberfläche reflektierten und gespiegelten Farben der Umgebung und des Himmels. Zum anderen entstehen durch die Wellenbewegung des Wassers selbst helle und dunkle Bereiche – in den Erhöhungen und Vertiefungen trifft das Licht aus unterschiedlichen Richtungen auf. Die Wellen verzerren auch die Schatten und Spiegelbilder. Kaum ein stiller See ist spiegelglatt, selbst ein leiser Windhauch bringt etwas Leben und Abwechslung in die Fläche.

Und da man die Farben auch feucht vermalen kann, lassen sich die Farbtöne auch während des Malens noch zu weichen Verläufen mischen: Man sieht unmittelbar das Ergebnis und kann es immer noch verbessern. Allerdings muss man dabei berücksichtigen, dass die Farben beim Trocknen noch insgesamt heller werden.

In diesem Motiv spielen die Himmelsfarben in zweifacher Weise mit. Der helle Gelbton aus Ocker, Gelb und Weiß bringt eine besondere Lichtstimmung ins Bild und tönt auch die Farbe des Wassers. Obwohl der ferne Gebirgszug sie voneinander trennt, bleiben Himmel und Wasser miteinander in Verbindung.

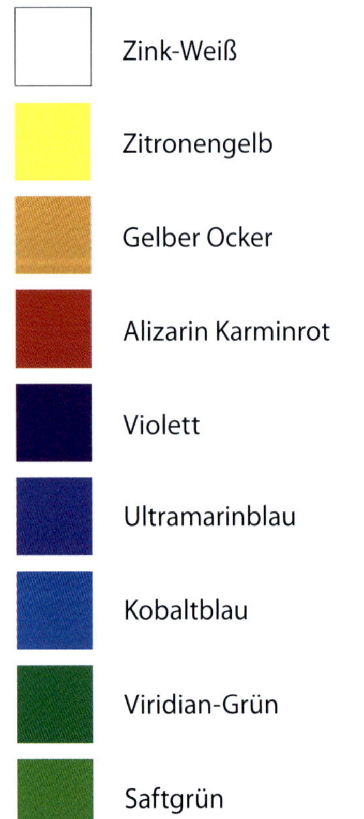

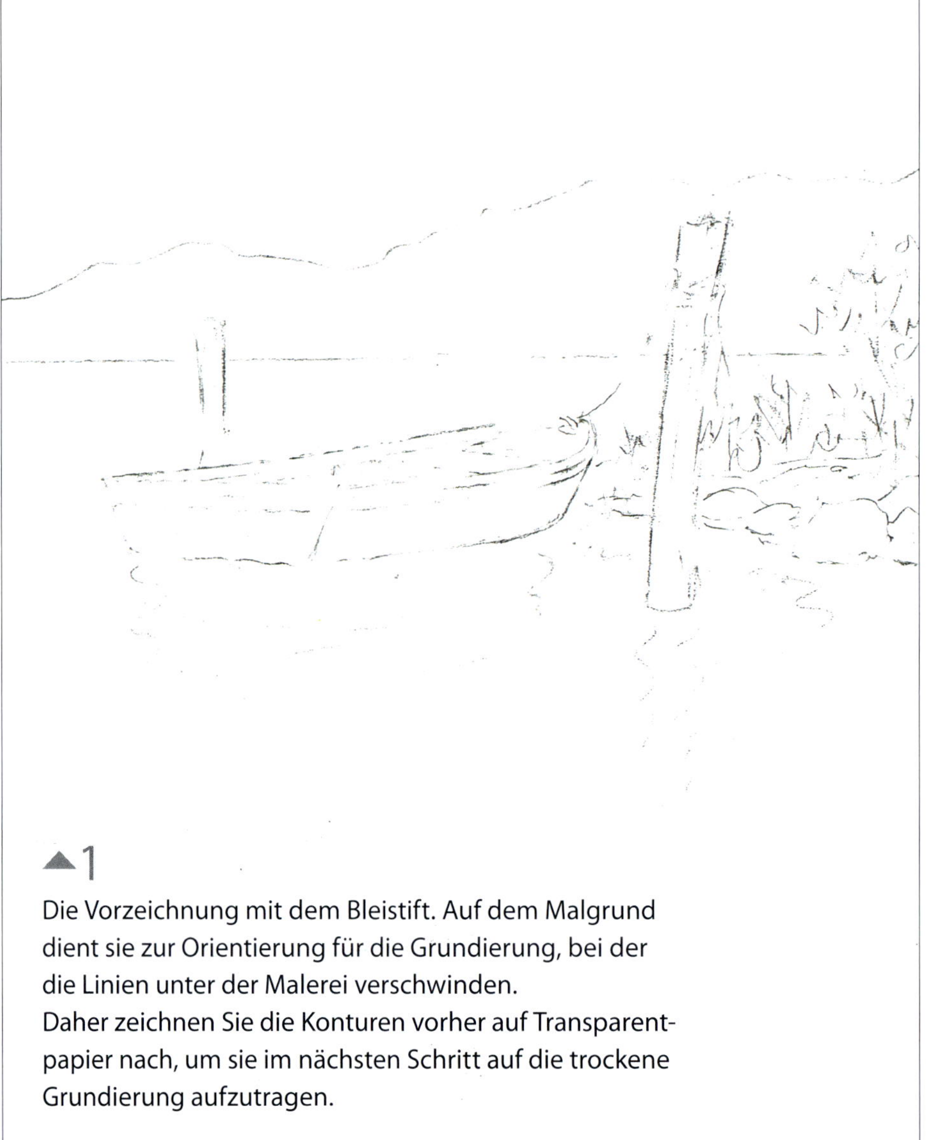

▲1

Die Vorzeichnung mit dem Bleistift. Auf dem Malgrund dient sie zur Orientierung für die Grundierung, bei der die Linien unter der Malerei verschwinden.
Daher zeichnen Sie die Konturen vorher auf Transparentpapier nach, um sie im nächsten Schritt auf die trockene Grundierung aufzutragen.

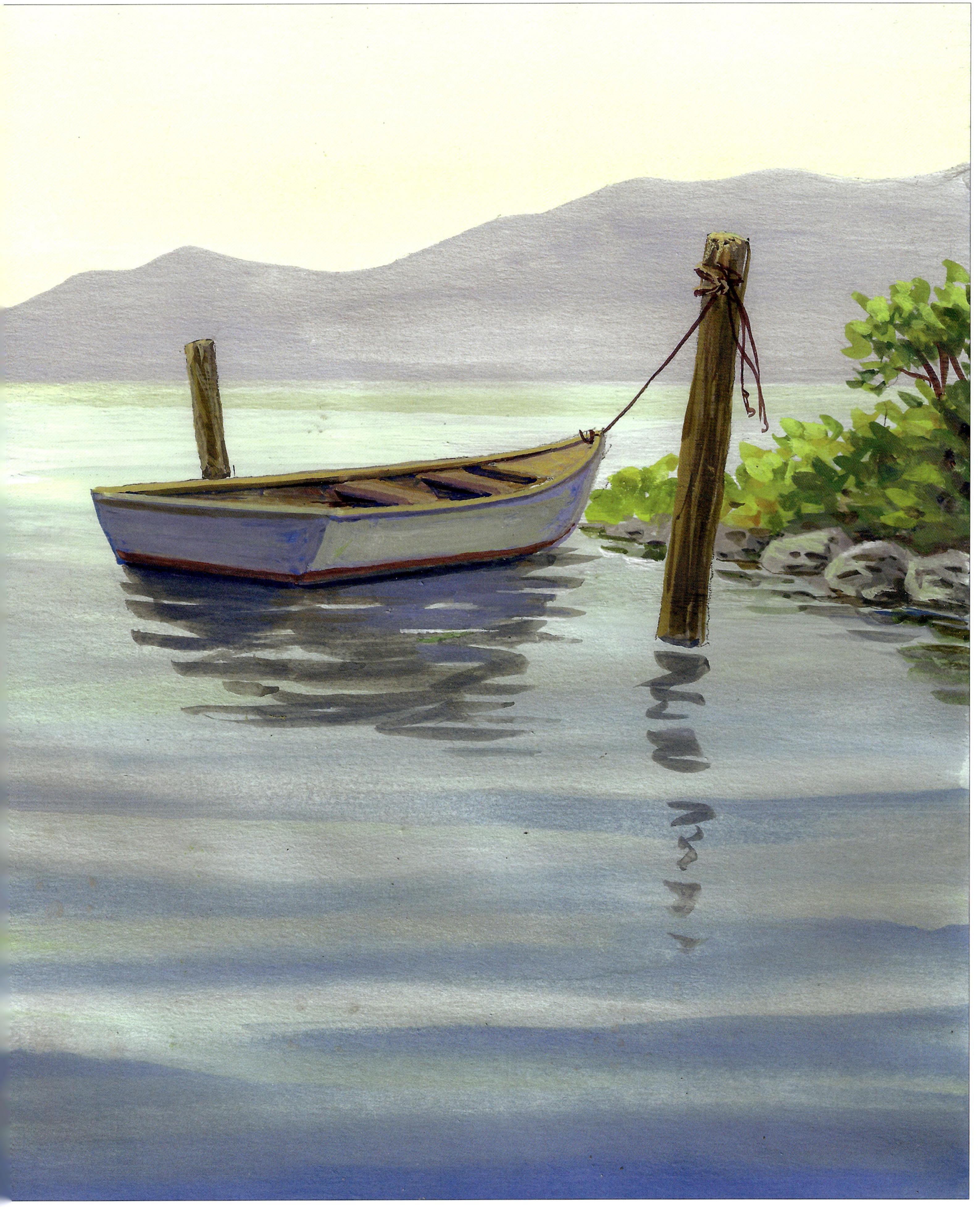

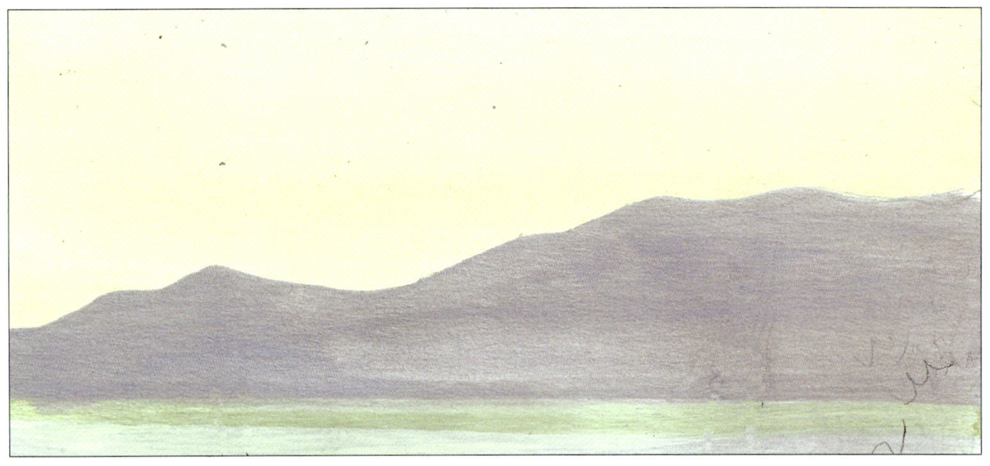

◀ 2

Untermalen Sie die gesamte Bildfläche einheitlich mit einer stark verdünnten Mischung aus Ocker, Gelb und Weiß. Im Himmel lassen Sie den Ton stehen. Nach dem Trocknen malen Sie den Gebirgszug in mit weiß abgedämpften Blautönen.

3 

Unterhalb davon tragen Sie mit sanften Querstrichen eine schwache grünlich-weiße Mischung auf, im Vordergrund abwechselnd auch milchig-bläuliche Schlieren, schließlich ein fast klares Ultramarin.

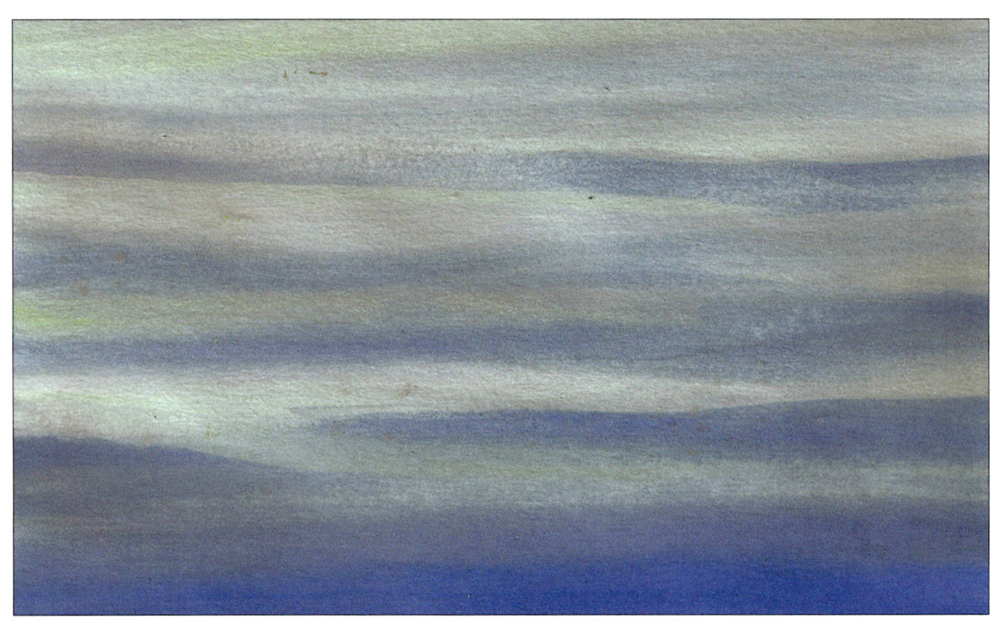

◀ 4

Sobald alles trocken ist, kopieren Sie die Konturen des Bootes vom Transparentpapier (siehe Schritt 1) mit Bleistift auf das Wasser.

Tipp

Nicht nur Dinge, auch ihr Abstände verringern sich mit zunehmender Entfernung. Das gilt natürlich auch für Wellen. Demnach sind die bläulichen Streifen am unteren Bildrand breiter als zur Bildmitte hin.

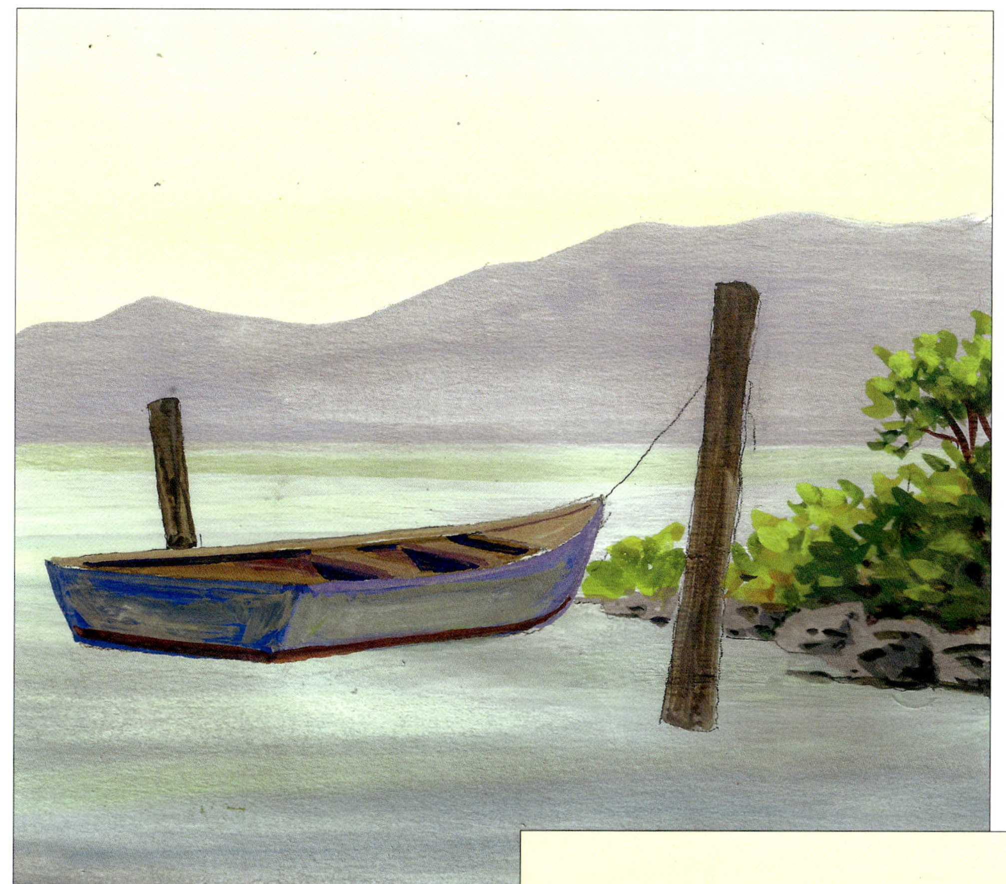

◀ 5

Gebüsch, Steine, Pfähle und Boot untermalen Sie dunkel in den entsprechenden Tönen und Mischungen von Grün, Blau und Braun und setzen danach die helleren Lichter auf. Für die Ästchen nehmen Sie ein dunkles Braun.

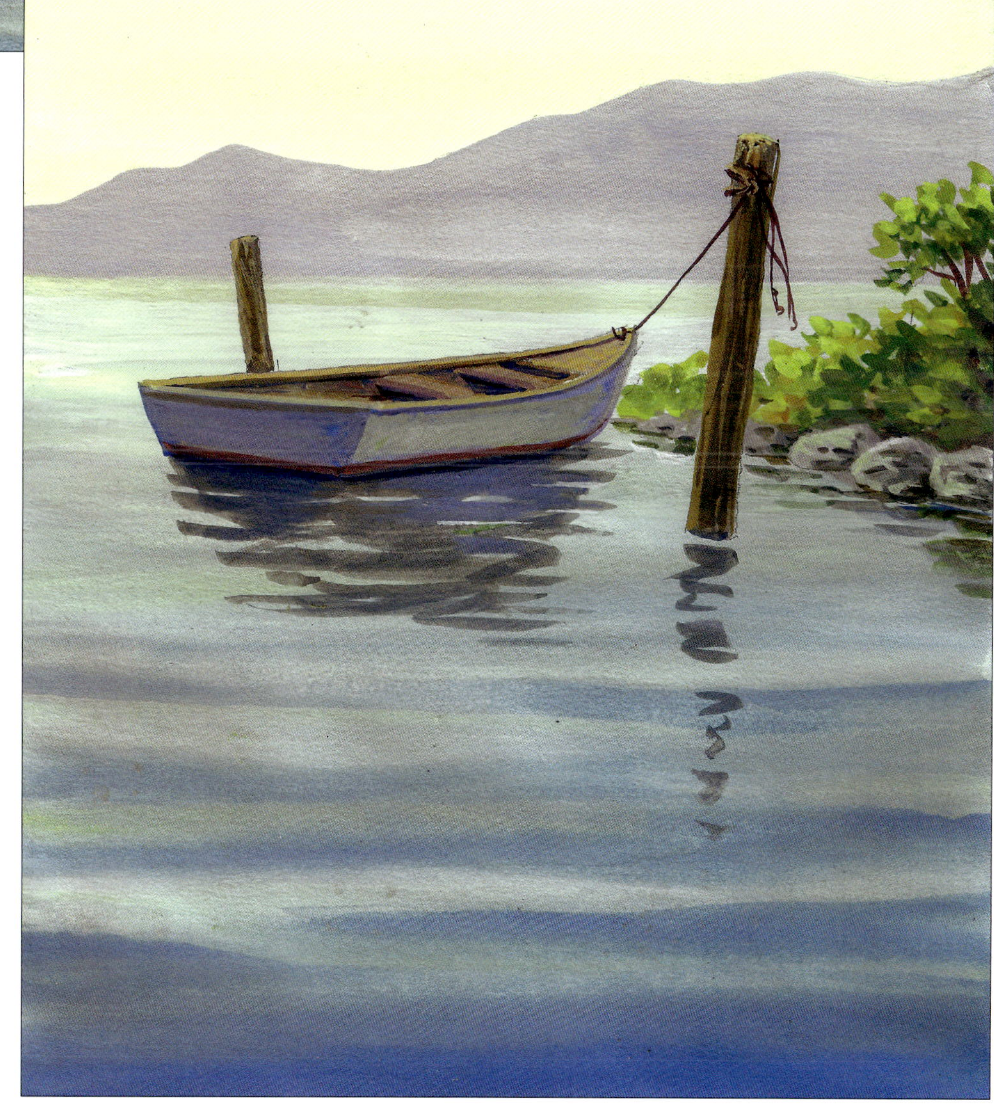

6 ▶

Nach der Detailarbeit am Boot malen Sie die Schatten und Spiegelungen. Dazu nehmen Sie unterschiedliche Mischungen aus Ultramarin, Karminrot und etwas Gelbocker. Ziehen Sie die Striche unter dem Boot flüssig hin und her – im Schatten mit mehr Blau. Unter dem Pfahl und am Ufer sind das einzelne kurze Malstriche.

Tipp

Die Spiegelungen wirken nur dann überzeugend, wenn sie mit fließenden Bewegungen gemalt werden – was nicht ganz einfach ist. Am besten üben Sie solche Pinselstriche auf einem anderen Blatt, bis Sie die Strichführung gut im Gefühl haben.

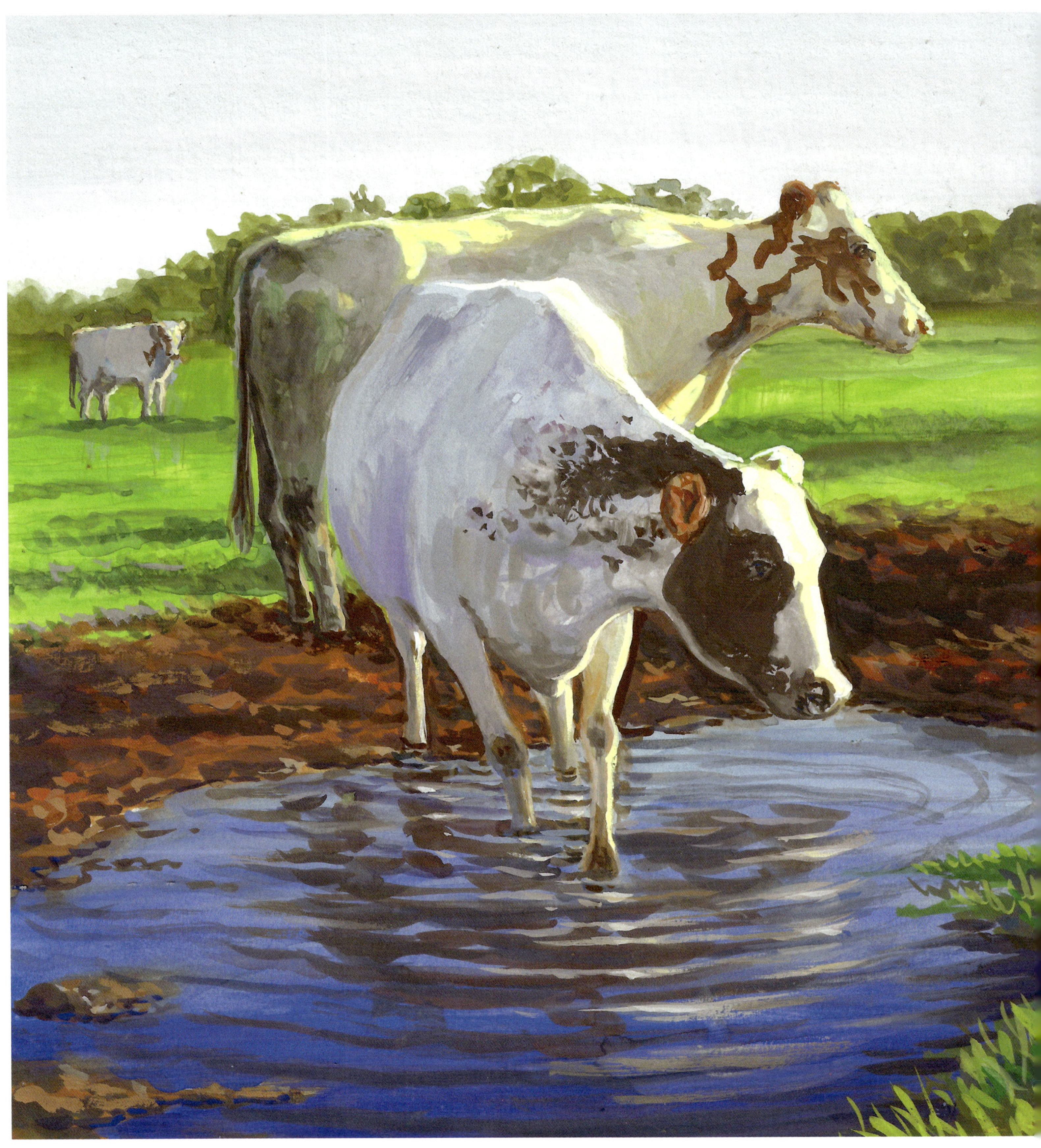

Ländlich

Weide, Kühe und ein Tümpel: Im realistischen Stil gemalt, sieht recht anspruchsvoll aus. Deshalb sollten Sie es sich einfach machen.

Das beginnt mit der auf den Malgrund übertragenen Vorzeichnung, die Sie hier abnehmen und mittels Transparent- oder Transferpapier durchpausen können. In der Tiermalerei lässt sich unterwegs wenig improvisieren oder gar fantasieren, schon gar nicht bei komplizierten perspektivischen Verkürzungen. Bäume, Berge können so oder auch anders aussehen, bei Tieren und natürlich auch Menschen fallen Fehler bei den Formen und Proportionen sofort auf. Damit die Vorzeichnung nicht gleich verschwindet, wird die Bildfläche in diesem Fall nicht grundiert. Vielmehr malen Sie Flächen rings um die Kühe einzeln aus, die Sie dann Schritt für Schritt mit Lasuren färben, schattieren und modellieren. Die Kopiervorlage behalten Sie bei, um sich daran bei Detailfragen orientieren zu können. Die Wiese malen Sie wie im Motiv auf S. 86.

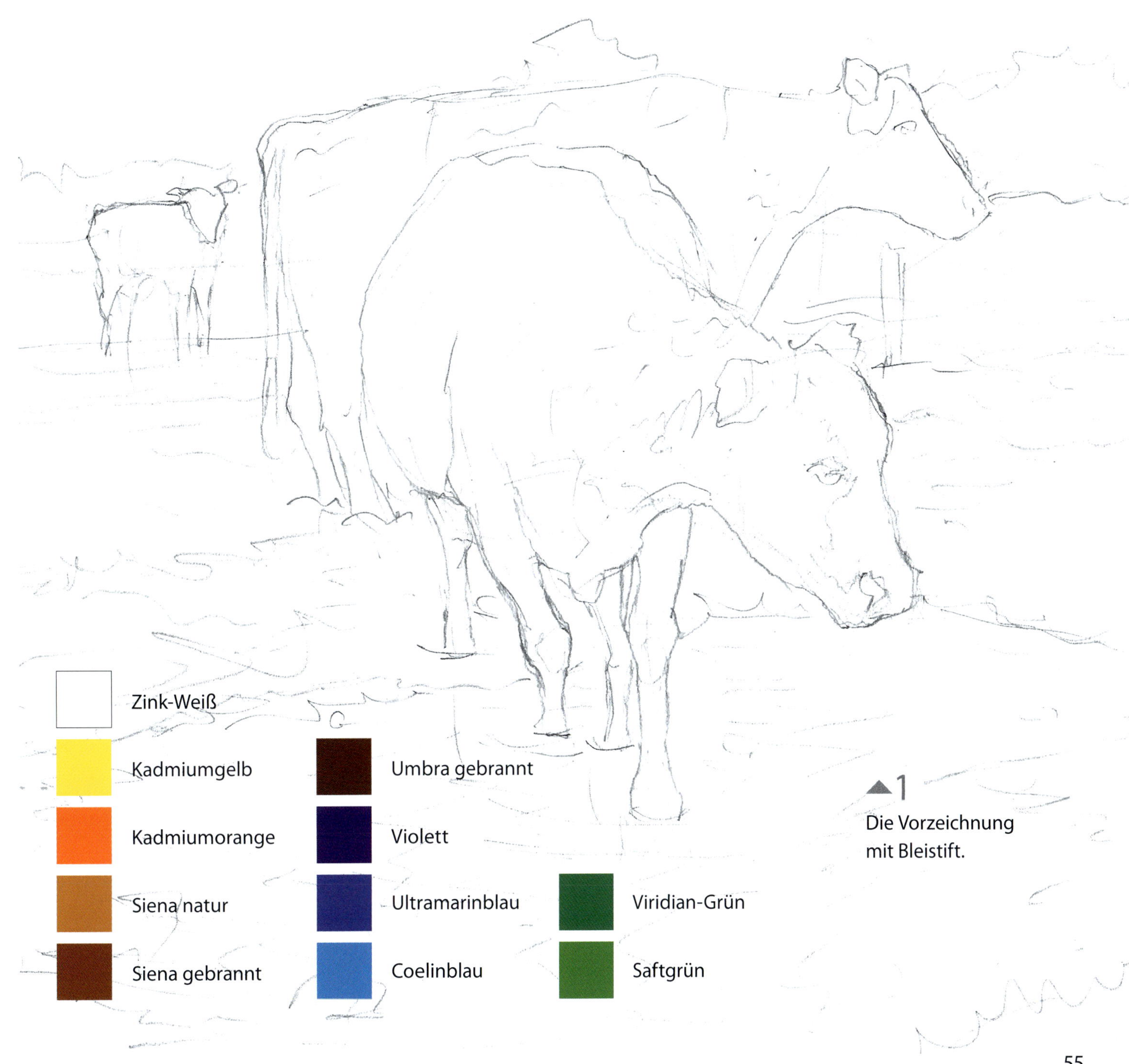

▲1
Die Vorzeichnung mit Bleistift.

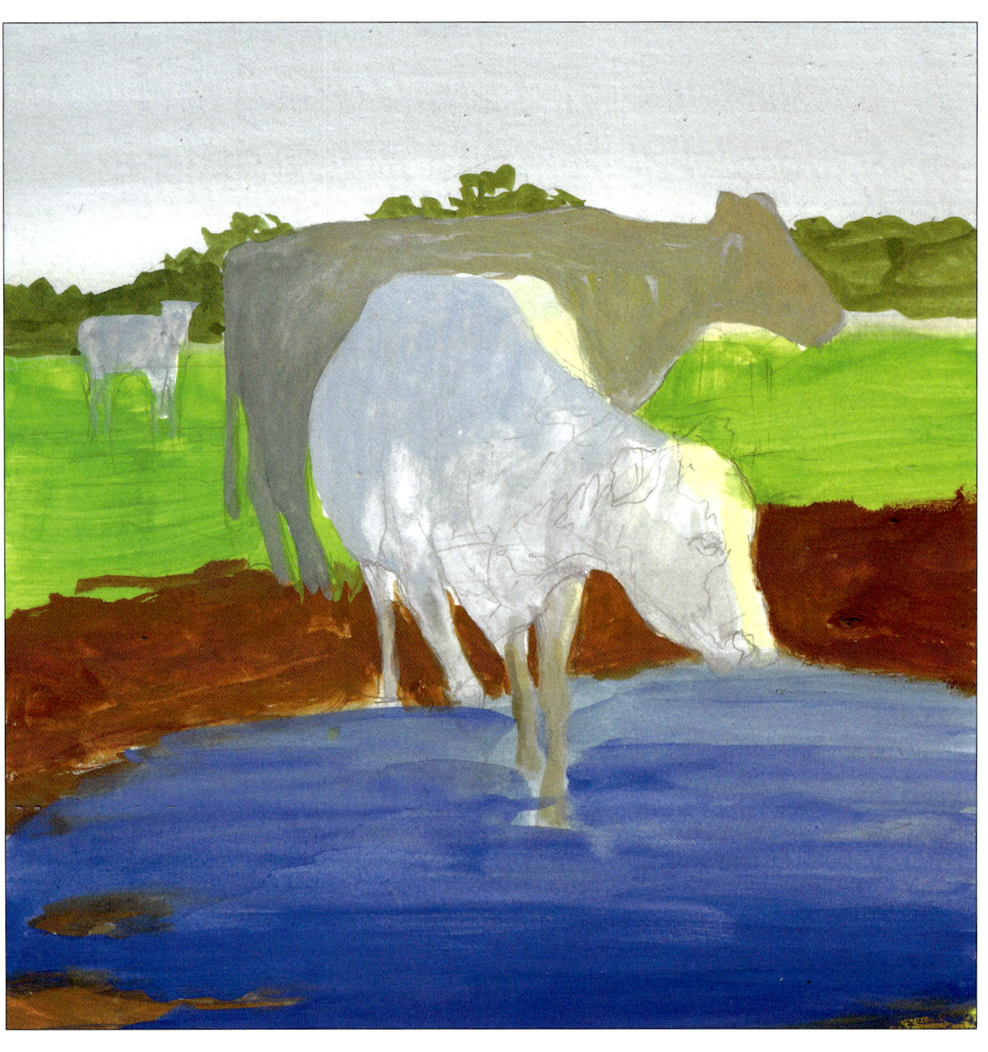

◀ 2

Die Landflächen malen Sie mit hellen und dunklen Grün- und Brauntönen aus, das Wasser mit Ultramarin und einer Spur Weiß.
Die Kühe grundieren Sie mit einer stark verdünnten Mischung aus Braun, Blau und Gelb. Nach dem Trocknen lasieren Sie die Schattenpartien der vorderen und hintersten Kuh mit einem sehr wässrigen Blau und einem Hauch von Weiß. Lassen Sie die erste Kuh trocknen, bevor Sie die mittlere Kuh vorerst fast flächig mit einer Mischung aus Braun, Blau und Weiß übermalen.

▼ 3

In das feuchte Fell ziehen Sie weitere Schattenlasuren in reinem Blau. Dabei folgen Sie den Rundungen. Die gelbe Lichtseite bleibt deutlich abgegrenzt.

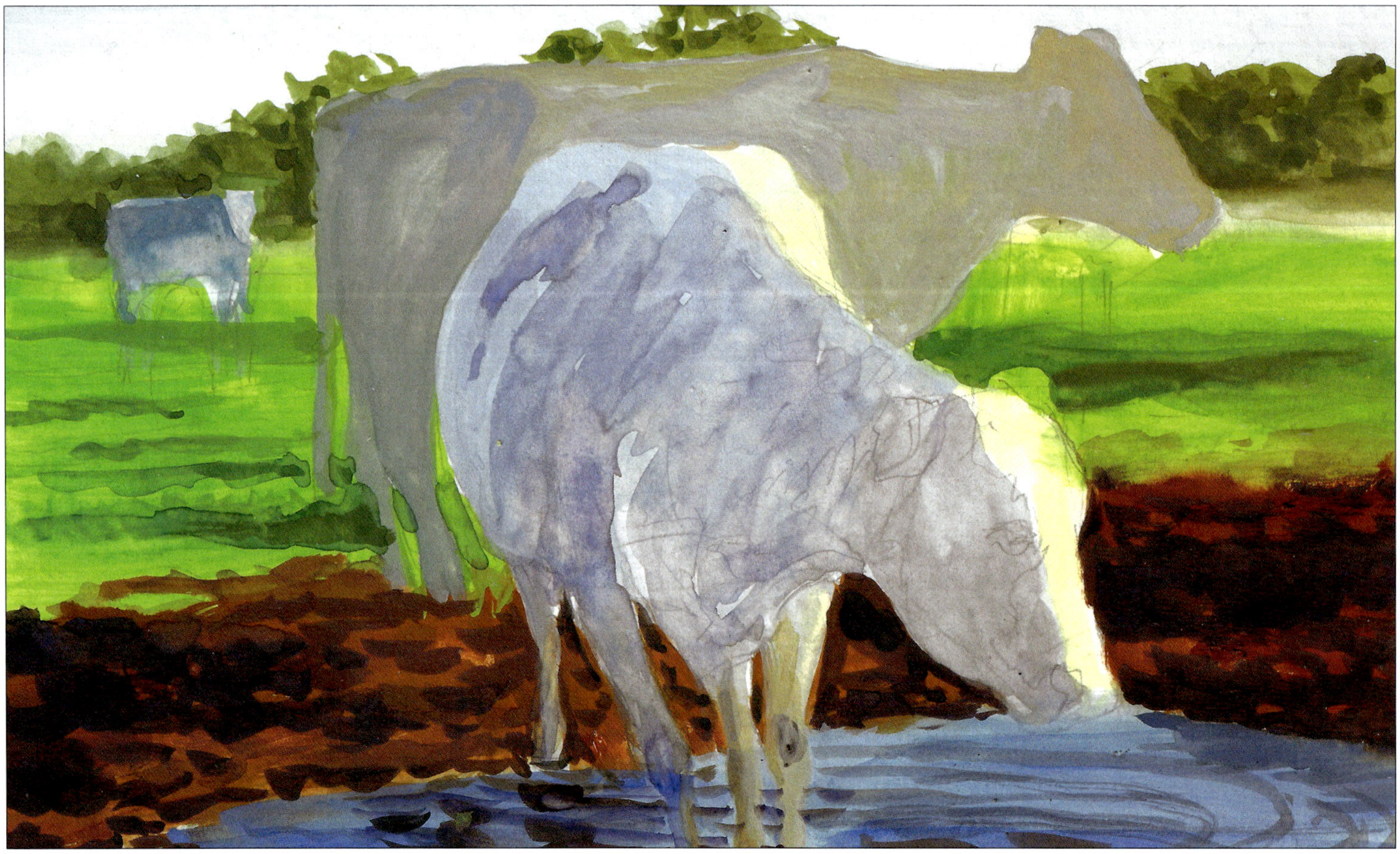

4 ▸

Unter den Beinen zieht das Wasser wellige Kreise, die Sie mit einer dunklen Mischung aus Umbra und Kobaltblau flüssig nachziehen: innen mit breiteren und unregelmäßigen, außen mit dünnen Bögen. Im gleichen Ton schattieren Sie ringsum die Böschung mit kurzen Strichen.

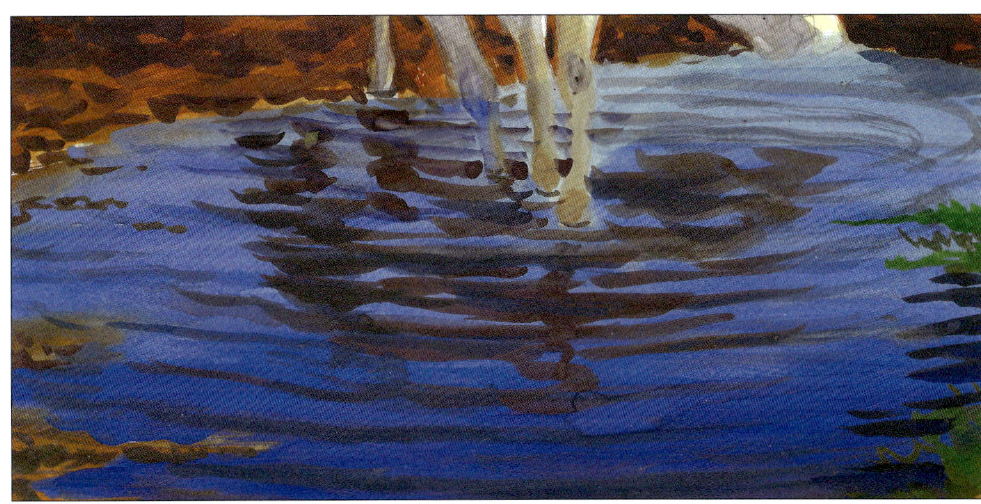

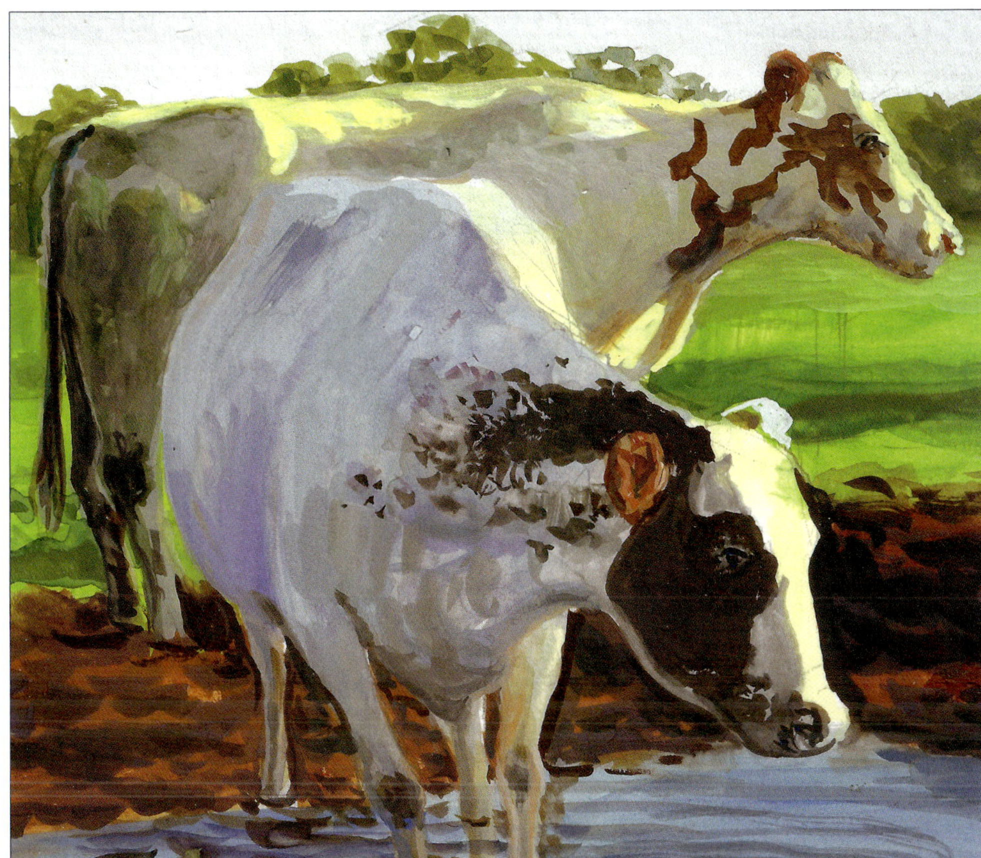

◂ 5

Beleuchten Sie die hintere Kuh mit einem deckenden weißlichen Gelb. Zum Schattieren nehmen Sie eine dünne Mischung aus Blau und Umbra, die Sie am Hinterteil mit Braun und stellenweise etwas Grün abdunkeln. Für Schwanz und Beine nehmen Sie ein dunkles Braun. Die Fellzeichnung am Kopf malen Sie in einem warmen Rotbraun.
Die dunkle Fellzeichnung der Kuh im Vordergrund tragen Sie in einer Mischung aus Braun, Rot und Blau auf. Damit malen Sie auch Augen und Schnauze. Für die schwachen Glanzlichter nehmen Sie wenig Weiß hinzu, das Innere des Ohrs wird Rotbraun mit einer Spur Weiß.

6 ▸

Schließlich lassen Sie das Wasser noch im Licht schimmern. Folgen Sie vorne und rechts den Wellen und ziehen Sie Bögen mit mehr oder weniger verdünntem Weiß. Nehmen Sie wenig Farbe auf den trockenen Pinsel, sodass da und dort weiße Glanzlichter aufblitzen. Setzen Sie Lichtscheine auch rechts auf die Beine.

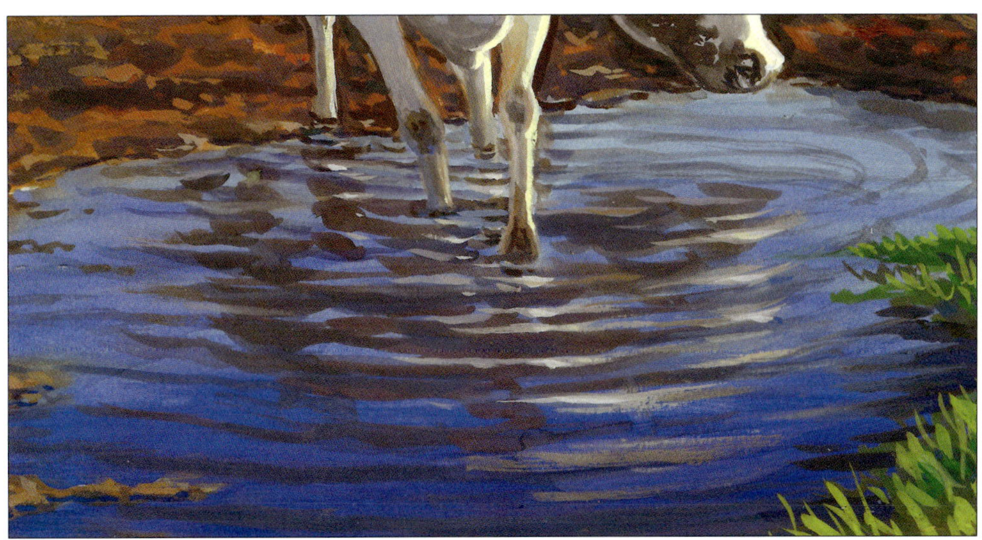

Am Weiher

Das Blau und Weiß im Himmel spiegelt sich im Weiher, das Sonnenlicht lässt die Uferfarben in warmen Tönen aufleuchten und bringt eine heitere Stimmung in die stille Szene.

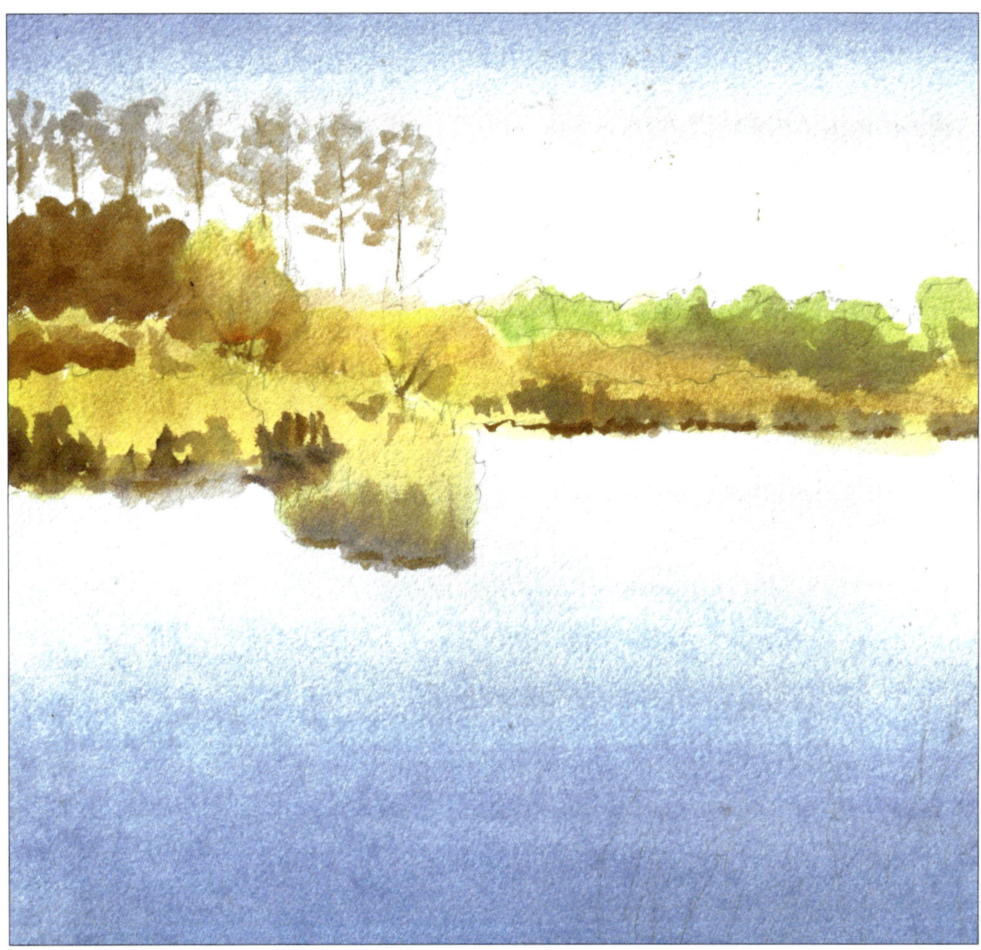

Hier untermalen Sie die gesamte Bildfläche mit einem wässrigen Kadmiumorange. Himmel und Wasser tönen Sie mit ebenfalls stark verdünntem Coelinblau, das Sie zum Ufer hin oben wie unten mit Weiß aufhellen: Der Verlauf von hell zu dunkel im Himmel zeigt sich spiegelverkehrt auch bis zur Mitte des Teichs, die hellen Schlieren beleben die Wasserfläche. Im Vordergrund dunklen Sie das Wasser mit Ultramarin ab.

◀ 1

Den Bewuchs am fernen Ufer tragen Sie in mehreren Schichten mit kurzen Pinselstrichen in den unterschiedlichen Farben (vorerst ohne Weiß) auf: erst in dunklen und hellen Farbgruppen, die Sie dann mit weiteren Details und erhöhten Kontrasten in die einzelnen Formen von Gebüsch und Laubgruppen bringen.
Mit einem großen Flachpinsel malen Sie das Wasser in großzügigen waagerechten Pinselstrichen mit verdünntem Blau.

2 ▶

Die Spiegelungen liegen im Schatten. Nehmen Sie daher dunklere Töne, die Sie sogleich mit klarem Wasser undeutlich vermalen und nach unten hin hell auslaufen lassen. Im Vordergrund dunkeln Sie das Wasser ab und grundieren das Schilf mit Braun.

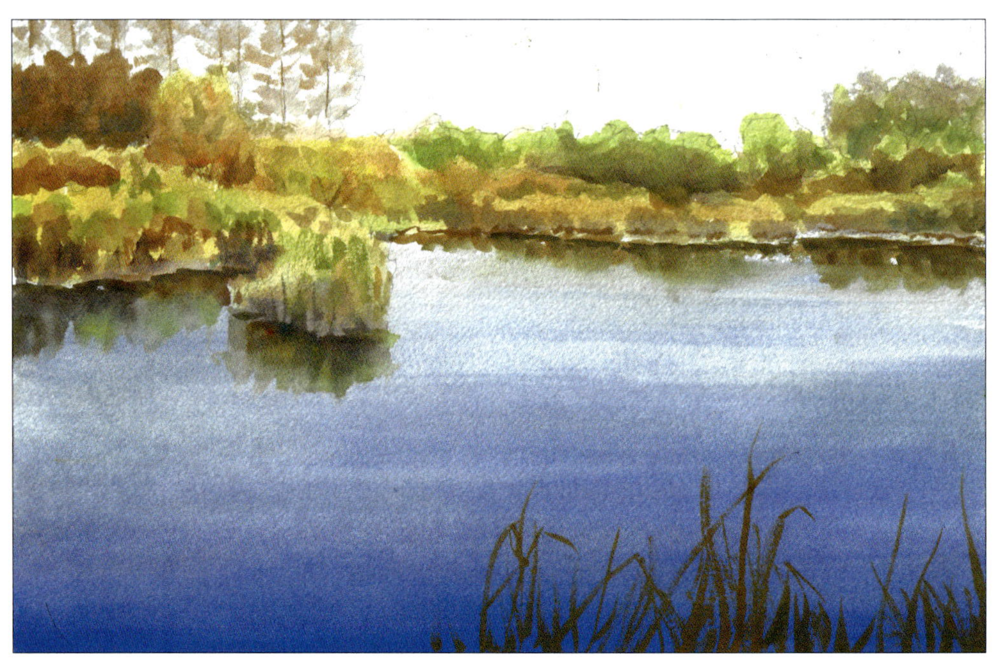

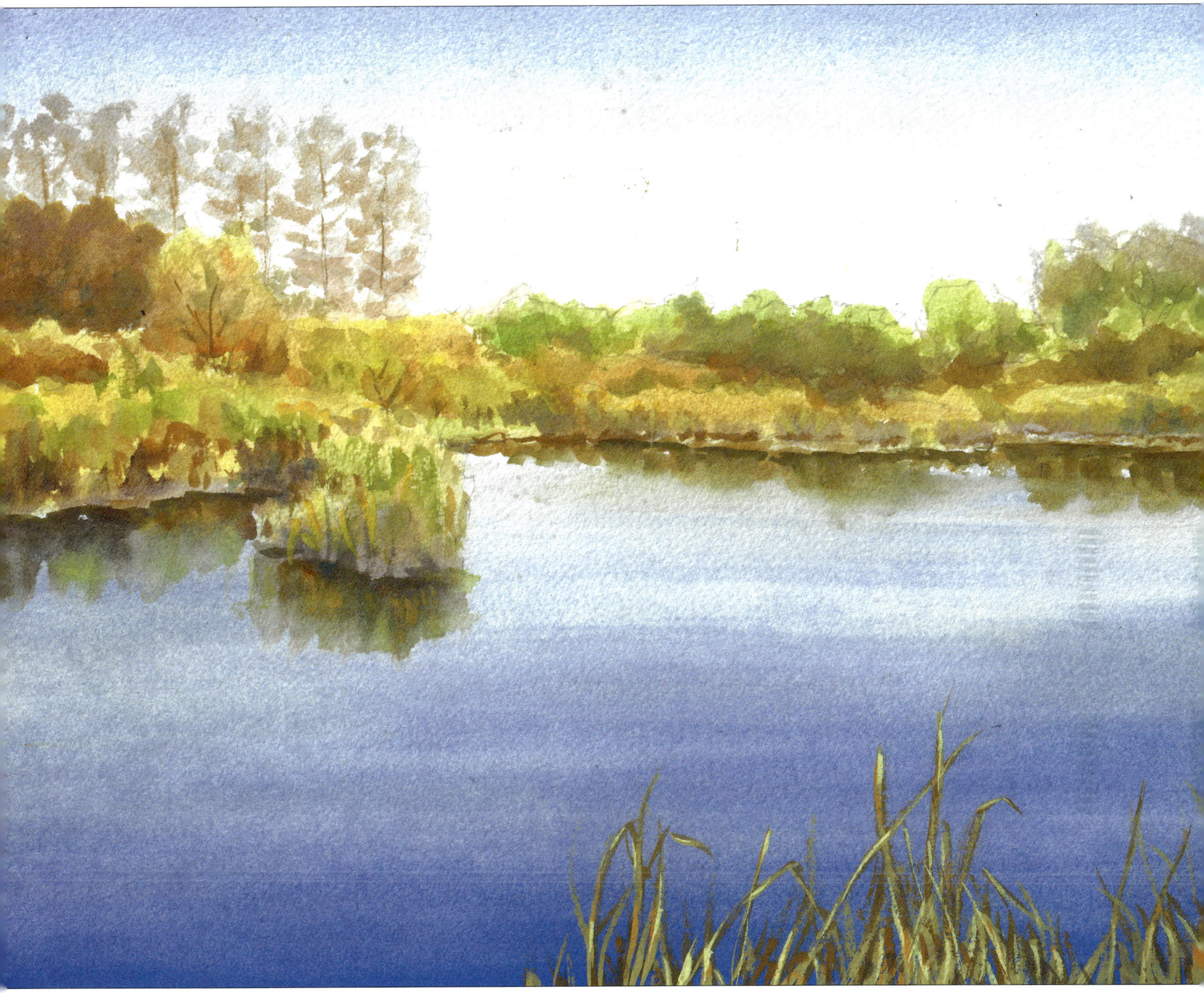

▲3

Das kontrastreich ausgearbeitete Schilf rechts vorne verdeutlicht den Standort und bringt zusätzliche Tiefe in die stille Szene.

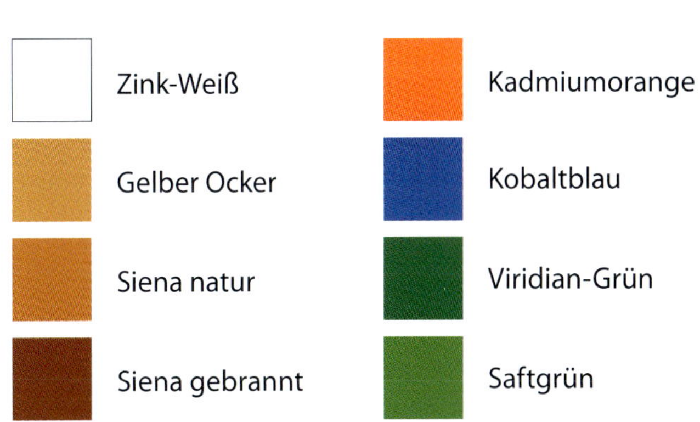

Brandung

Eindrucksvoll brechen die Wellen am Strand oder türmen sich als wilde Gischtfontänen auf, während sie vorne flach auslaufen.

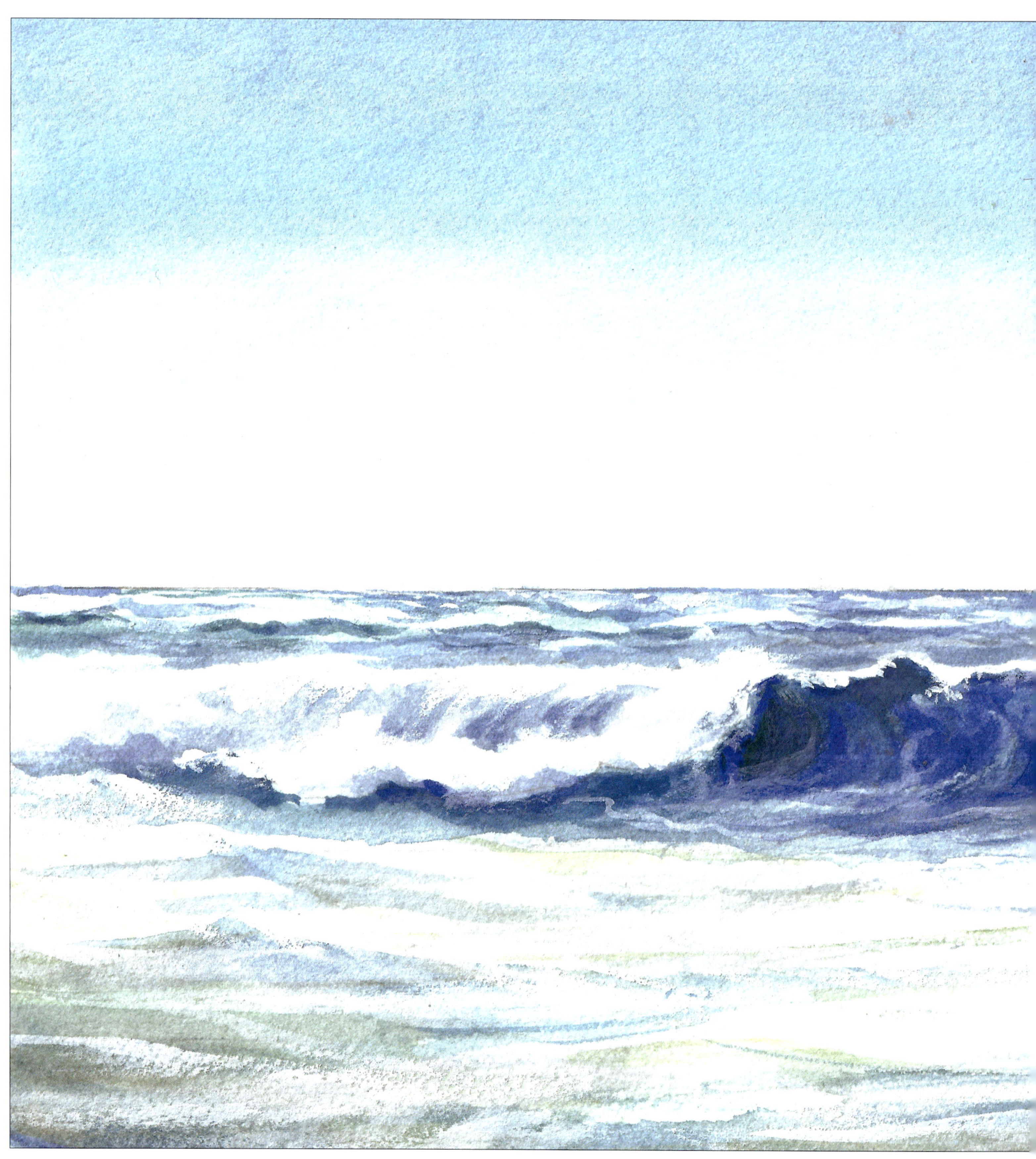

Das Rezept, um diese schöne Dynamik ins Bild zu bringen: Folgen Sie den Wellenformen! Die Lage des Horizonts bestimmt den Blickwinkel. Hier ist der Standort des Betrachters leicht erhöht, vielleicht steht man auf einem Pier. Dies lässt einen die Dynamik der brechenden Wellen eindrucksvoll erleben, ohne dass die Füße vom auslaufenden Wasser umspült werden.

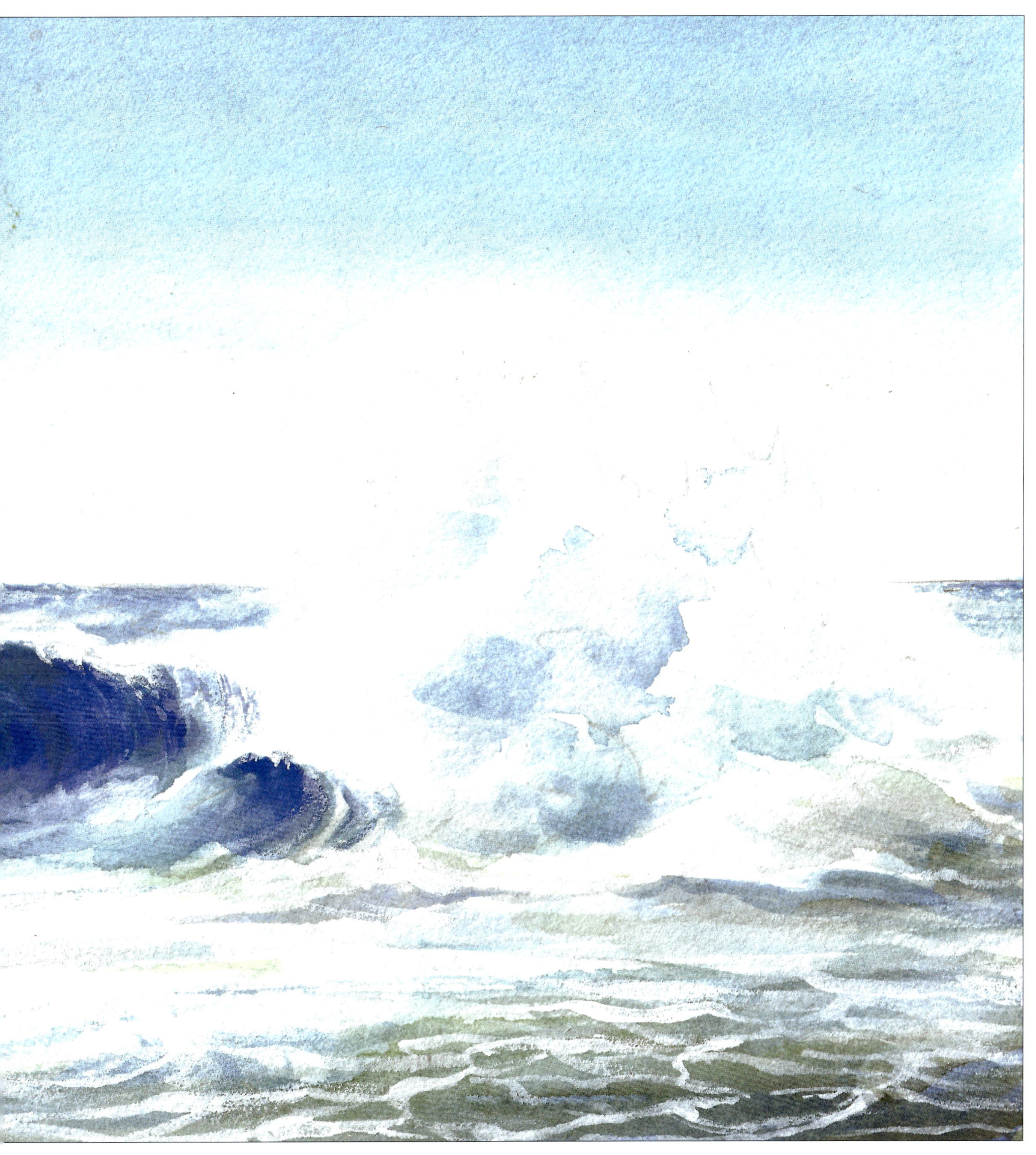

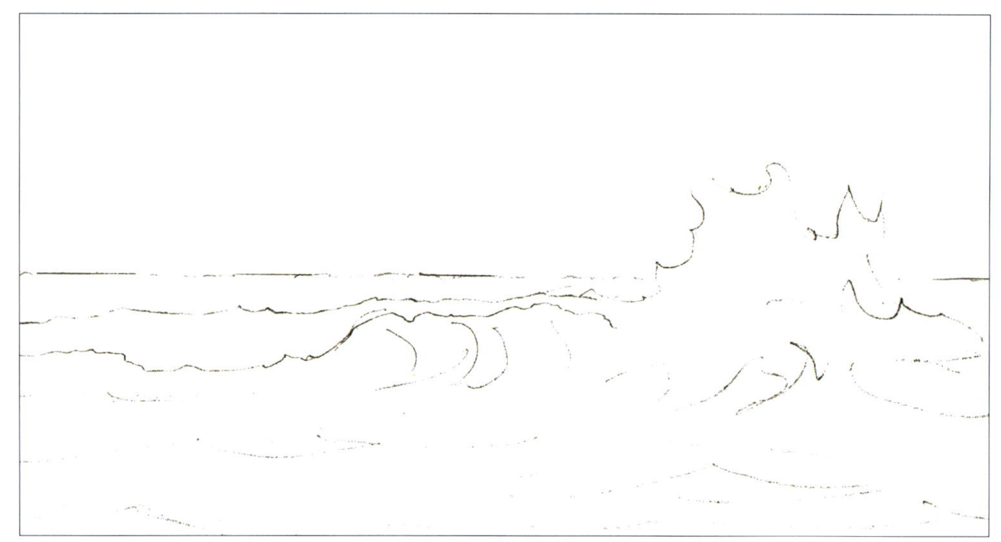

◀ 1

In der Vorzeichnung mit Bleistift skizzieren Sie die wichtigen Formen der brechenden Welle und der Gischtfontäne rechts. Den Horizont setzen Sie in die Bildmitte.

◀ 2

Den Himmel legen Sie in einer wässrigen Mischung aus Kobaltblau und – nach unten hin – mit mehr Weiß an. Den Bereich der starken, brechenden Welle befeuchten Sie erst mit Wasser, um dann mit einer grünlichen Mischung die Schattenbereiche zu untermalen.

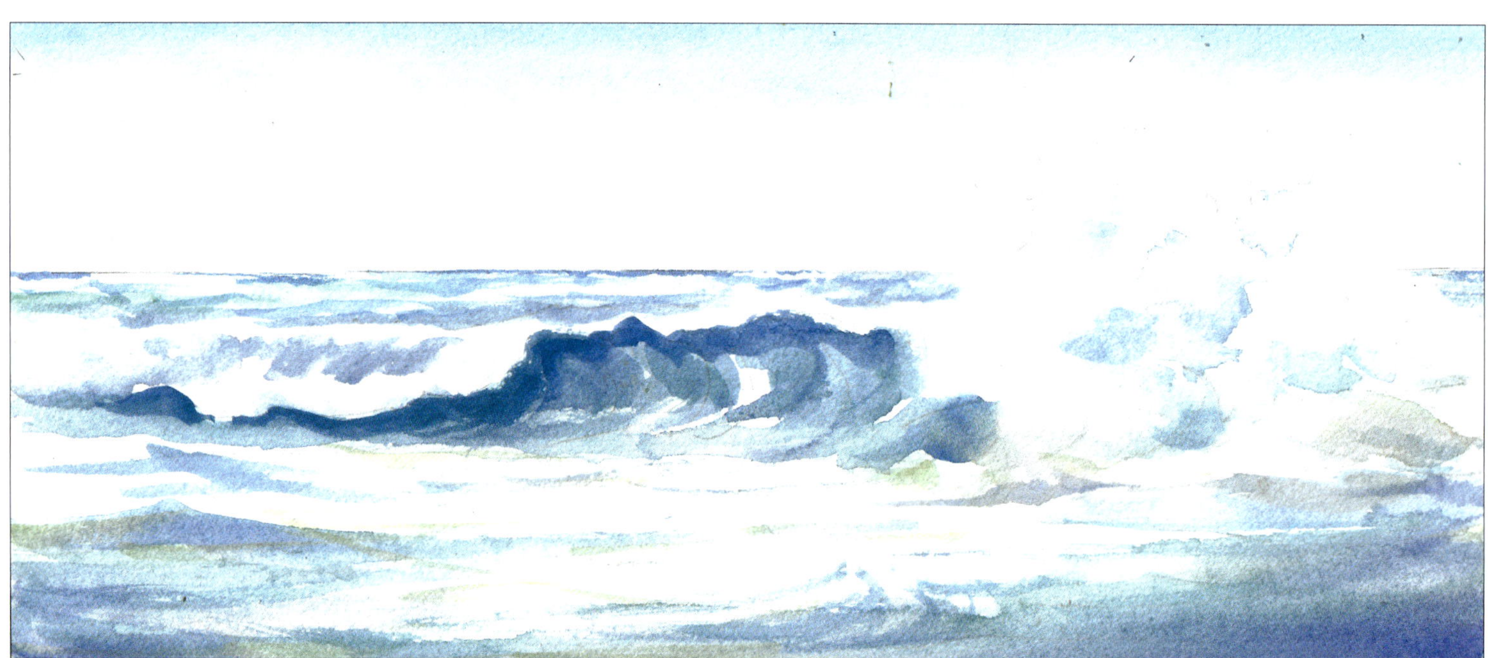

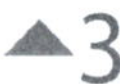3

Die Wellenformen malen Sie mit einem mehr oder weniger verdünntem Blau: In der Ferne ziehen Sie schmale horizontale Striche. Die brechende Welle modellieren Sie genauer – hier hilft die Vorzeichnung. Die Schatten in der aufsprühende Gischt lasieren Sie als einzelne wilde Formen, unten mit etwas Ocker im Blau. Vorne nehmen Sie etwas Grün zum Blau und malen sanfte horizontale Wellen – rechts und links dichter und dunkler.

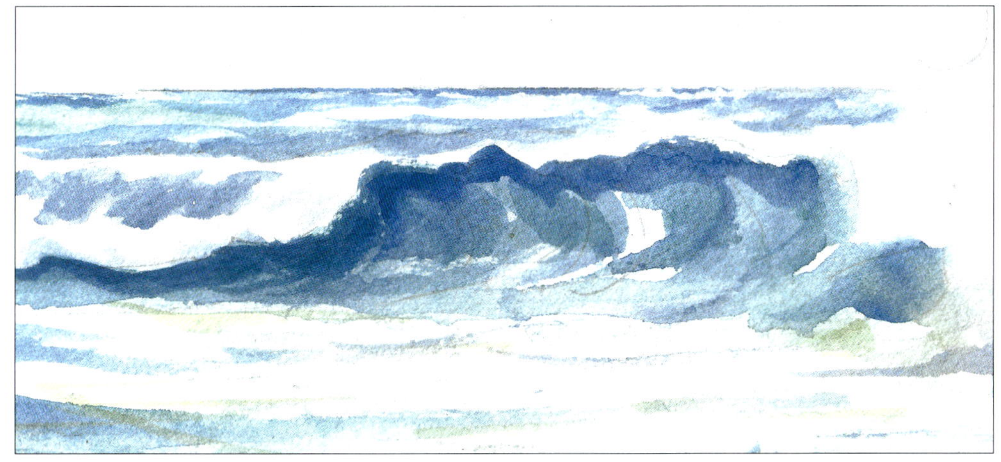

◀ 4

Die brechende Welle untermalen Sie flüssig in verdünntem Kobaltblau mit kurzen Pinselstrichen. Folgen Sie dabei der Form der Wölbung. Unten ziehen Sie die Farbe mit dem Wasserpinsel ins Helle, den oberen Rand malen Sie dunkelblau nach.

5 ▶

Nach dem Trocknen dunkeln Sie die Wölbung mit Ultramarin nach und ziehen nass in nass dünne weiße Schlieren hinein. Unten vermalen Sie das Blau wiederum mit Wasser und einem Hauch Grün. Wieder nach dem Trocknen sprenkeln Sie oben mit dem trockenen Pinsel etwas Weiß auf.

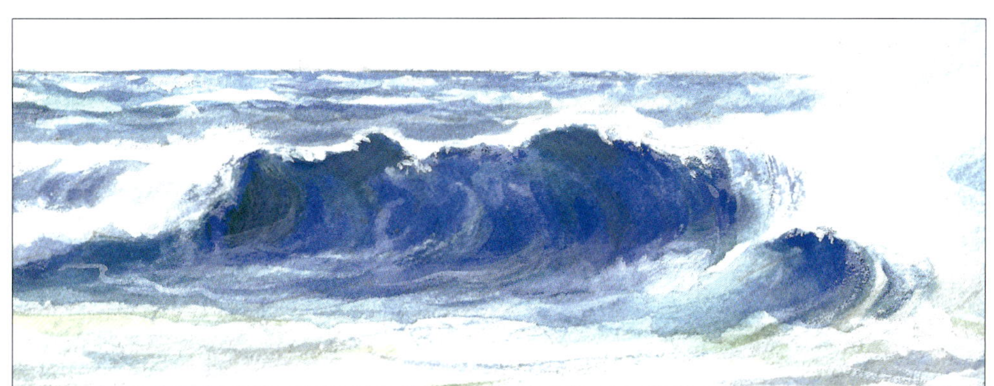

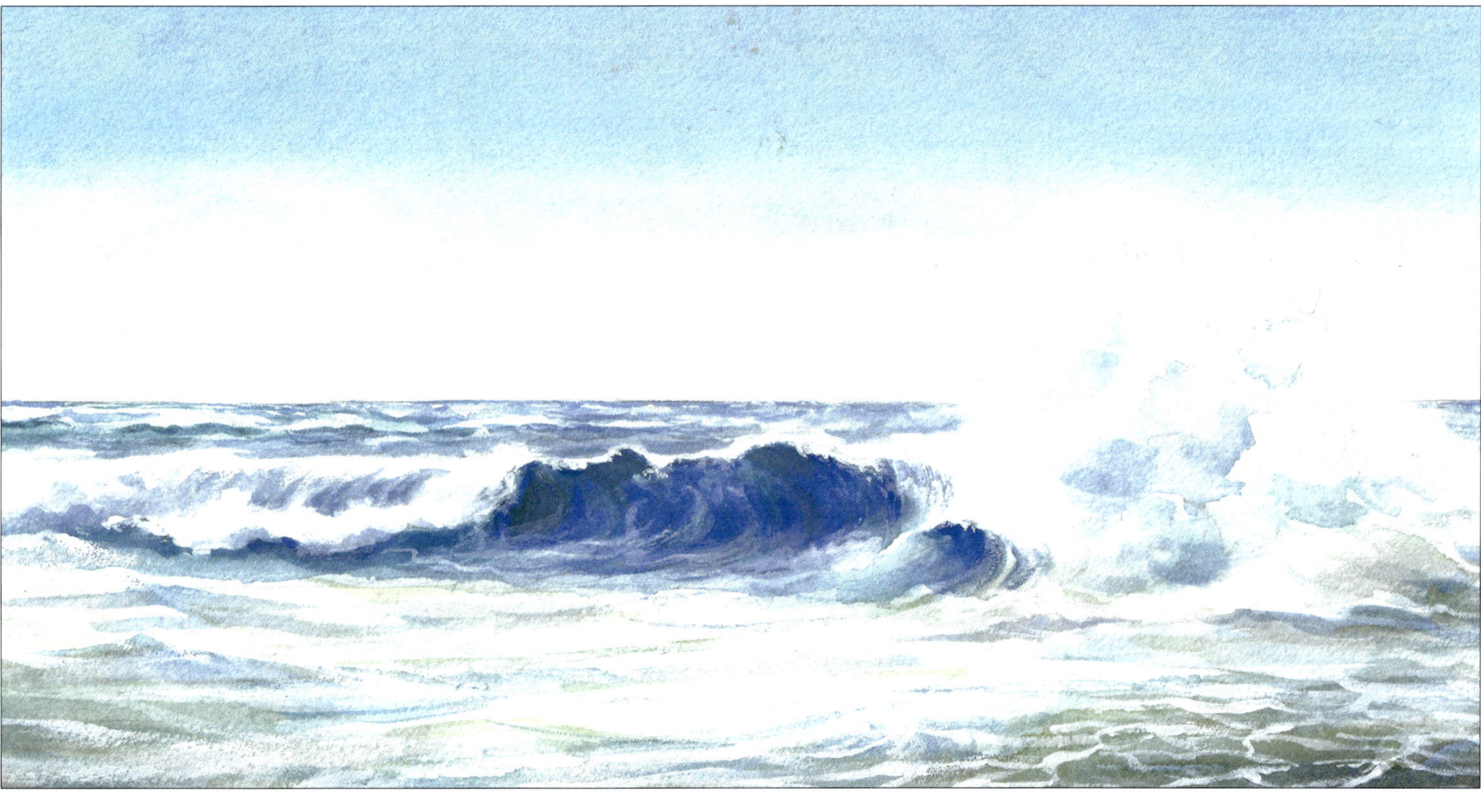

▲ 6

Im seichten Wasser links im Vordergrund tragen Sie mit dem fast trockenen Pinsel wenig Ocker auf. Die Grundierung scheint durch, sodass der durchbrochene Malstrich körnige, sandige Sprenkel hinterlässt. Rechts dunkeln Sie das Wasser mit wässrigem Grün und Blau ab und ziehen weiße, deckende Schlieren hinein.

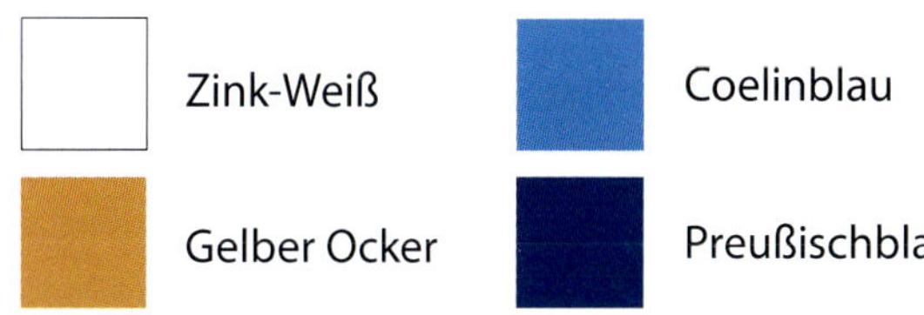

Blauwal im Abendrot

Der Wal taucht ab, die Fluke lässt das Wasser machtvoll aufschäumen und etwas von seiner Größe und Kraft erahnen. Im farbigen Licht verbinden sich Leben und Elemente zu einer symbolhaften Skulptur.

Was hier fast fotorealistisch – und maltechnisch schwierig – erscheint, lässt sich mit Geduld und Liebe zum Detail unschwer gestalten. Die großen Flächen tragen Sie einheitlich oder mit nass in nass vermalten Farben auf, die Fluke erscheint im Gegenlicht nahezu als Schattenriss mit einem farbigen Lichtrand. Feinarbeit verdient das aufgewühlte und zurückströmende Wasser, das Sie jedoch mit den üblichen Mitteln von Licht und Schatten plastisch ins Bild bringen.

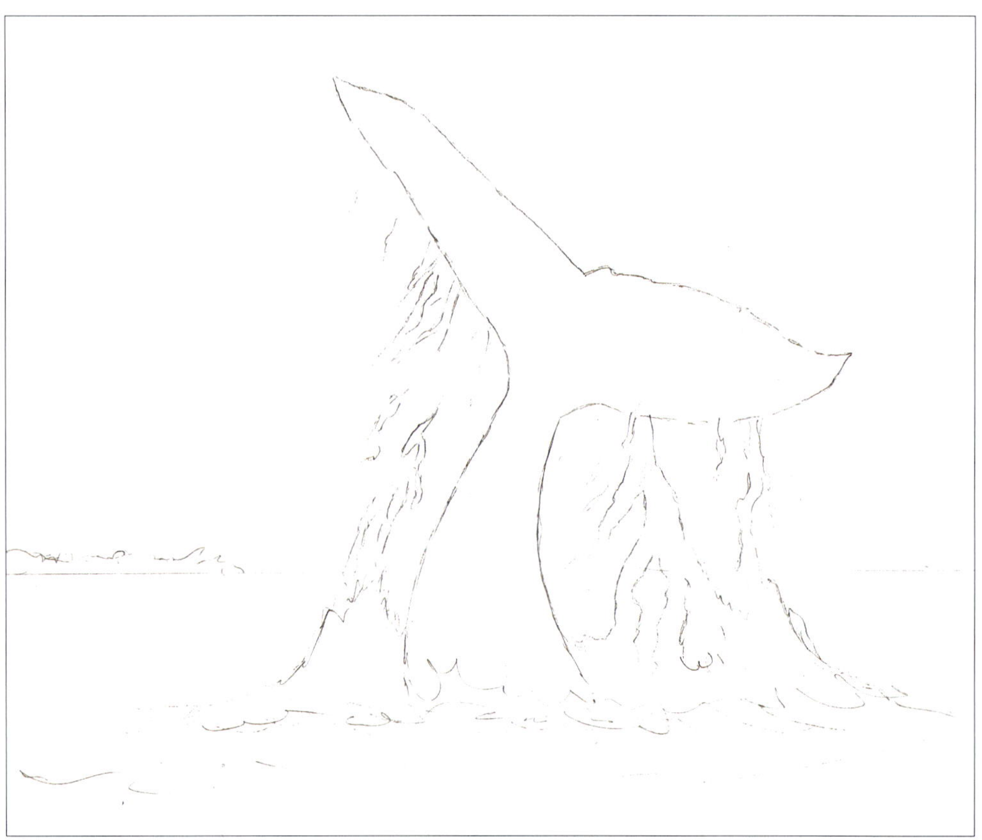

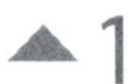1

Die Vorzeichnung der Fluke scheint, wenn kräftig genug gezeichnet, unter der Himmels- und Wasserfläche durch und verschwindet beim deckenden Farbauftrag. Die Formen der Gischt bleiben vage, da sie übermalt werden und nur als Anhaltspunkte dienen. Behalten Sie daher eine Kopie der Vorzeichnung, sodass Sie sich später an die Komposition halten können.

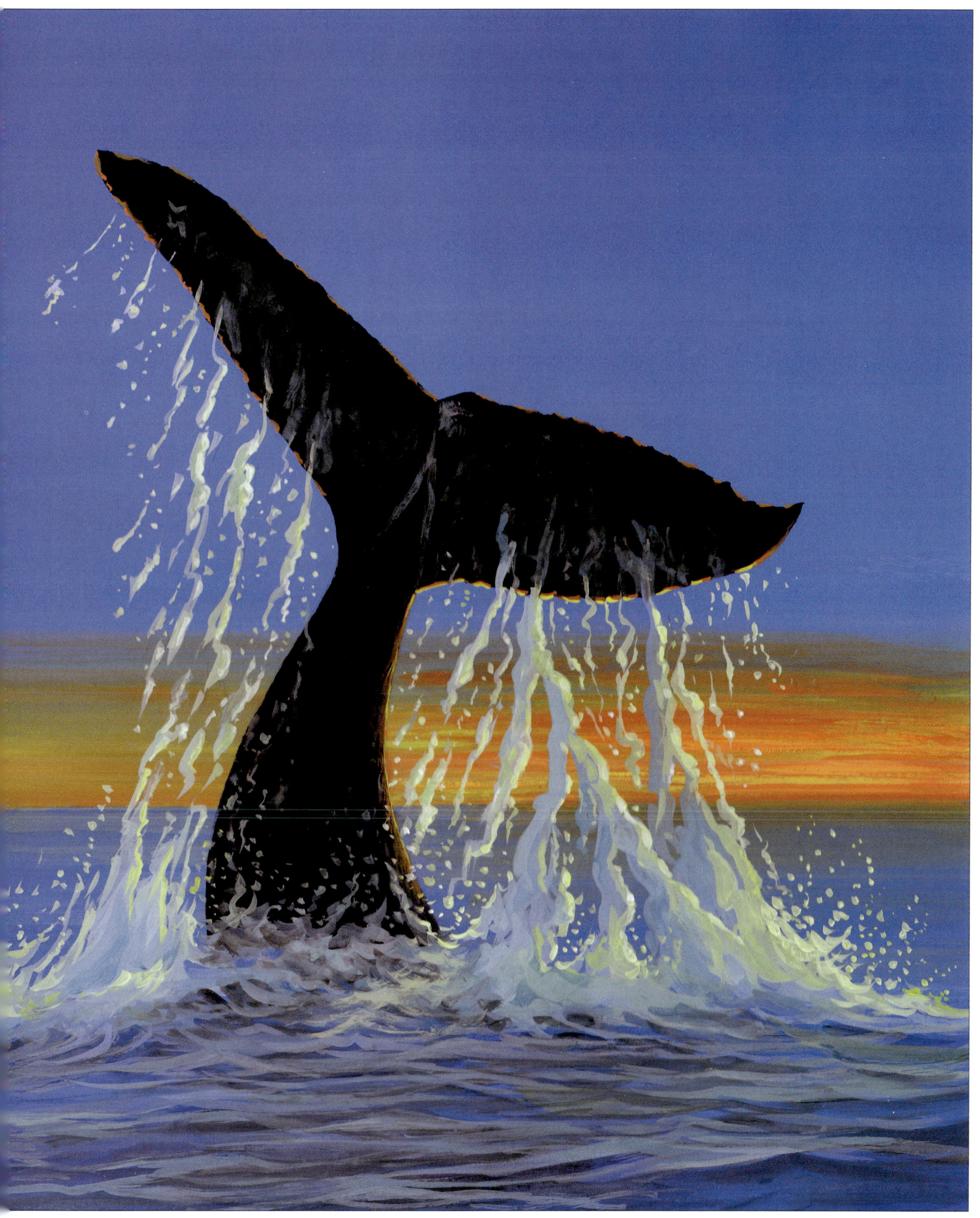

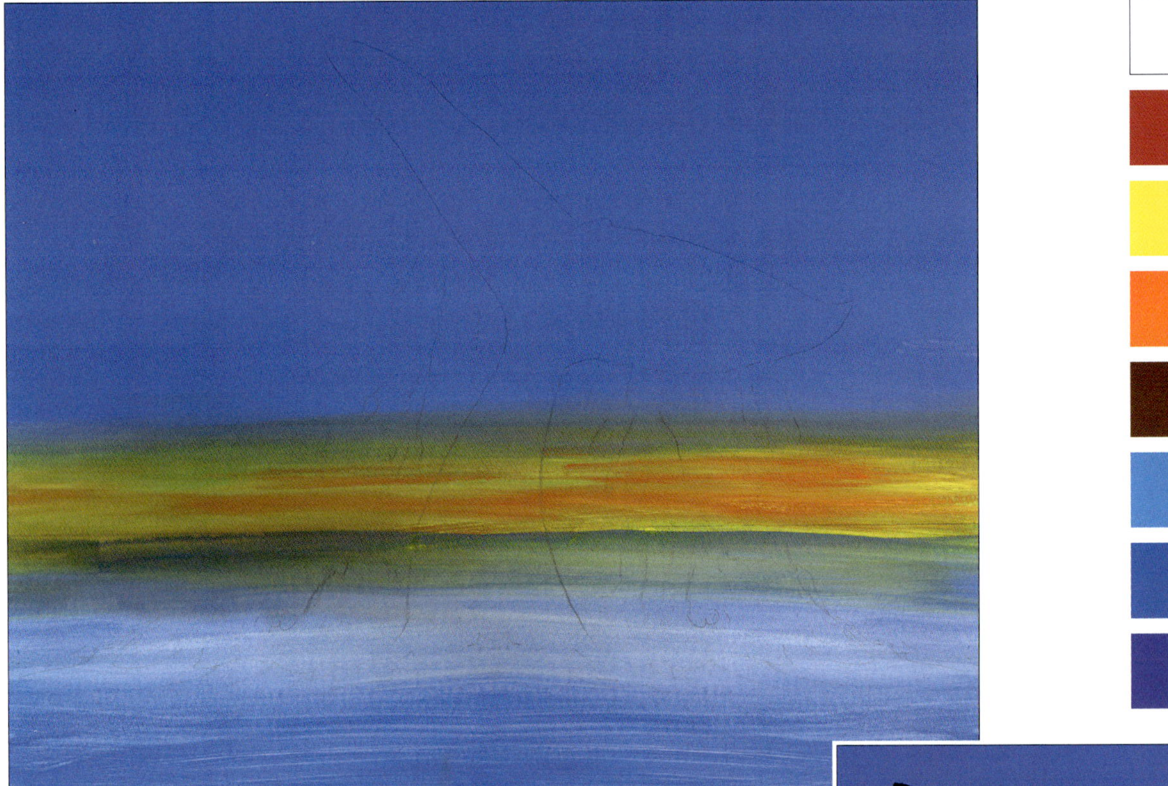

- Zink-Weiß
- Alizarin Karminrot
- Kadmiumgelb
- Kadmiumorange
- Umbra gebrannt
- Coelinblau
- Kobaltblau
- Ultramarinblau

▲2

Für Himmel und Wasser mischen Sie reichlich Coelinblau mit Ultramarin und etwas Weiß an. Tragen Sie die Farbe mit dem breiten Flachpinsel oben und unten gleichmäßig auf. Dazwischen lassen Sie einen breiten Streifen frei, den Sie mit Wasser befeuchten. In der Mitte tragen Sie großzügig Rot, Orange und Gelb auf, das sich im Übergang zum Blau grünlich färbt. Verblenden Sie die anderen Farben teilweise ineinander, ohne sie jedoch zu vermischen. Die Wasserfläche übermalen Sie mit wenig verdünntem Weiß.

3 

Im Gegenlicht erscheint die Fluke fast schwarz. Dafür mischen Sie Blau, Rot und Umbra zu einem tiefen, aber nicht toten Schwarzton. Malen Sie die Fluke sorgfältig aus.

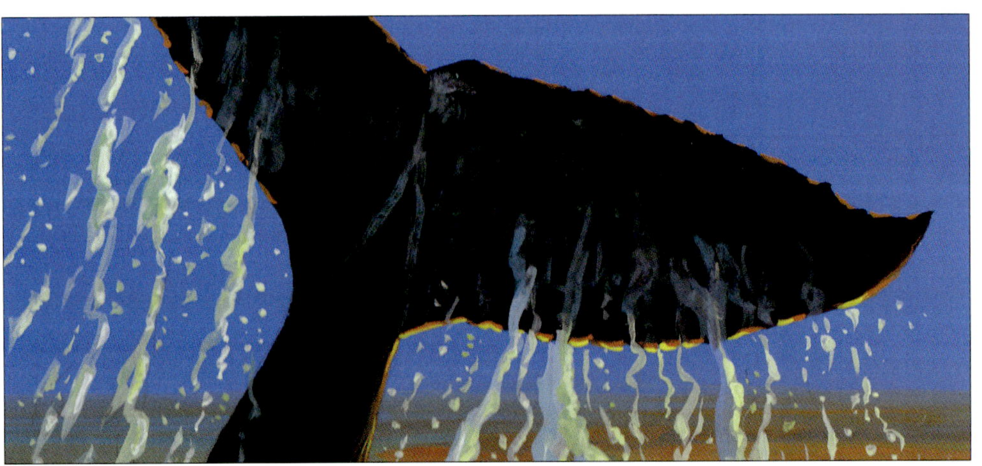

◀ 4

Das Abendrot lässt den Rand der Fluke farbig aufleuchten. Umranden Sie die Form mit feinen orangen, außen gelben Lichtlinien. Hellen Sie die dunkle Mischung (aus Schritt 3) mit einer Spur Weiß auf und malen Sie lasierend das Wasser auf die Fluke.

5 ▸

Das vom Wal aufgewühlte, aufschäumende und zurückströmende Wasser bildet in dieser Momentaufnahme kleine Skulpturen aus Gischt und Tropfen. Dafür brauchen Sie den feinen Pinsel, Coelinblau, Gelb und Weiß.
Die Farben werden in vier Schritten von dunkel nach hell aufgetragen. Für die erste Untermalung der Wasserformen nehmen Sie eine Mischung aus Blau und wenig Weiß. Geben Sie bei der zweiten Mischung mehr Weiß dazu und ziehen Sie damit helle Striche ins Blau. Darüber kommt Gelb zum Weiß, mit dem Sie die Lichtränder malen. Zuletzt tragen Sie die Glanzlichter in reinem Weiß auf.

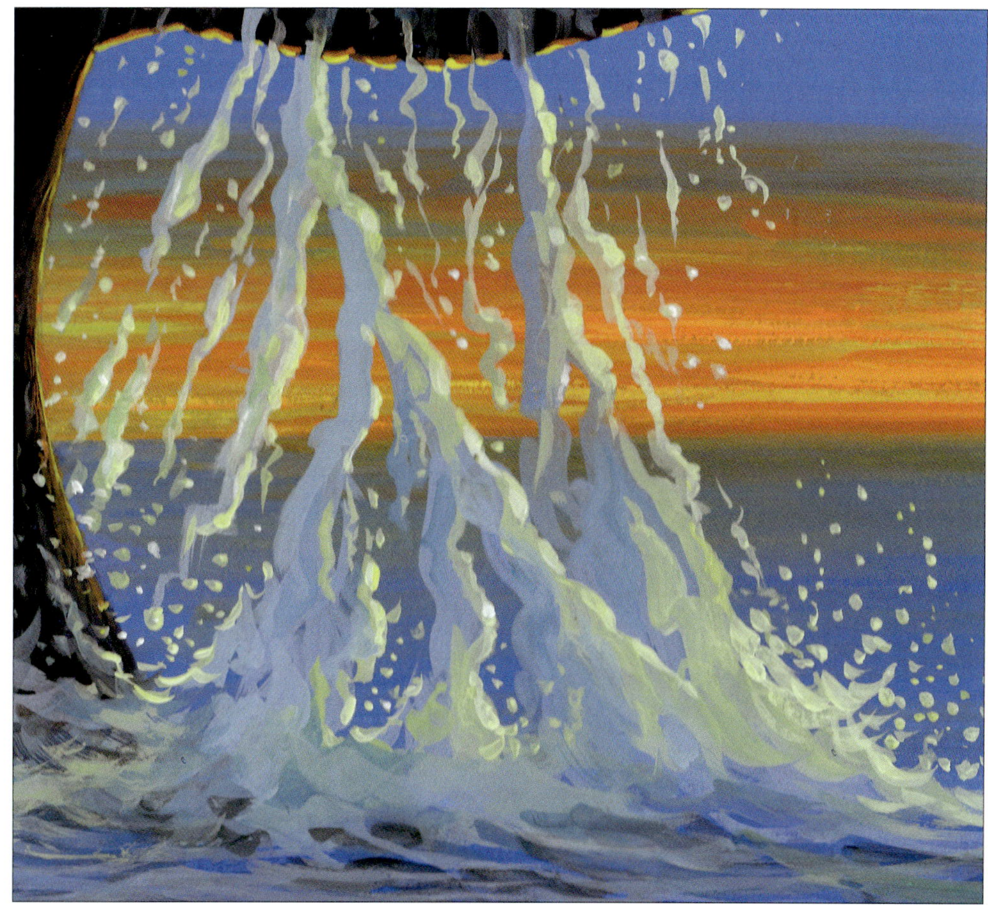

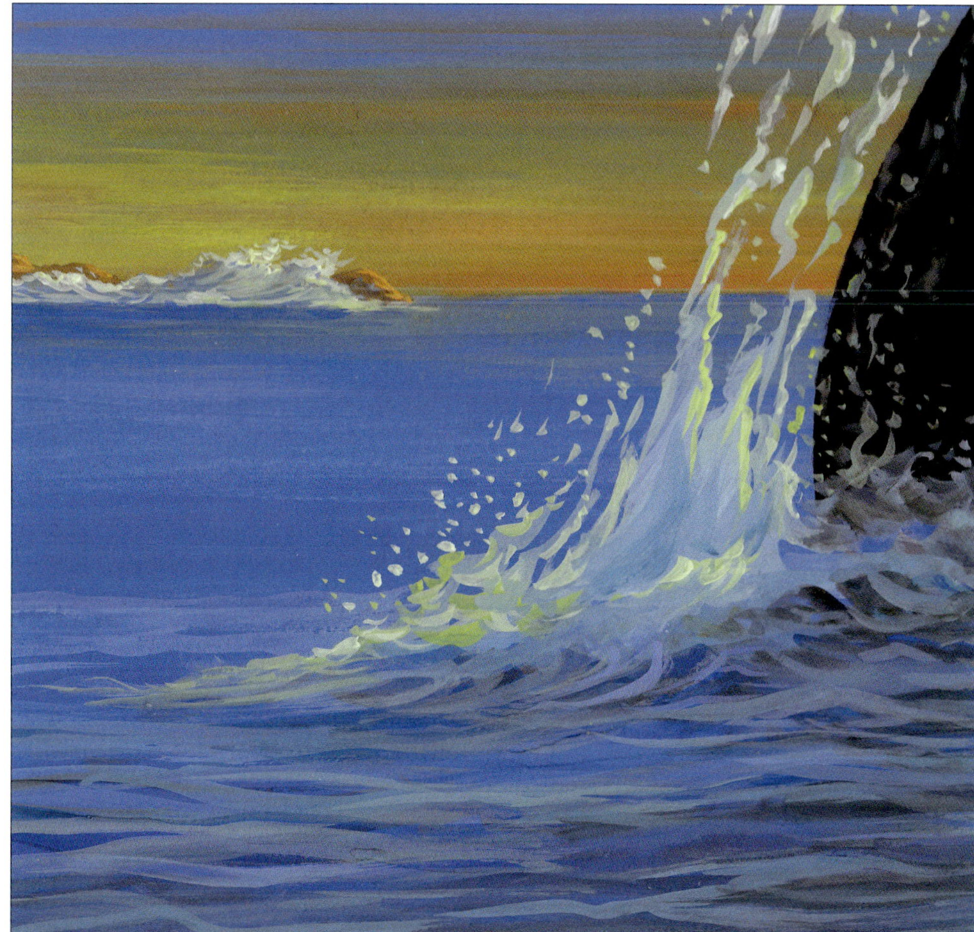

6 ▸

In den Vordergrund malen Sie flache Wellenstriche in hellen und dunklen Mischungen aus Ultramarin und Weiß, im Schatten des Wals auch mit einer Spur der Flukenfarbe zur Mischung. Oben wird die Horizontlinie mit Blau deckend begradigt. Die ferne Insel setzen Sie zuletzt mit Dunkelbraun und Orange sowie Weiß und Blau ins Meer.

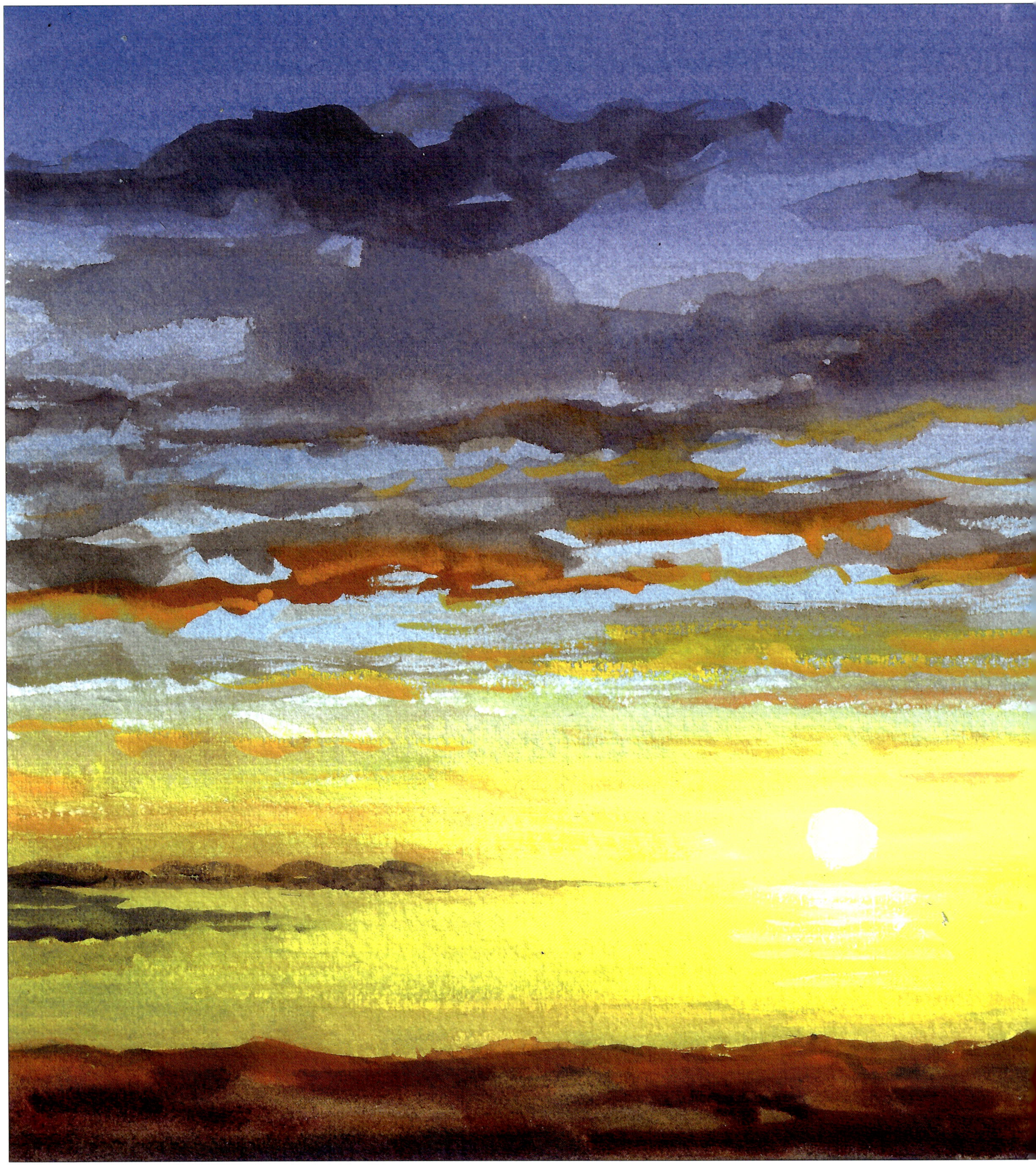

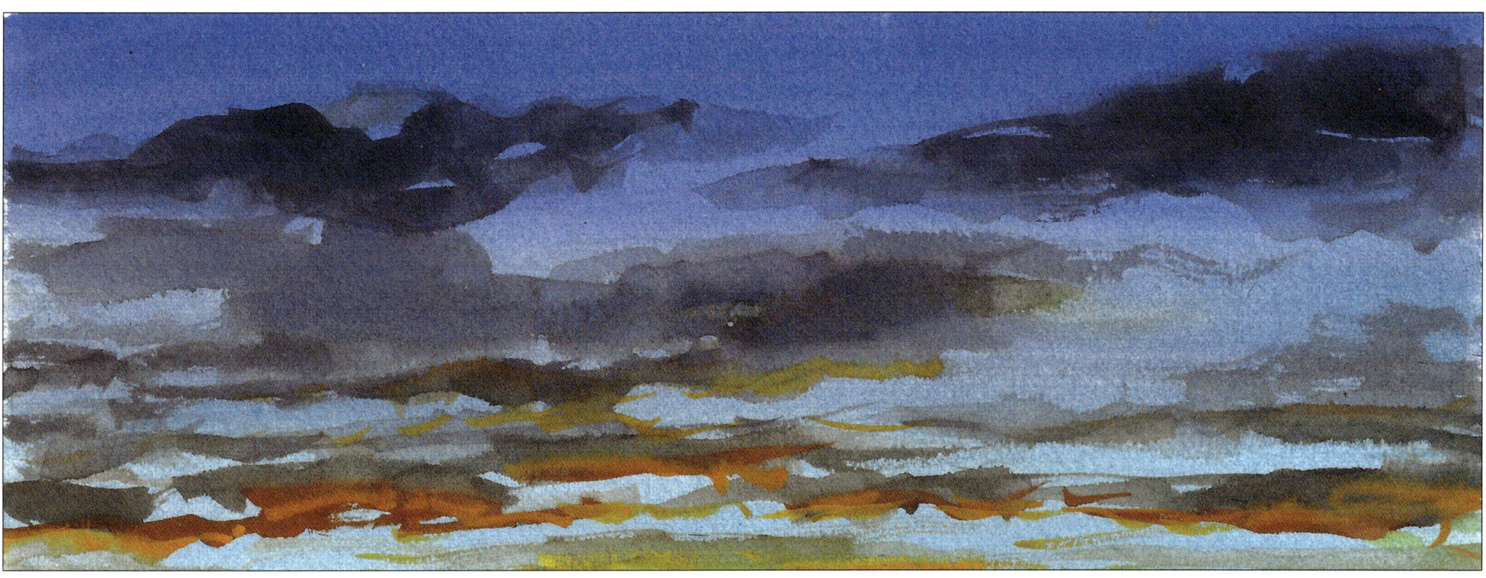

▲3

Für die obersten Wolkenfetzen mischen Sie reichlich Kobaltblau mit Siena gebrannt und einer Spur Kadmiumrot. Tragen Sie die Farben mit großzügigen Strichen auf. Weiter geht es nass in nass. Ziehen Sie die feuchte Farbe an den Rändern mit reinem Wasser und malen Sie mit Orange hinein, das darin hell verschwimmt. In gleicher Weise malen Sie die unteren Wolkenstreifen: zunächst mit mehr Orange in der Wolkenfarbe, unten mit Gelb und Siena gebrannt. Stellenweise vermalen Sie die Farbe wiederum mit Wasser, sodass die Farben hier weich ins Himmelsblau übergehen.

▲4

Lasieren Sie die gelbe Untermalung des Meeres mit stark verdünntem Weiß. Nach dem Trocknen ziehen Sie oben von beiden Seiten her sehr trockenes Orange und Siena gebrannt hinein. Für die Landzungen nehmen Sie Kobaltblau mit wenig Siena gebrannt. Die Sonnenscheibe setzen Sie mit Weiß und einem Hauch Gelb in die Mitte, darunter einen kurzen Streifen als Spiegelung der Sonne auf dem Wasser.

▲5

Für die Küste im Vordergrund brauchen Sie eine rötliche Mischung aus Kobaltblau, Siena gebrannt, Orange und einer Spur Weiß.

Nebelig-trüb

Aber alles andere als schwarz-weiß: Die farbigen Grautöne bringen zwar keine heitere Stimmung, aber doch einen Hauch von romantischer Tristesse in den nebelig-trüben Regentag.

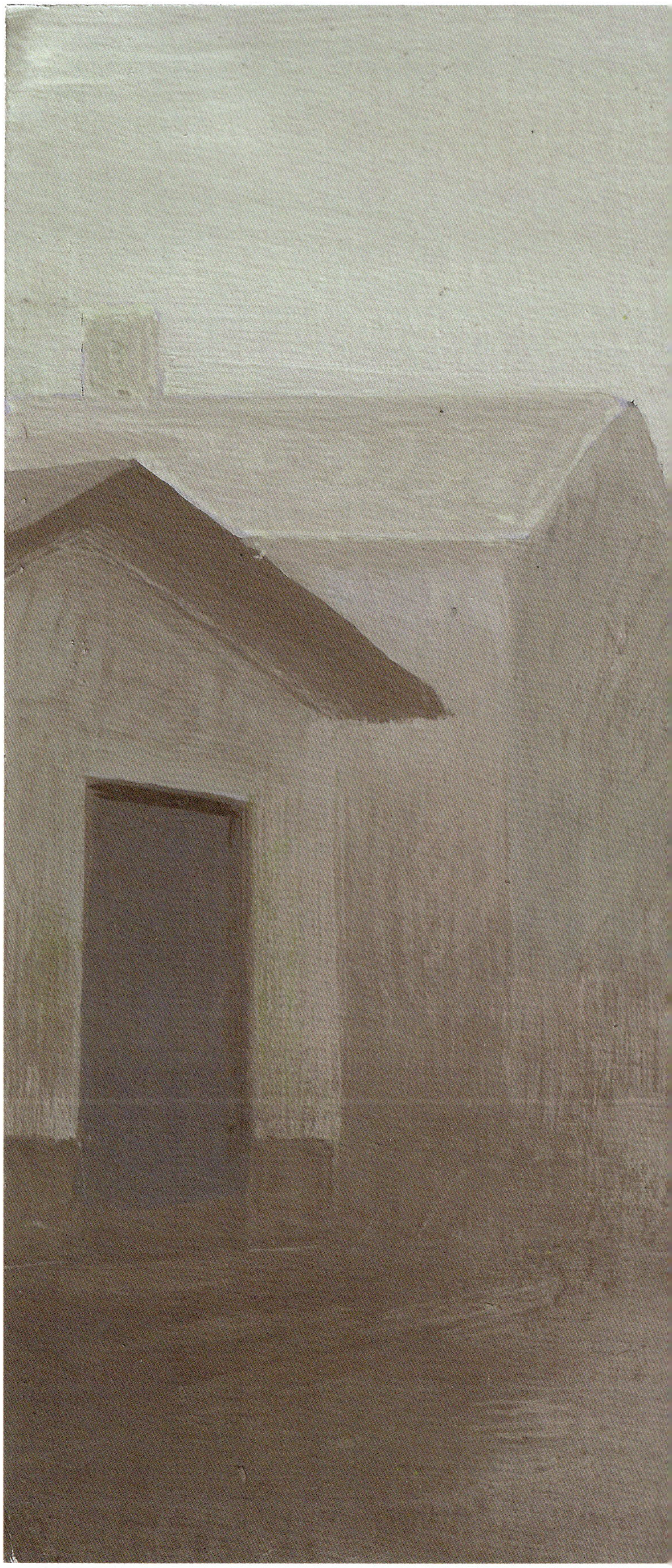

Anders als in der „Trockenübung“ auf S. 26 nehmen Sie dazu kein Schwarz. Die diversen Grautöne mischen Sie aus Ultramarin, Kadmiumrot, Vandyckbraun und Gelb, mit mehr oder weniger Weiß dazu. Auf der zarten Grundierung mit verdünntem Gelb bringt das einen Hauch von Farbe in die regennasse Gasse. Der Regen kommt indirekt durch den Schirm und die nassen Spiegelungen auf der Straße ins Bild. Dazu passt das typische Grau der Mauern und Schieferdächer einer flämischen Dorfstraße.
Die Vorzeichnung können Sie gut vom Bild abnehmen; unter der gelben Untermalung mit dem Flachpinsel bleiben sie sichtbar. Am besten legen Sie sich unterschiedliche Mischungen an und beginnen mit den dunkelsten Grautönen: viel Umbra und Ultramarin, wenig Weiß. Auch die Straße ist zunächst recht dunkel. Nach und nach geben Sie mehr Weiß dazu. Den Hintergrund malen Sie mit dem stark verdünnten Hellgrau – der Verlauf von vorne dunklen zu hinten hellen Tönen erzeugt Tiefe.
Übermalen Sie die feuchte Straße waagerecht mit stark verdünntem, leicht abgetöntem Weiß. Ziehen Sie die Schatten der Figur hinein, die Sie hell- und dunkelgrau malen. Nach dem Trocknen tragen Sie mit dem trockenen Flachpinsel da und dort helle bis dunkle körnig-raue Strukturen auf.

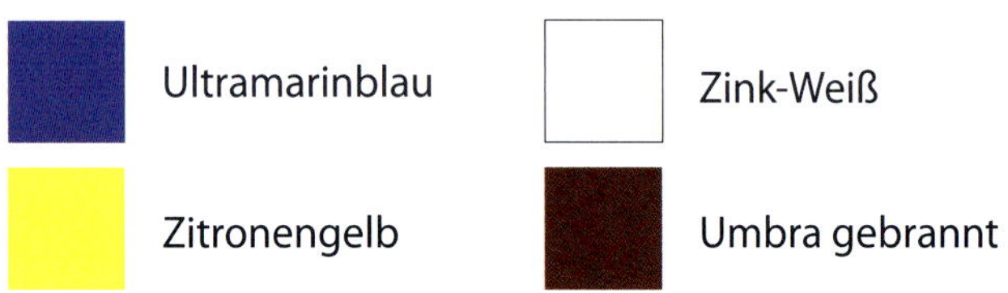

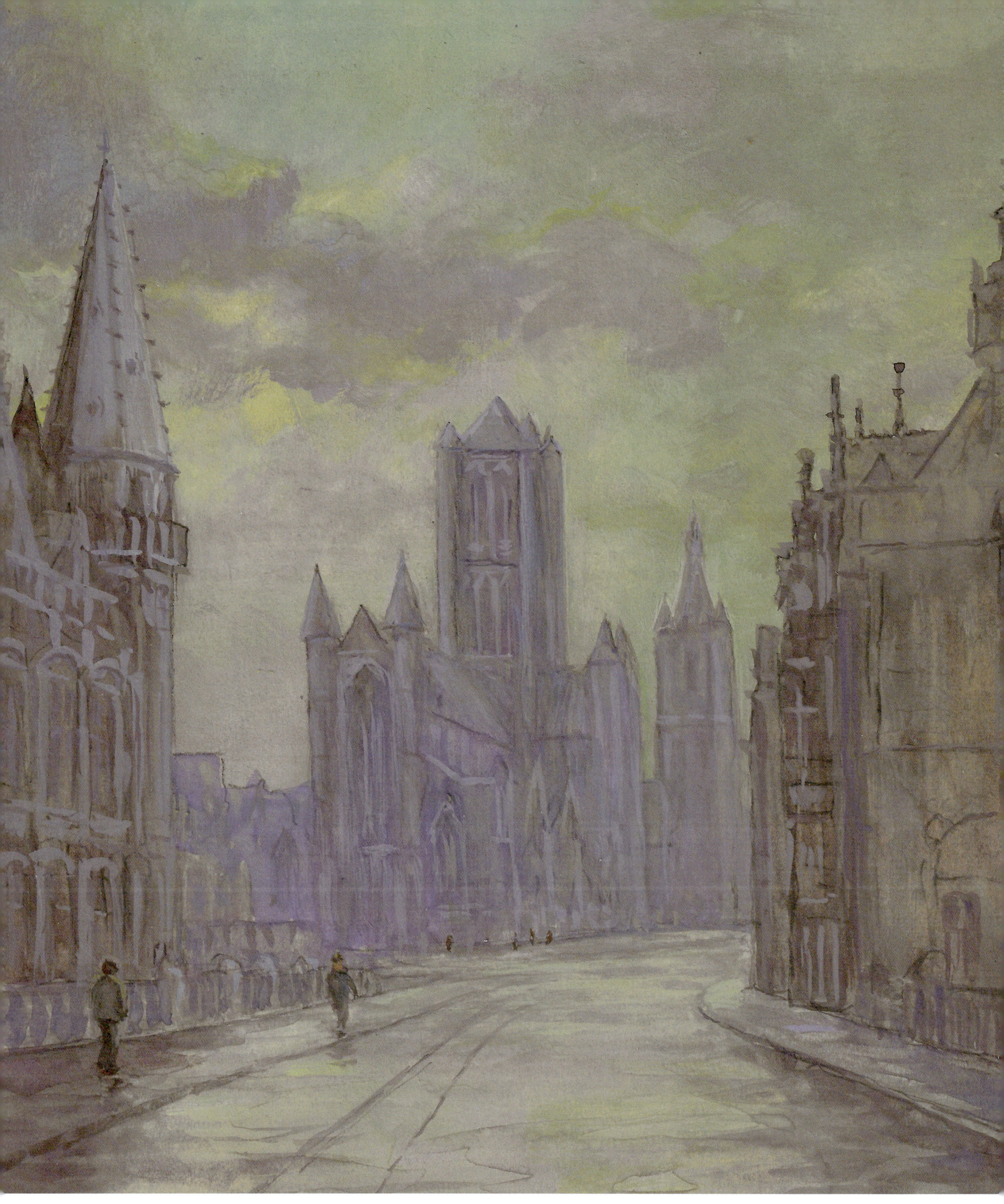

Frühmorgens

Nach einer Regennacht dämmert der Morgen unter einem düsteren Wolkenhimmel und taucht die Sint Niklaaskeerk meiner Heimatstadt Gent in fahles Licht. Die Farben sorgen für Atmosphäre, der Bleistift für Realismus.

Die fast magische Lichtstimmung wird durch die düstere Untermalung bestimmt. Erst tragen Sie die Himmels- und Schattenfarben wild und großzügig mit lasierenden und nass in nass vermalten Pinselstrichen über die Vorzeichnung hinweg. Danach schälen sich nach und nach die Konturen und Fassadenteile der gotischen Architektur heraus, der Himmel spiegelt sich auf der nassen Straße und immer mehr Einzelheiten tauchen auf. Der Bleistift wirkt auch zwischendurch und bis zuletzt entscheidend mit: nicht nur als Hilfsmittel für eine realistische Komposition und Darstellung, sondern dann auch direkt und sichtbar. Das erleichtert die Ausarbeitung der Details und ergänzt die malerische Darstellung mit einer grafisch-illustrativen Note. Aus Gotik wird Gothic …

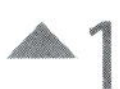1

Die Bleistiftzeichnung brauchen Sie drei Mal: erst als Original auf normalem Papier, auf das Sie beim Malen zwischendurch immer wieder einen prüfenden Blick werfen. Dann als Kopiervorlage für die Konturen auf dem Malgrund und später, um die wesentlichen Linien abermals auf das bereits untermalte Bild zu übertragen.

2 

Grundieren Sie die den Malgrund mit einem stark verdünnten Chromoxidgrün und Weiß. Nehmen Sie dazu wenig Farbe auf den trockenen Flachpinsel und überziehen Sie alles mit großzügigen Strichen. Nach dem Trocknen ziehen Sie die wichtigen Konturen mit dem weichen Bleistift 2B kräftig nach.

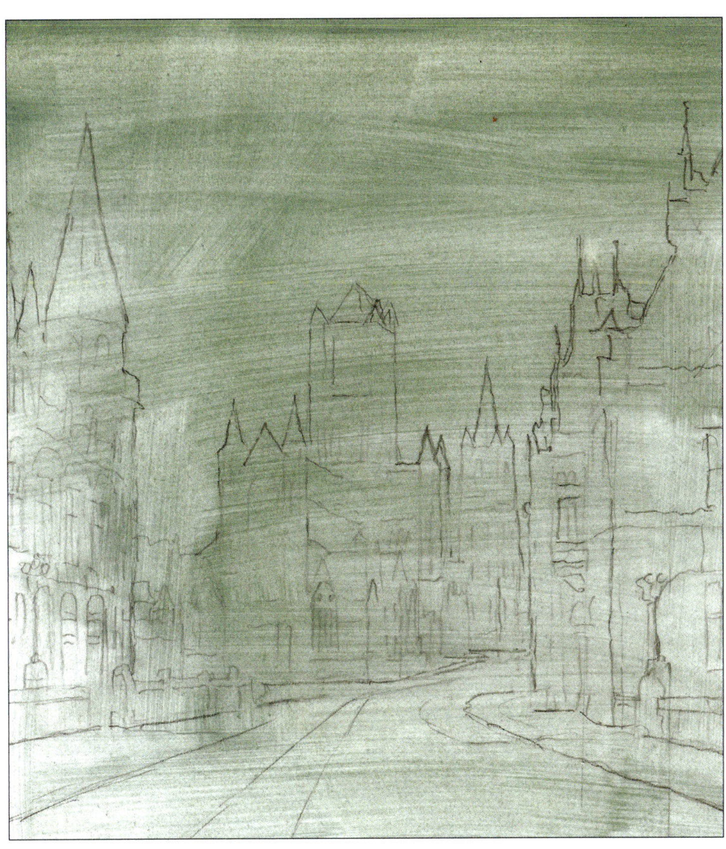

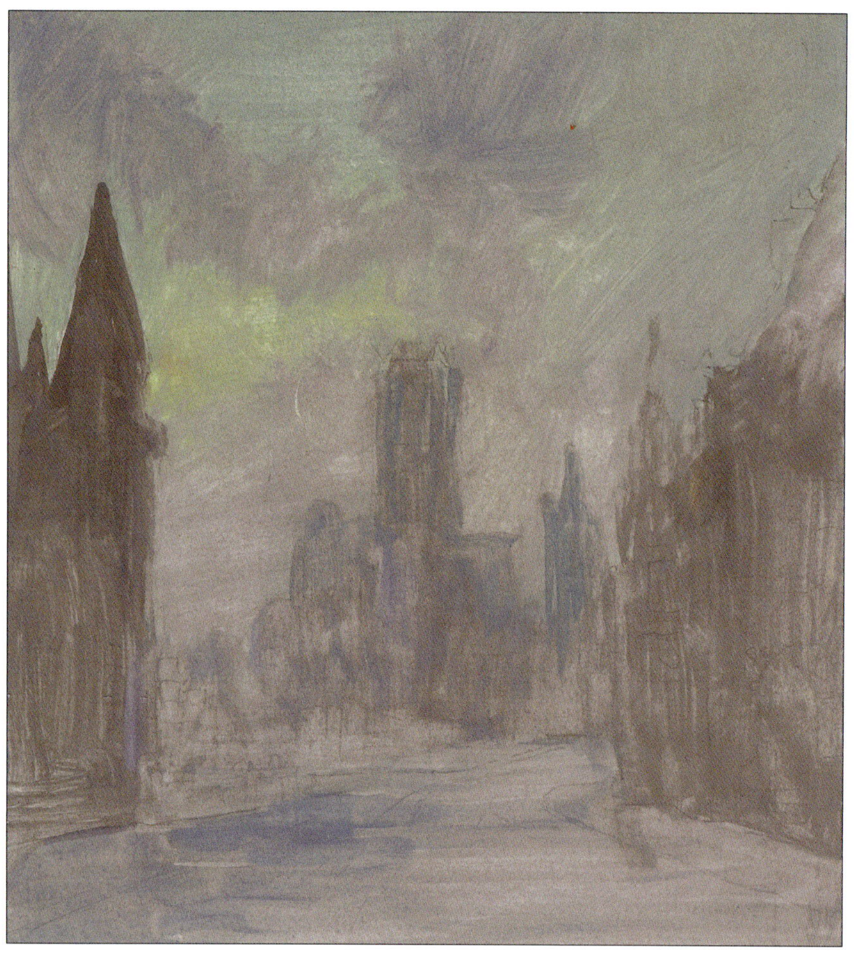

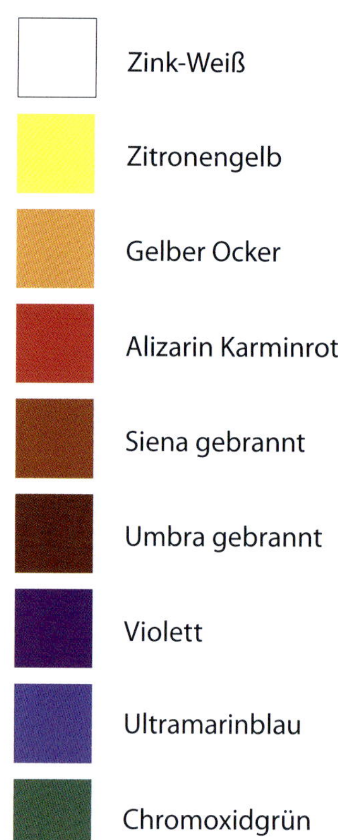

▲3

Für alles Weitere legen Sie sich am besten diverse Farben und Mischungen auf die Palette: Grün, Blau und Ocker mit viel Weiß für den Himmel, dunkle Brauntöne aus Umbra und Blau für die Gebäude sowie ein dünnes, violett und blau abgetöntes Weiß. Die Himmelsfarben tragen Sie kreuz und quer eher trocken auf. Die Gebäude malen Sie mit senkrechten, die Straße mit waagerechten Strichen.

4 ▶

Färben Sie den Himmel in den gleichen Tönen wie vorhin. Die bläulich-violetten und grüngelblichen Flächen tragen Sie lasierend auf, die Wolkenformen nass in nass. Die Straße lasieren Sie mit breiten Pinselstrichen in den Himmelsfarben mit etwas mehr Weiß. Lassen Sie alles gut trocknen. Dann zeichnen Sie mit dem sehr weichen Bleistift 6B die Konturen abermals auf.

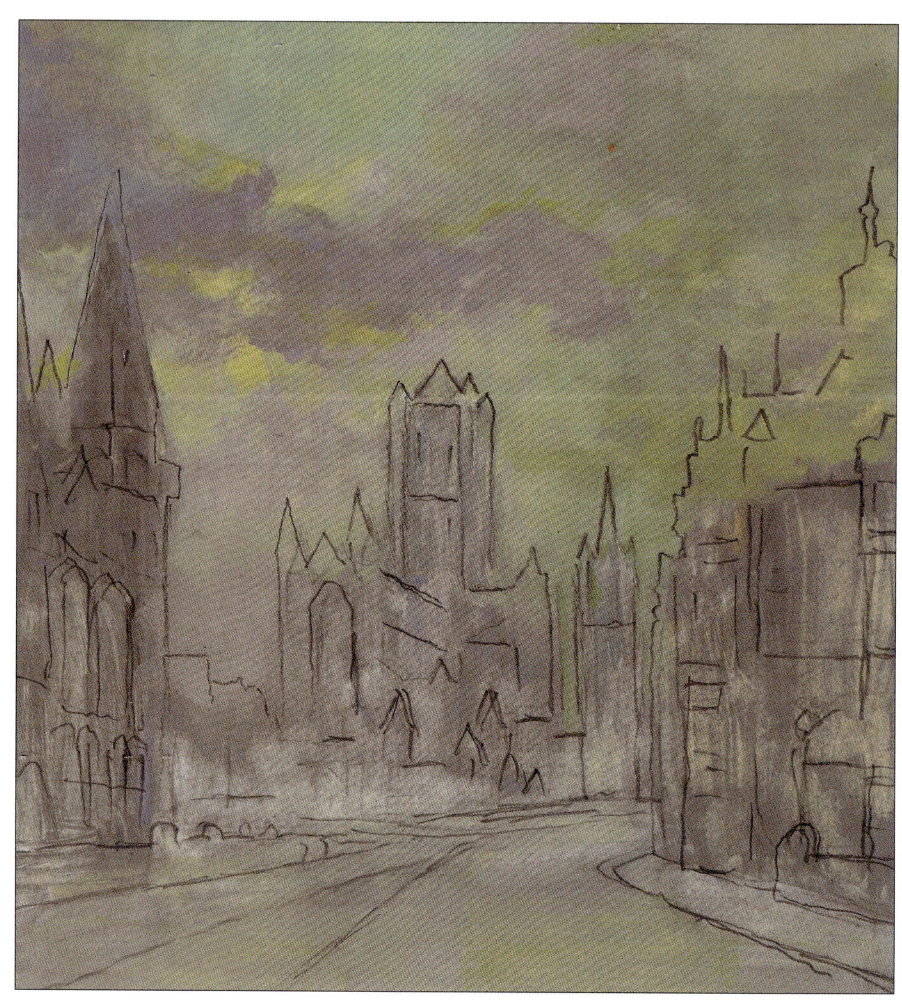

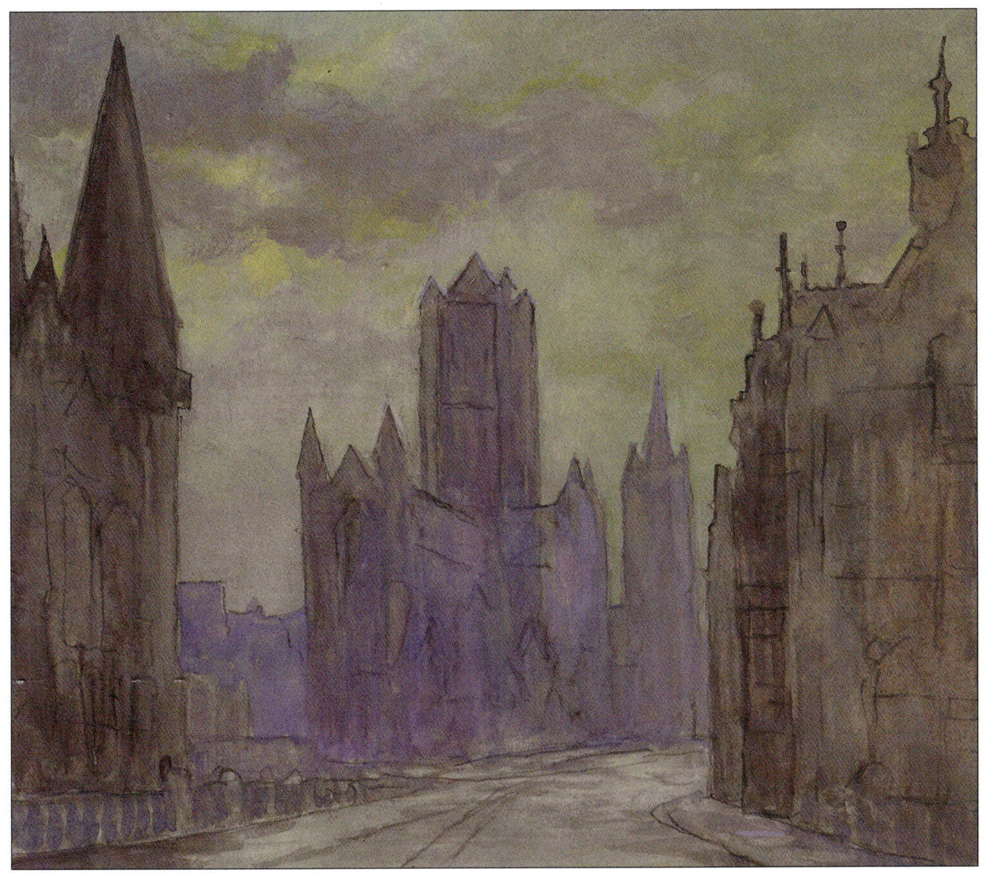

5

Ab nun bleiben Sie innerhalb der Konturen. Lasieren Sie die Gebäude im Hintergrund mit Violett und einem Hauch Dunkelrot und Weiß, die Häuser links und rechts in Umbra mit mehr oder weniger Blau. Schattieren Sie den Gehsteig mit waagerechten Strichen. Die Schattierung der Straße malen Sie in den leicht abgedunkelten Himmelsfarben.

6

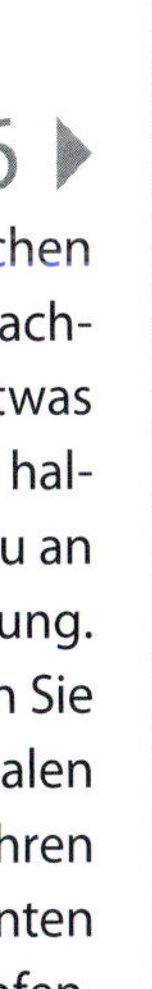

Ziehen Sie die im schwachen Morgenlicht liegenden Dach- und Fassadenteile mit etwas Blau zum Weiß nach. Dabei halten Sie sich möglichst genau an die Details der Vorzeichnung. Das rechte Gebäude belassen Sie weitgehend im Dunkeln. Malen Sie mit ein paar ungefähren Strichen die Passanten, hinten nur noch als dunkle Tupfen.

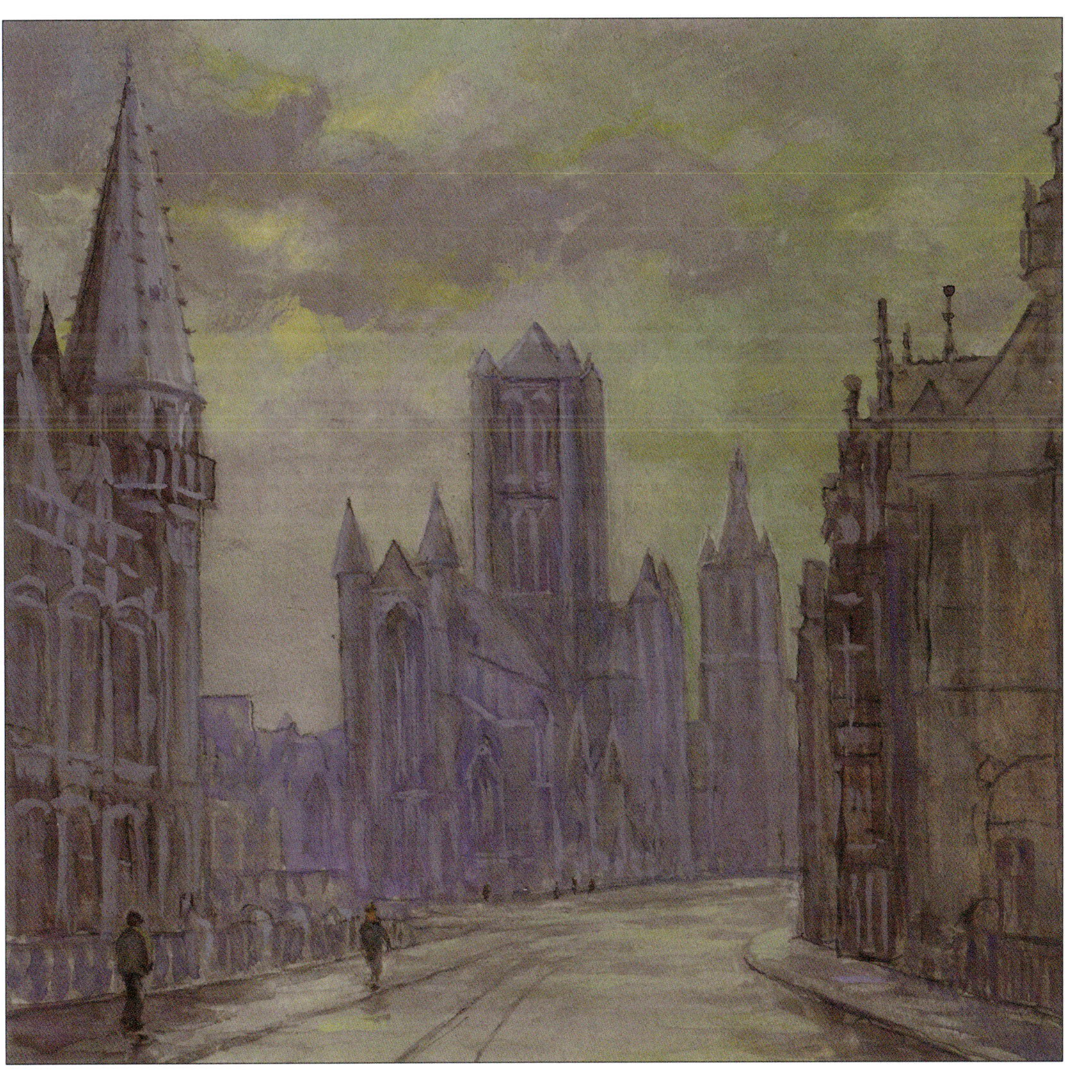

Wolken und Schnee

Auch Schnee und weiße Wolken verdienen einen Hauch Farbe: hier durch eine schwache, warme Untermalung und durch kühle Schattentöne. So verwandeln sich die papierweißen Flächen in sanftes Gelände und schroffe Gipfel.

Untermalen Sie die gesamte Bildfläche in einem sehr stark verdünnten Orange. Im blauen Himmel werden die zunächst ausgesparten Wolken mit dem trockenen Pinsel mit etwas Orange und Blau zum Weiß schwach modelliert – siehe auch die Übung auf S. 37.

Mit trockenen und körnigen Strichen und einem Hauch Orange formen Sie auch die Schneeflächen; für die gesprenkelten Pinselspuren in den Senken nehmen Sie ein Hellgrau aus Weiß, Blau, Braun und Violett. Oben im Gebirge tragen Sie ein blendendes, deckendes Schneeweiß nur auf die im Licht liegenden Flanken auf. Die Schattenseiten sind bläulich, auf nacktem Fels auch grünlich-braun. Anders als unten im Tal lassen Sie harte Kontraste stehen.

Hier malen Sie die hinteren Waldstücke, Hecken und einzelne Bäume in mehreren Schichten mit Tönen aus Braun, Grün und – im Schatten – auch Blau. Für die Baumgruppe im Vordergrund nehmen Sie ein warmes, spätherbstliches Ocker hinzu, mit dem Sie auch die Gebäude malen.

Die Gliederung der Landschaft mit leicht diagonalen Linien und den eingeschobenen Kulissen bringt Tiefe und Abwechslung ins Bild und unterstützt die räumliche Wirkung.

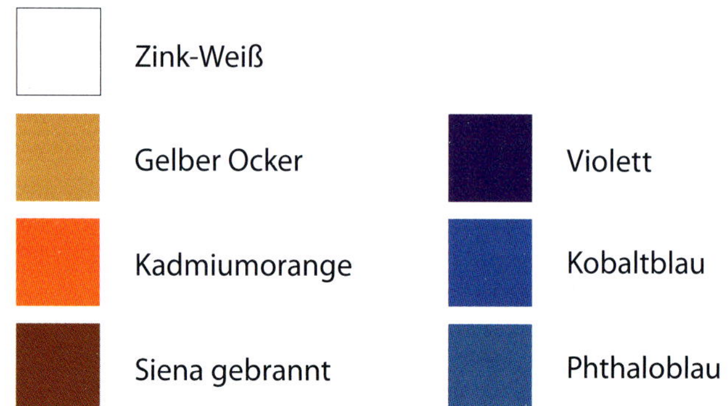

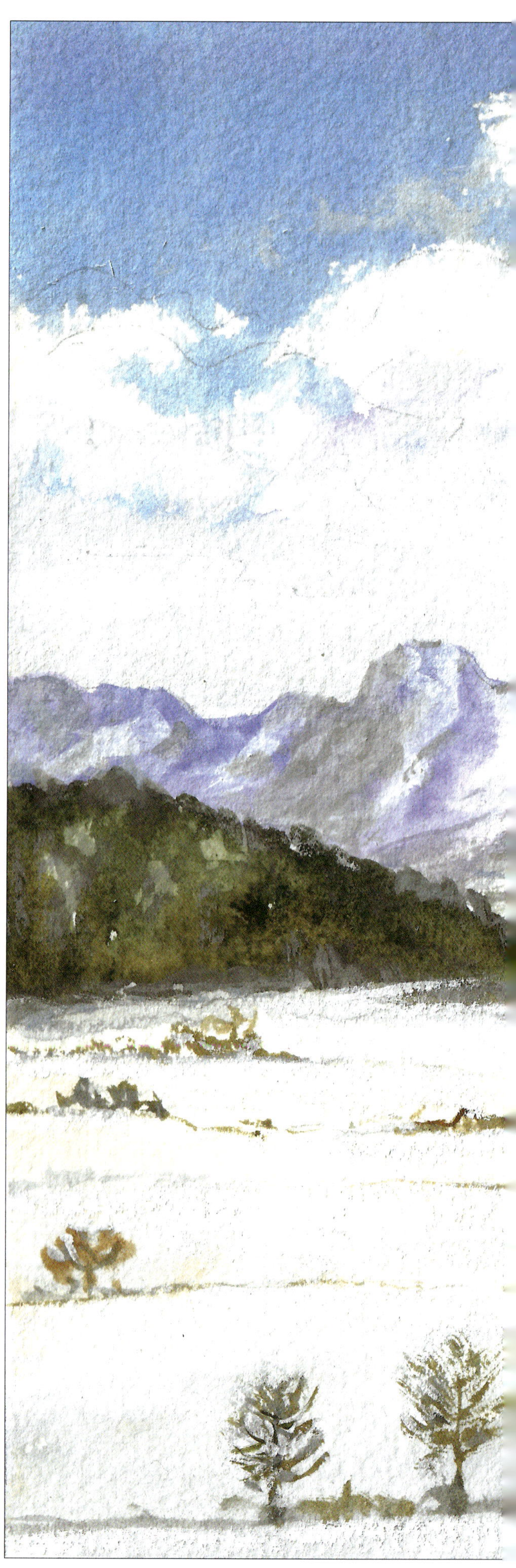

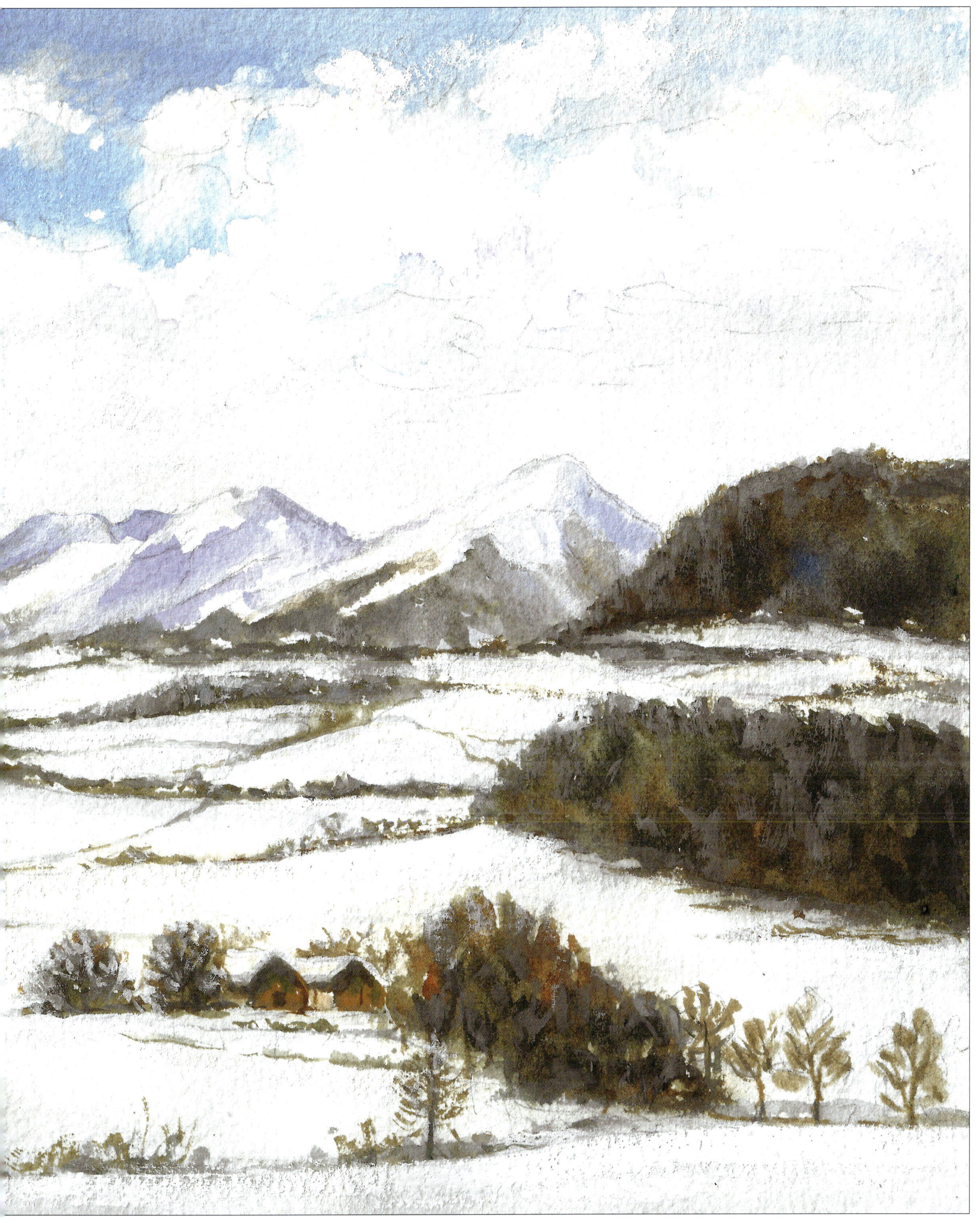

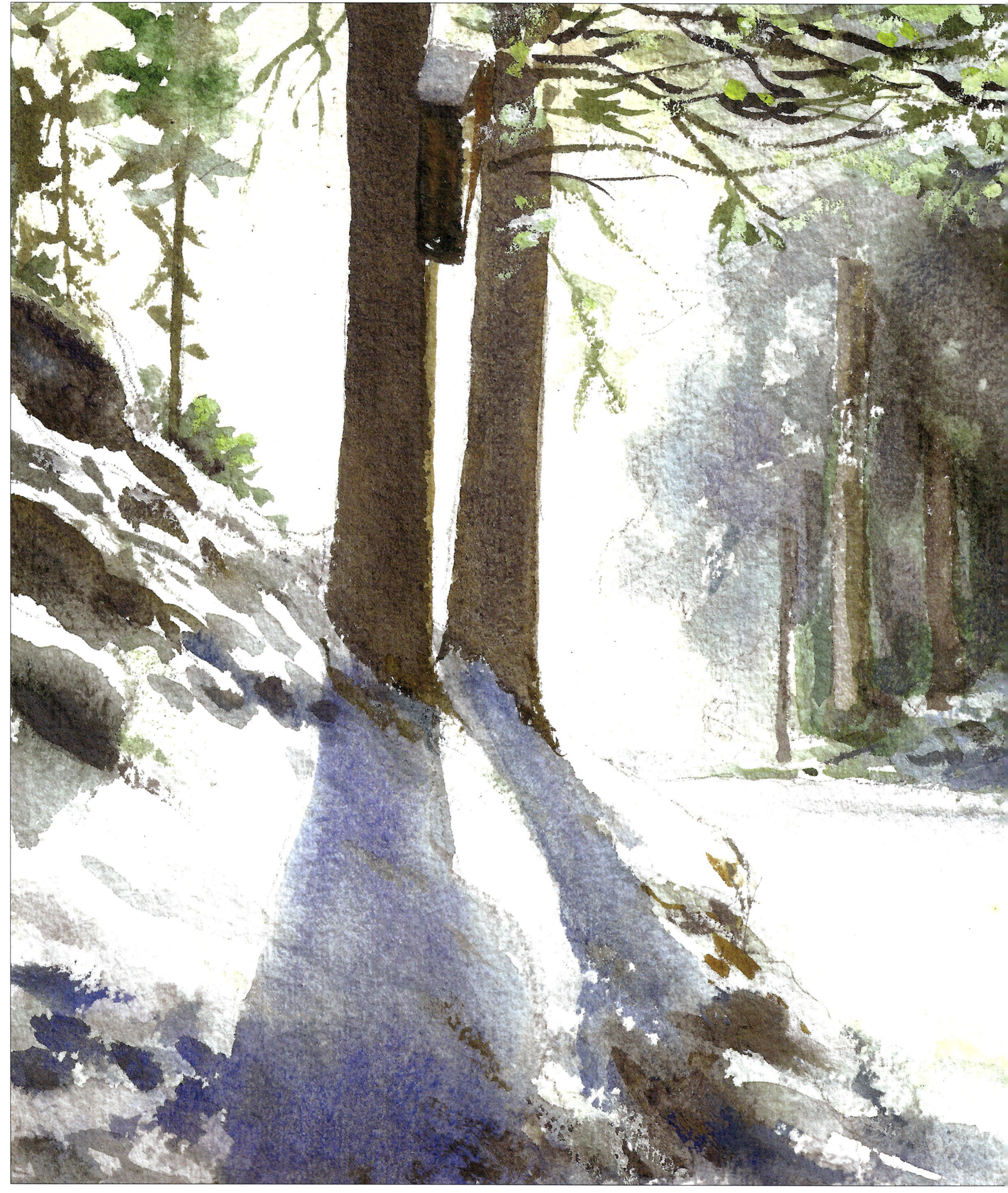

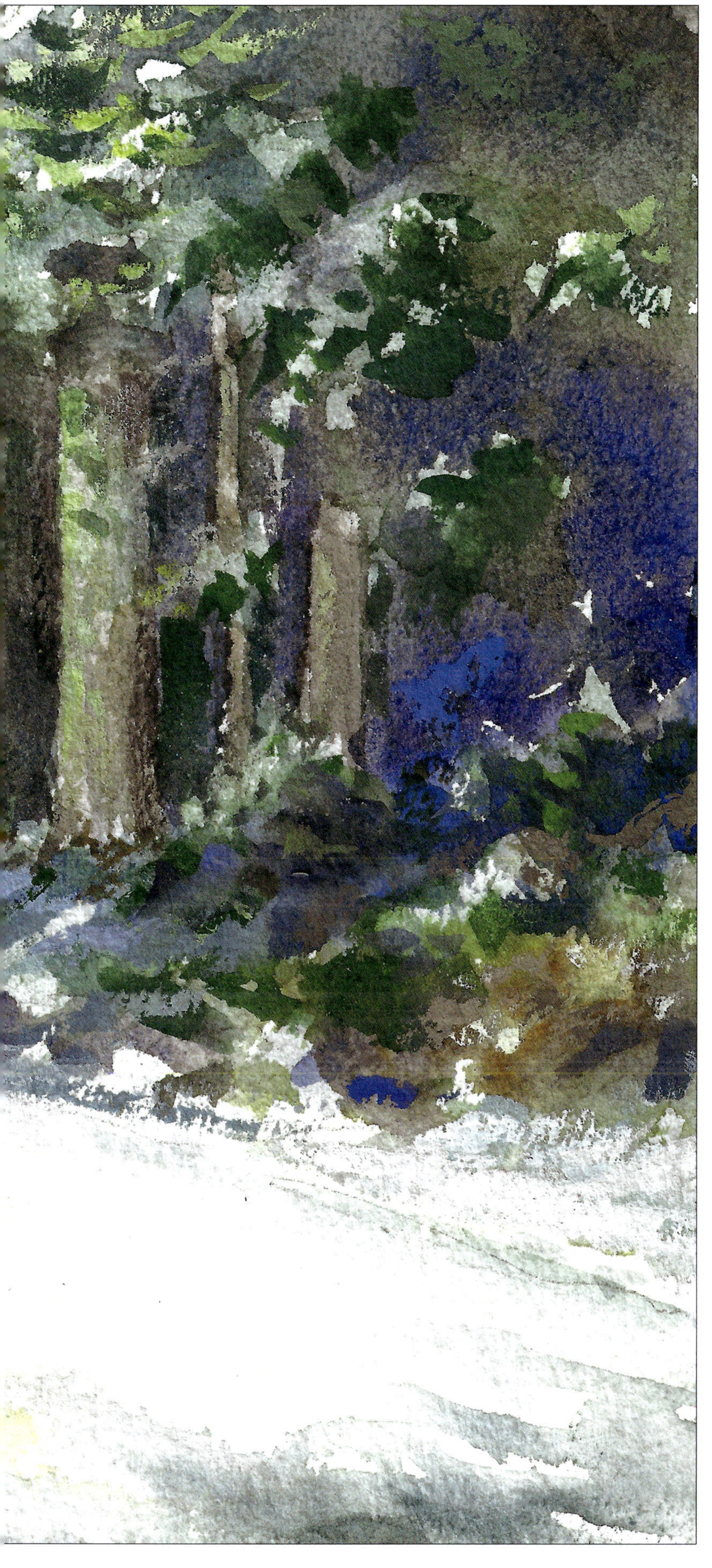

Winterliche Wunderwelt

Das blendende Gegenlicht der tief stehenden Sonne überschüttet den Waldweg mit Weiß und vertieft zugleich die Schatten. Die aquarellistische Malweise gibt der Szene eine märchenhafte Transparenz und Leuchtkraft.

Je stärker Sie Gouachefarben verdünnen, desto transparenter werden sie und unterscheiden sich zuletzt kaum noch von Aquarellfarben – weder in der Farbigkeit noch in den beiden Grundtechniken: der Nass-in-Nass-Malerei und dem lasierenden Farbauftrag. Auch beim Aquarellieren mit stark verwässerten Gouachefarben kommt das Weiß mit der Papierfarbe ins Bild, die Farben werden nach und nach in immer dunkleren Tönen aufgetragen. Was mit Aquarell nicht geht, macht Gouache möglich: Mit wenig verdünnten und daher deckenden Farben können Sie zuletzt noch helle Details auf dunklem Untergrund ein- und ausarbeiten und zuletzt noch weiße Lichter auftragen. Solange es bei kleineren Bildbereichen bleibt, ändert das nicht viel am aquarellistischen Auftritt.

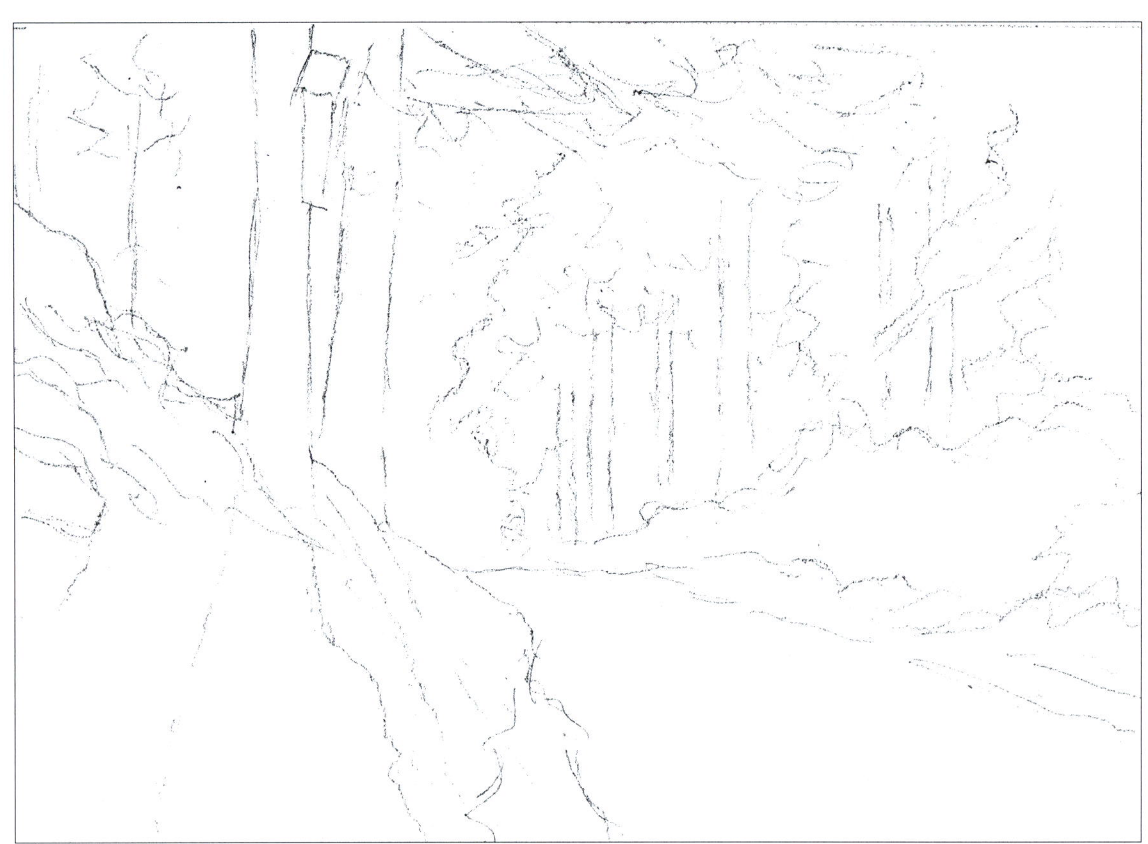

◀ 1
Die Vorzeichnung mit Bleistift – hier zur Verdeutlichung mit kräftigen Linien.

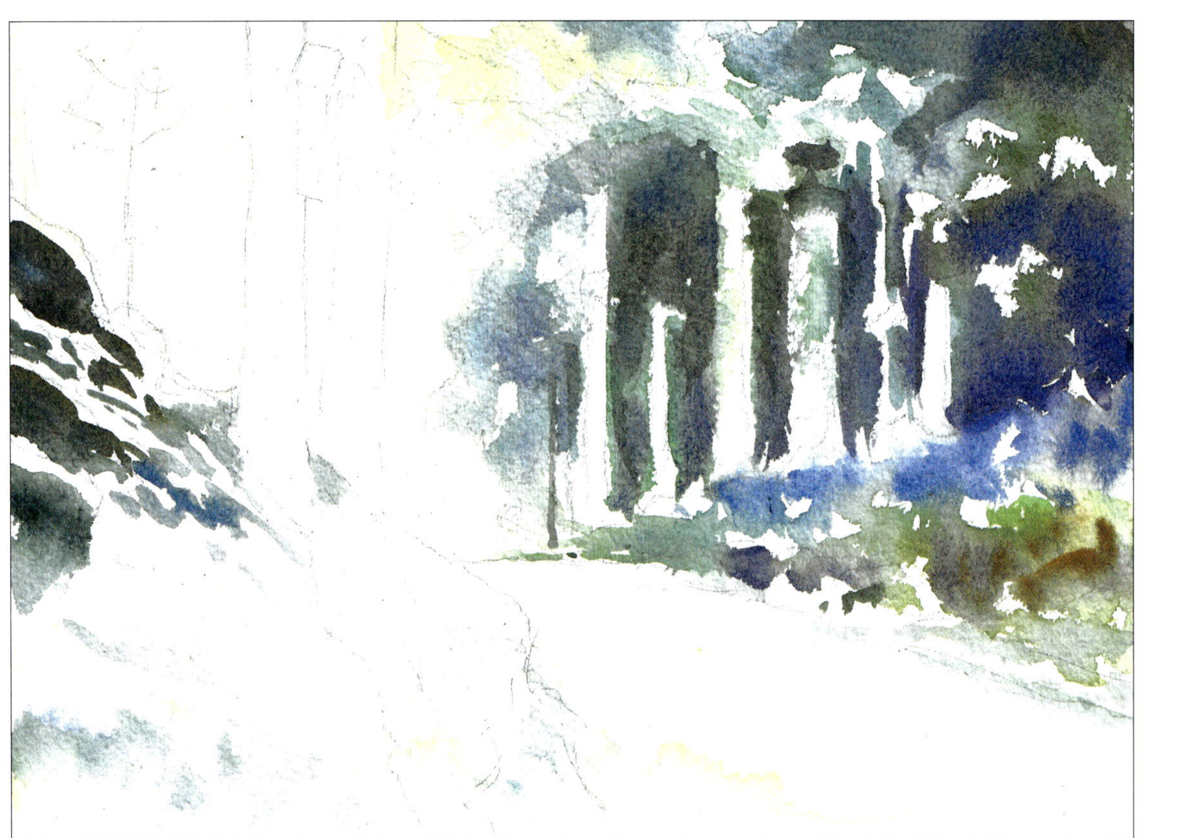

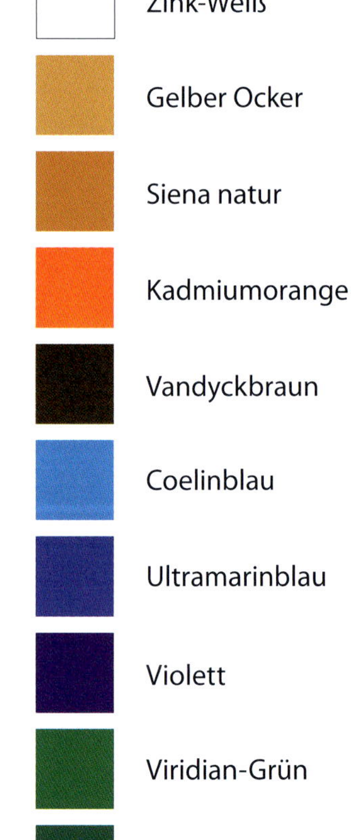

▲2
Zum Malen nehmen Sie einen fülligen Rundpinsel. Grundieren Sie die Fläche erst mit Ocker. Dann tragen Sie links Vandyckbraun mit etwas Blau auf. Rechts mit noch mehr Tönen von Ultramarin und Grün in einer ganzen Palette von Tönen. Lassen Sie die nassen Farben ineinanderfließen. Dazwischen sparen Sie senkrechte Streifen und Lichtflecken aus.

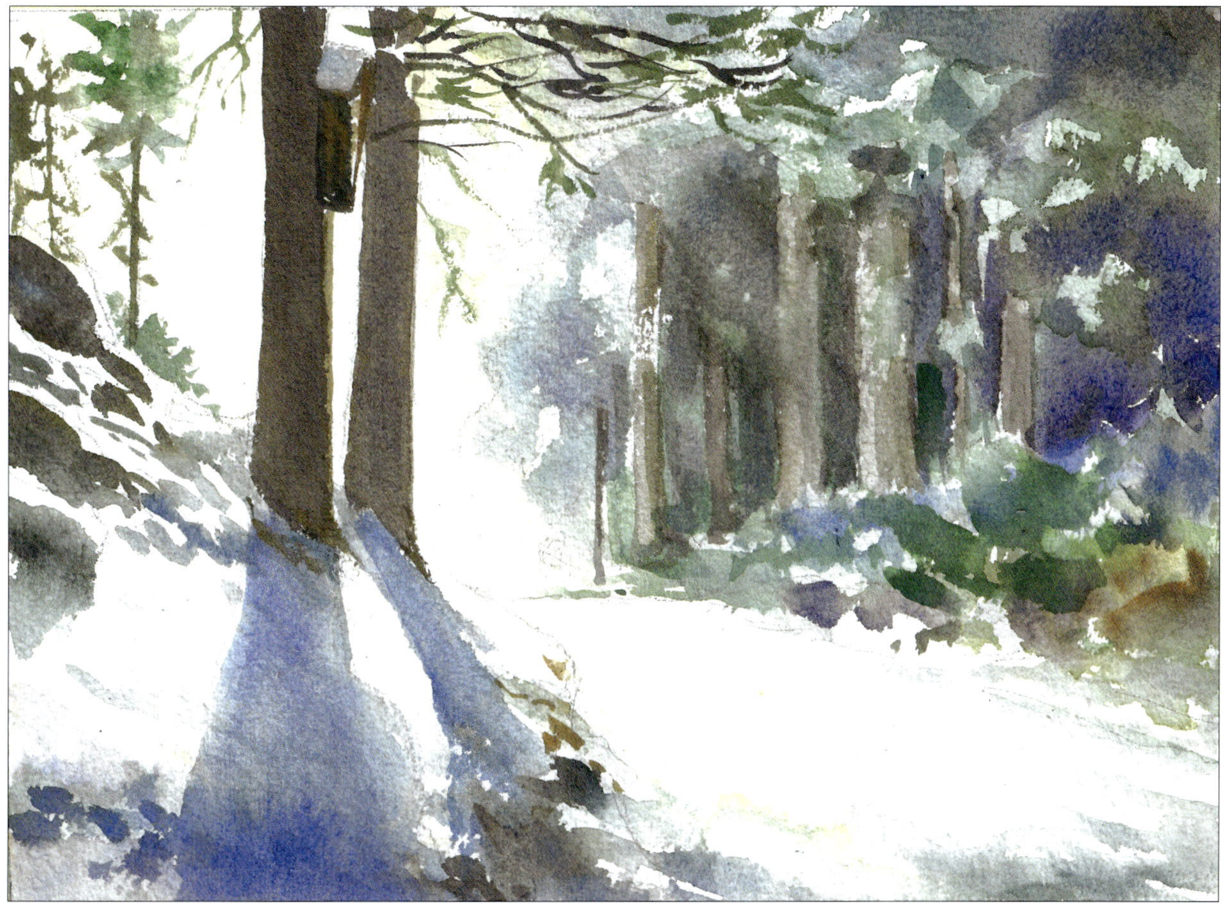

▲3

Links malen Sie die Stämme mit der Bildtafel in Siena, Braun und Violett, die Äste und das spärliche Laub recht deutlich – das Licht schärft die Kontraste. Strukturieren Sie die Böschung mit beiläufigen Strichen. Der Wald rechts liegt im Schatten, die Kontraste sind schwächer und weniger klar. Lassen Sie den Bereich trocknen. Dann füllen Sie die papierweißen Streifen mit braunen Baumstämmen. Das Buschwerk darunter übermalen Sie mit grünen und blauen Schattentönen.

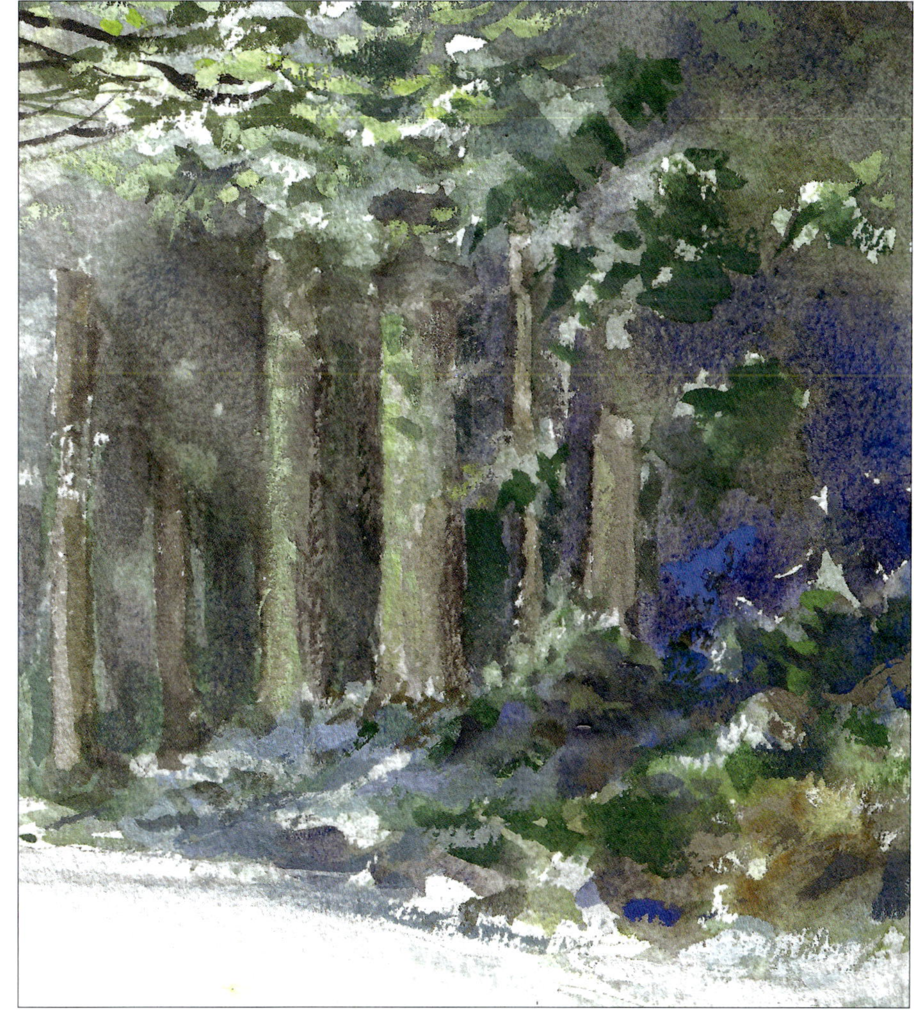

4 

Schließlich die Nacharbeit mit den deckenden Farben. Tönen Sie das Zink-Weiß mit Blau ab und malen Sie damit Schatten in den Schnee, der dazwischen weiß aufblitzt. Rechts gestalten Sie die Böschung mit deckenden Versionen der Untermalung aus. Die beleuchteten Partien treten hervor, die Schatten zurück und das Motiv erhält dadurch in den dunklen Bereichen seine Tiefe.

Weiß und Blau

Das Zink-Weiß der Gouachefarbe ist einfach nur weiß, das Blau kommt in vielen Tönen – so wie in der Natur beim Blick über die schneeweiße Landschaft und über die bewaldeten Hügel hinaus in den frostigen Himmel.

Hier spielen die drei wichtigsten Blautöne – Ultramarin, Coelinblau und Preußisch Blau – oben im Himmel und unten in den Schatten auf charakteristische Weise mit.

Ein sozusagen eigentliches Blau als Grundfarbe gibt es nicht, nur diverse Versionen. Dabei tendiert das Ultramarinblau ins Rötliche und wirkt also wärmer als das dunkelblaue Preußischblau, das einen Hauch von Braun in sich trägt. Coelinblau wiederum spielt leicht gelblich in Richtung Cyan. Diese Charakteristik zeigt sich selbst in verdünnten Farbmischungen. Es lohnt sich also, beim realistischen Malen auf die jeweils passenden Blautöne zu achten.

Im frostigen Himmel ist das ein mit Weiß abgetöntes Coelinblau. Die Wolken malen Sie in zwei Schichten. Auf die getrocknete Grundierung malen Sie mit mehr oder weniger verdünntem Weiß leichte Wolkenschleier, die Sie nach unten stark verblenden. Darüber werden einzelne Wolken mit trockenen, weißen Pinselstrichen gemalt.

Der linke Wald entsteht aus einer Mischung aus Preußischblau, Weiß und einer Spur Violett: hinten undeutlich, vorne mit helleren Pinselstrichen. Im Wald rechts kommt etwas Grün und Braun dazu.

Die Schneeflächen werden mit einem stark verdünnten Orange lasierend grundiert und erst nach dem Trocknen mit Weiß und gemischt mit etwas Ultramarin schattiert.

Die links im Schatten stehenden Nadelbäume untermalen Sie in Grün, Braun und Ultramarin, die Schatten im Schnee tragen Sie in einer Mischung aus Ultramarin, Preußischblau und Weiß auf – die Lichter in reinem Weiß.

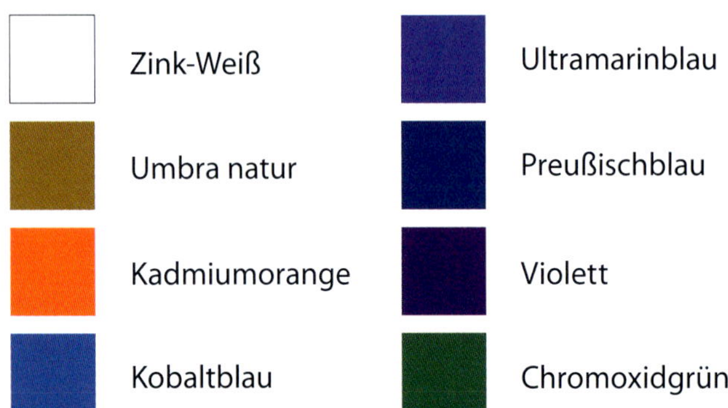

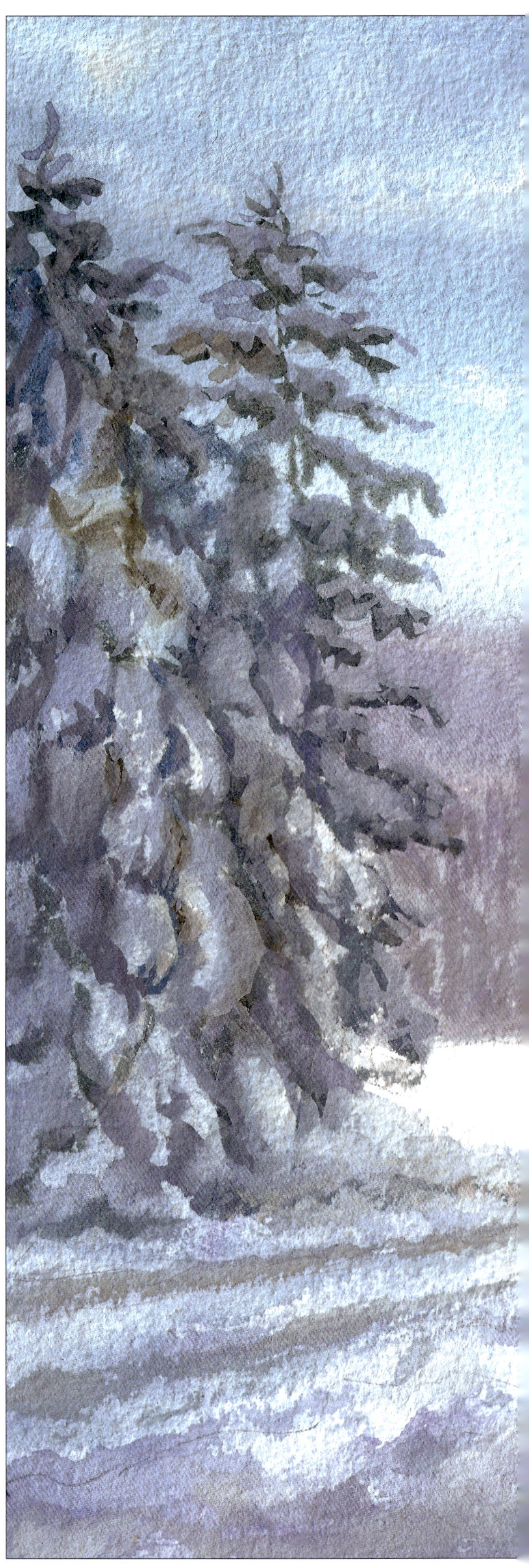

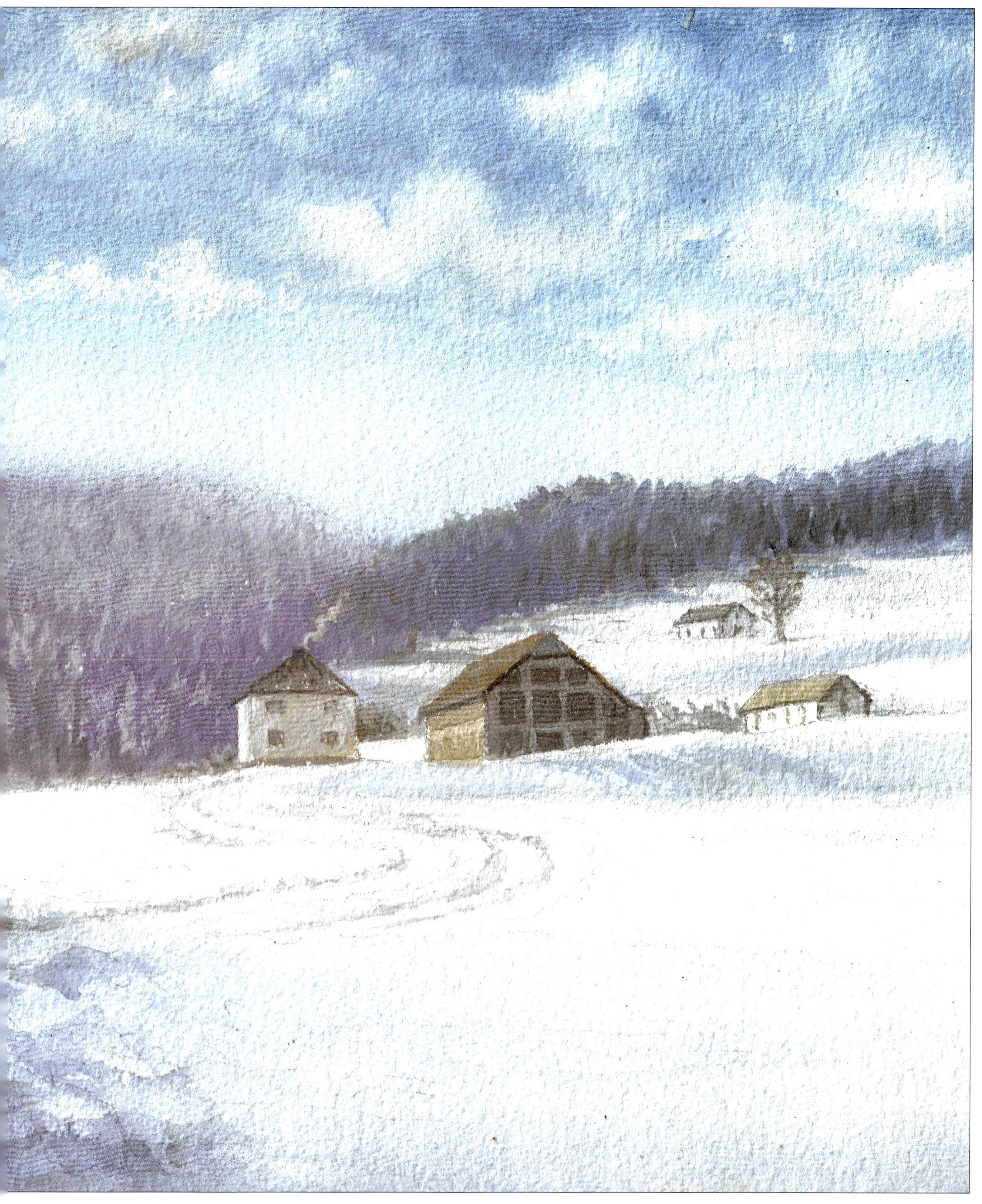

Im Hof

Ein lauschiger Platz hinterm Haus, komponiert aus Licht und Schatten, lebendigem Grün, Gartenhaus und Gemäuer. Da wirkt auch das körnige Papier realistisch mit.

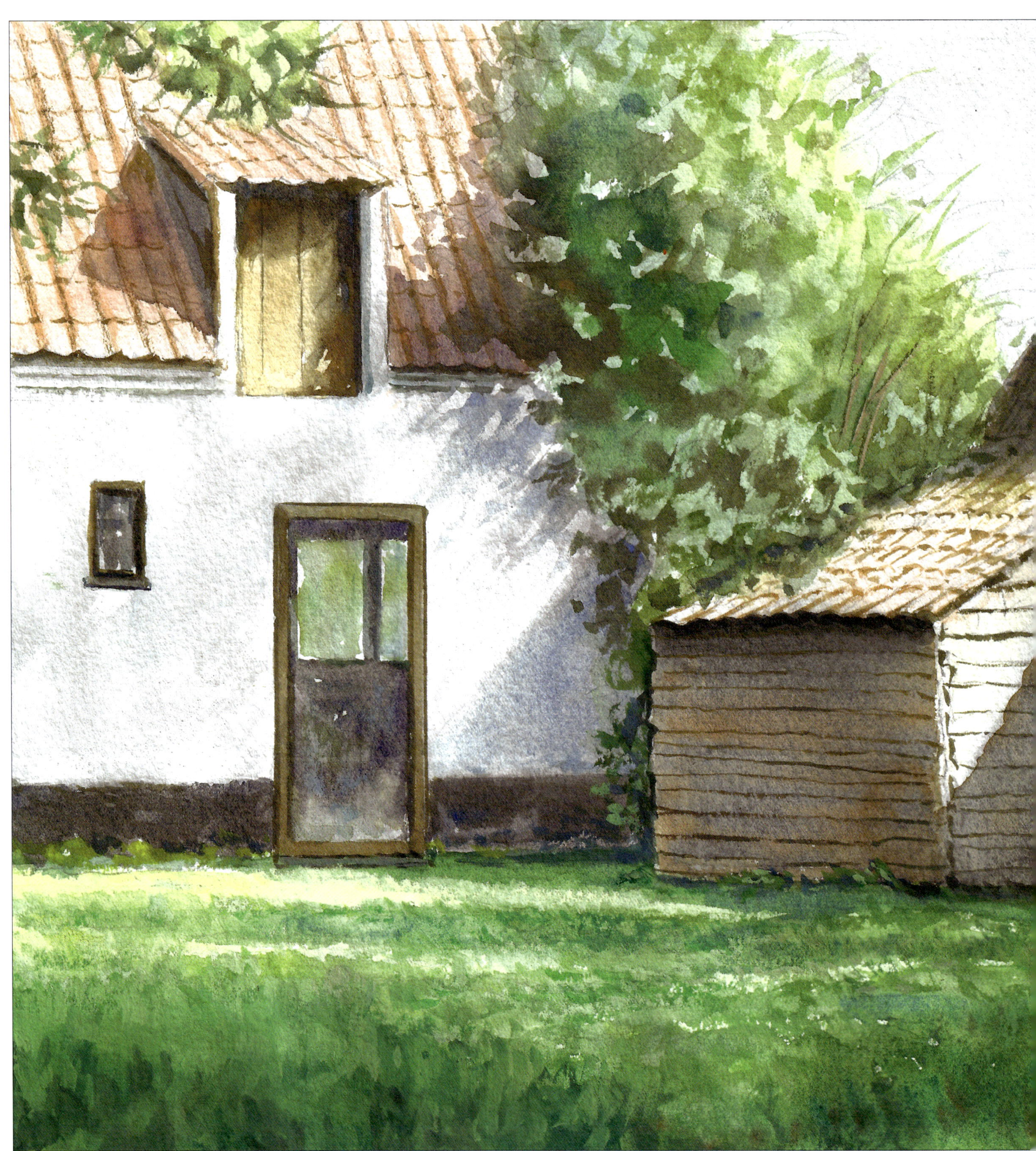

Um die Beschaffenheit von Oberflächen realistisch abzubilden, können Sie Gouachefarben auf verschiedene Weise auftragen – trocken, verlaufend, gleichmäßig, schichtweise bis fast plastisch. Dabei wirkt die Struktur des Papiers mit, vor allem unter einem lasierenden Farbauftrag. Hier zum Beispiel kommt auf dem körnigen Aquarellpapier die körnige Struktur des Verputzes, der Bretterwand und der Dachziegel deutlich zum Vorschein – auffälliger als etwa im satt aufgetragenen Laub und Gras.

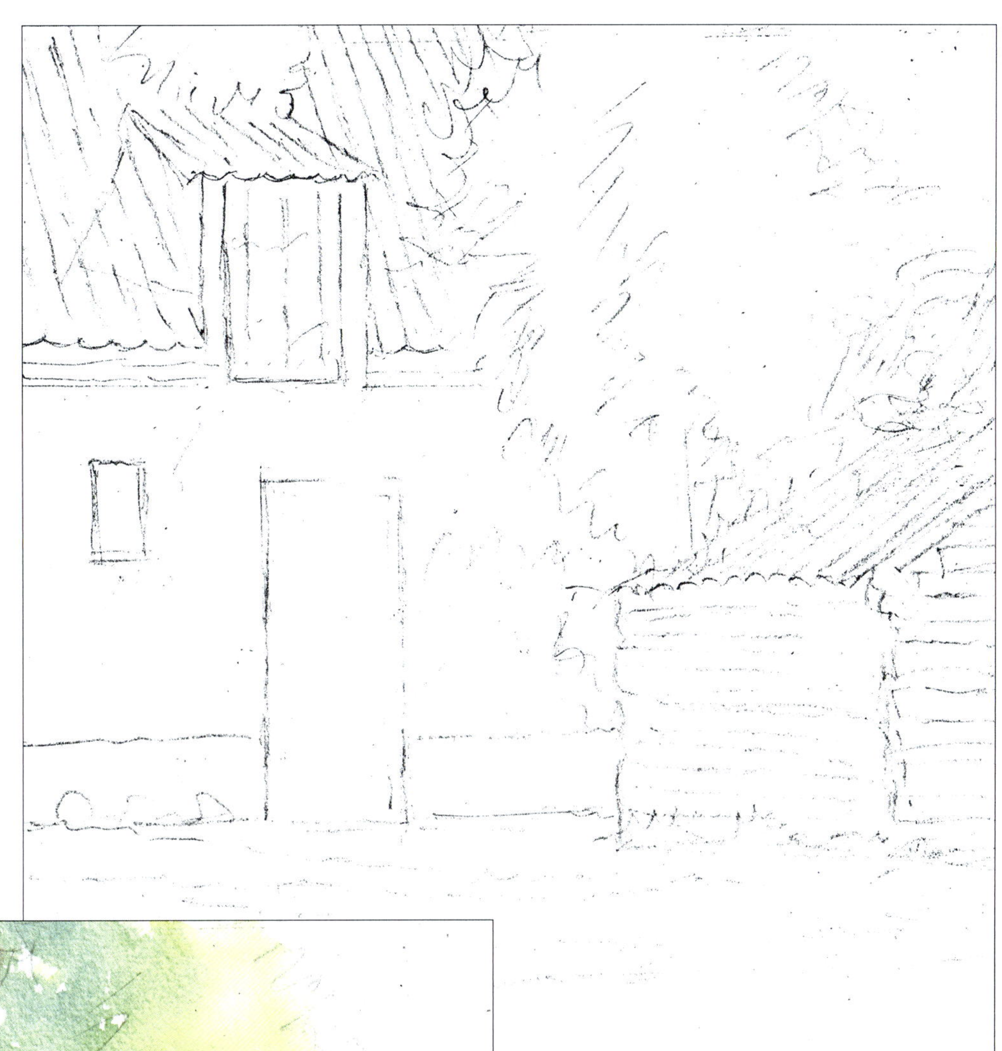

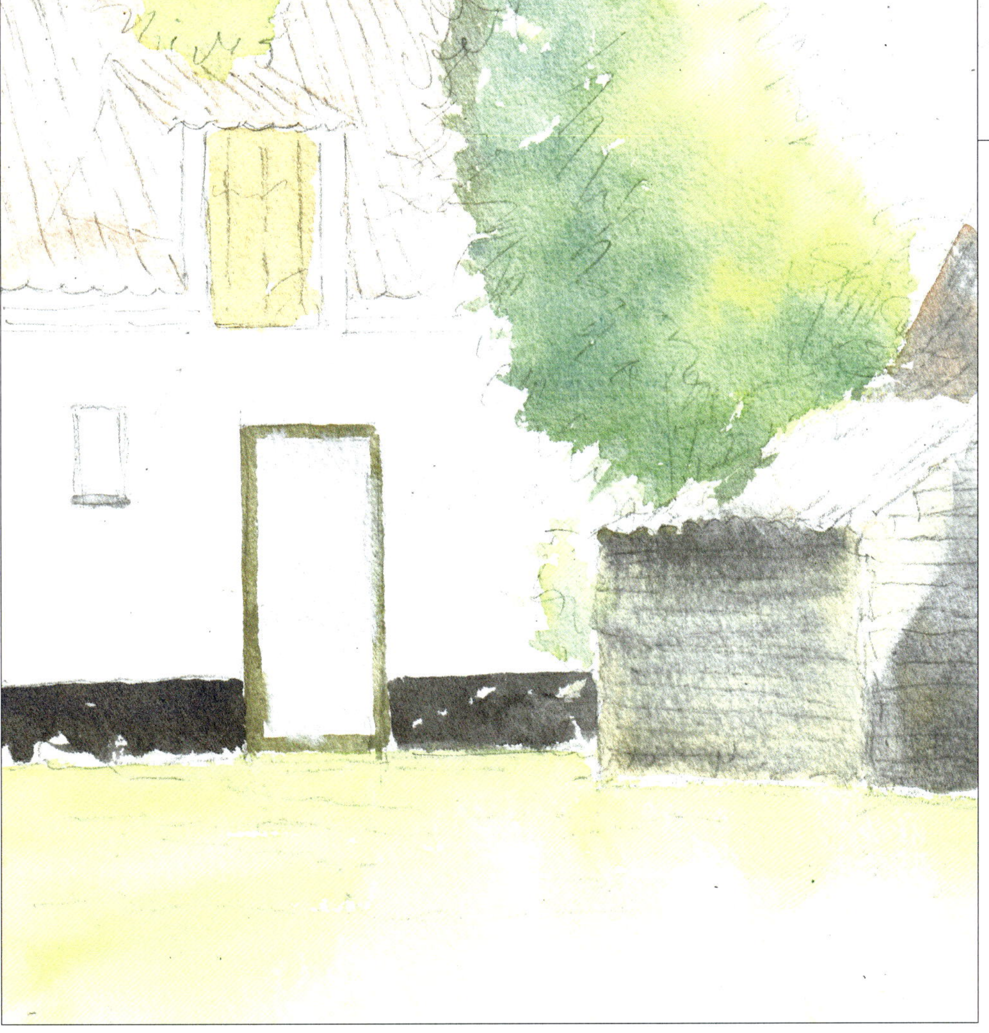

▲1

Die Vorzeichnung mit Bleistift wird unter den folgenden Lasuren noch länger durchscheinen, bis sie nicht mehr gebraucht und übermalt wird.

◀ 2

Untermalen Sie die Bretter und die im Licht liegenden Bereiche auf Wiese und Laub in einer verdünntem Mischung aus Gelb und Orange, die Schattenseite mit wässrigem Grün. Den Mauersockel malen Sie in einem Schwarzton aus Preußischblau und Vandyckbraun. Lassen Sie die Bretter trocknen, verdünnen Sie die Farbe zu Grau und lasieren Sie damit die Schattenseite der Hütte.

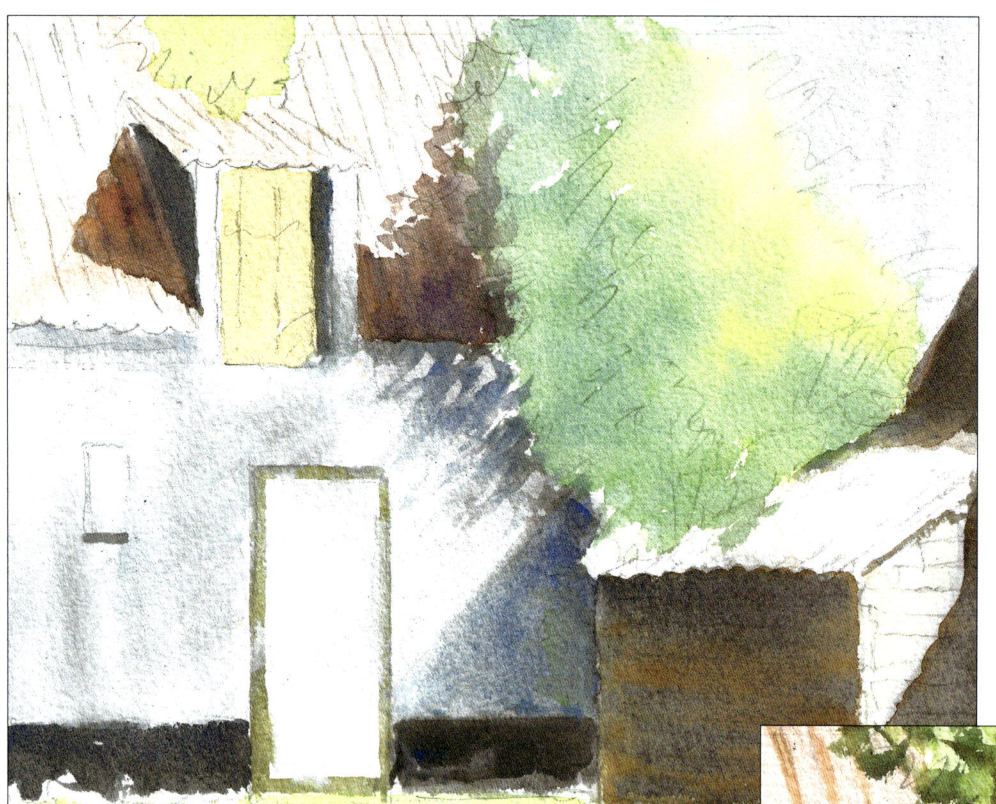

◀ 3

„Streichen" Sie die Wand stellenweise mit ganz wenig verdünntem Grau und dem trockenen Pinsel. Das gibt dem Verputz eine raue, körnige Struktur. Für die Schatten an der Wand nehmen Sie Preußischblau hinzu. Die Schatten am Dach malen Sie in einem warmen rötlichen Braunton. Für die Bretterwand des Schuppens nehmen Sie etwas Blau dazu.

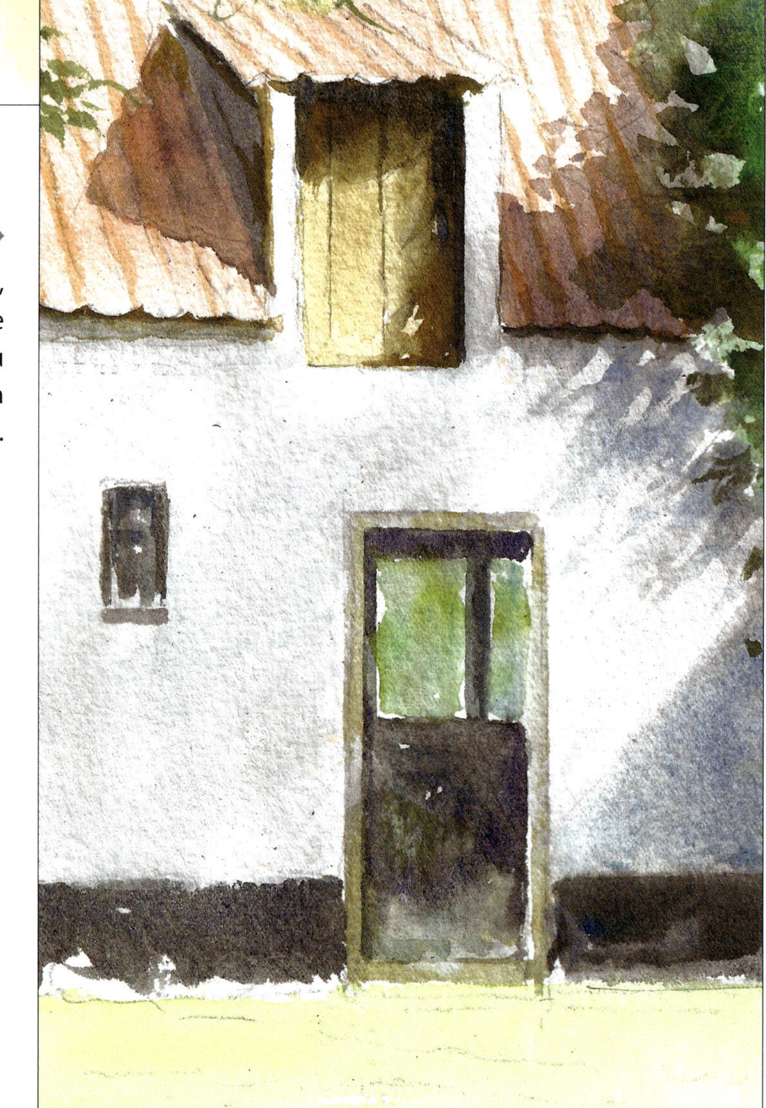

4 ▶

Die Dächer werden hellrot mit einem Hauch Orange grundiert, die Fugen malen Sie in einem kräftigeren Ton. Die Dachluke wird hellbraun getönt und grau schattiert. Das Dunkelgrau entsteht aus einer Mischung von Preußischblau, Vandyckbraun und einer Spur Saftgrün.

Zink-Weiß

Zitronengelb

Gelber Ocker

Kadmiumorange

Kadmiumrot

Umbra gebrannt

Vandyckbraun

Coelinblau

Preußischblau

Saftgrün

Viridian-Grün

5

Die nahe Laubgruppe über dem Dach bekommt Präsenz und Volumen durch dunkle bis helle Akzente. Tragen Sie mit kurzen, nassen Strichen Saftgrün, darüber und dazwischen wenig Braun auf. Ziehen Sie die Farben stellenweise nass in nass ineinander, anderswo lassen Sie die Striche und Tupfen stehen. Für die Lichtseite nehmen Sie wässriges Grün mit Gelb und einer Spur Weiß. Da und dort blitzen auch weiße Glanzlichter auf. Malen Sie mit dem kleinen Rundpinsel noch Äste in das hintere Gebüsch. Ziehen Sie mit einem dünnen Pinsel dunkle Fugen in die Bretterwände und malen Sie die Schatten der Dachziegel.

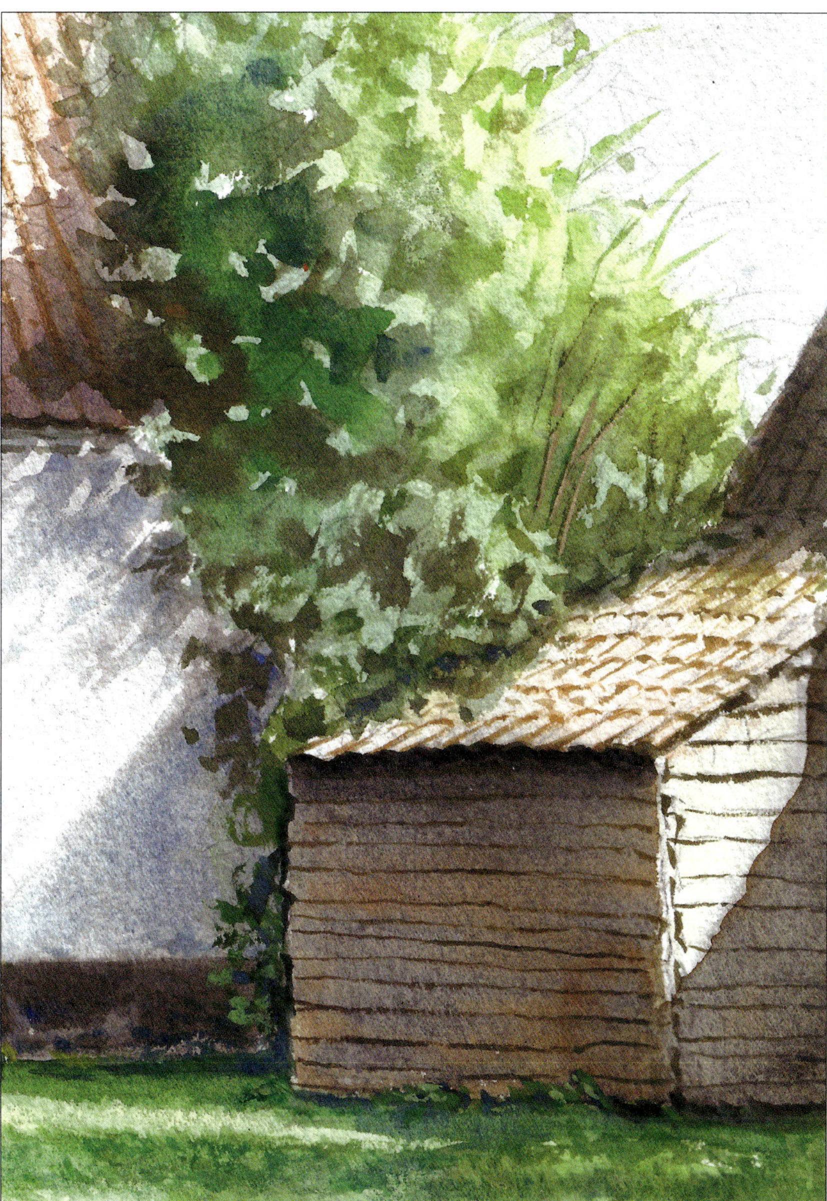

Tipp

Das Bild hat einen Rand, die Wirklichkeit geht außerhalb des Ausschnitts natürlich weiter. Wenn Sie also Schatten von außen ins Bild ragen lassen, ohne die Schattenquelle zu malen, beziehen Sie die Außenwelt mit ein. Man blickt in gewisser Weise über den Rand hinaus – jedenfalls gefühlt …

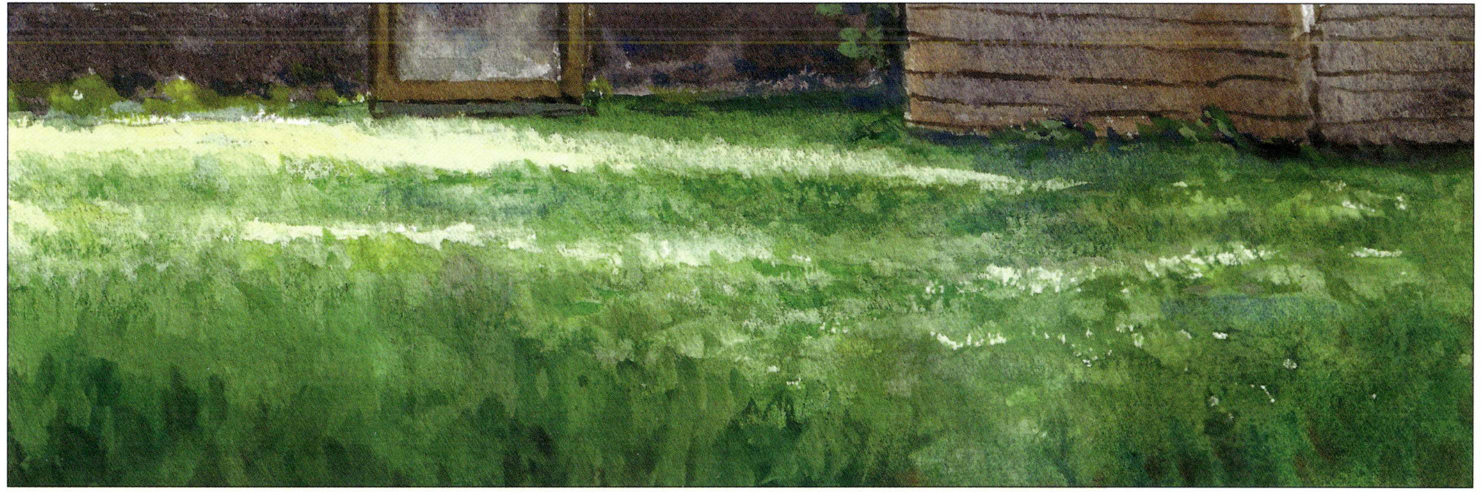

6

Die helle Grundierung der Wiese wird im unteren Bildrand mit einem mittleren Grün übermalt, in das Sie sogleich dunkle Striche ziehen. Zum Haus hin tragen Sie ein deckendes, mit Ocker abgedämpftes Weiß mit dem trockenen Pinsel auf. Direkt an Haus und Hütte nehmen Sie etwas schattiges Blau dazu.

Blumenbeet

Eigentlich würde man annehmen, dass die delikate Textur und die leuchtenden Farben im Blumenbeet nach einem sehr glatten Papier verlangen. Doch probieren Sie Blumenmotive auch auf einem körnigen Papier aus. Darauf lässt sich zwar nicht sehr detailreich malen, was der kleinen Studie jedoch eine kraftvoll rustikale Note gibt.

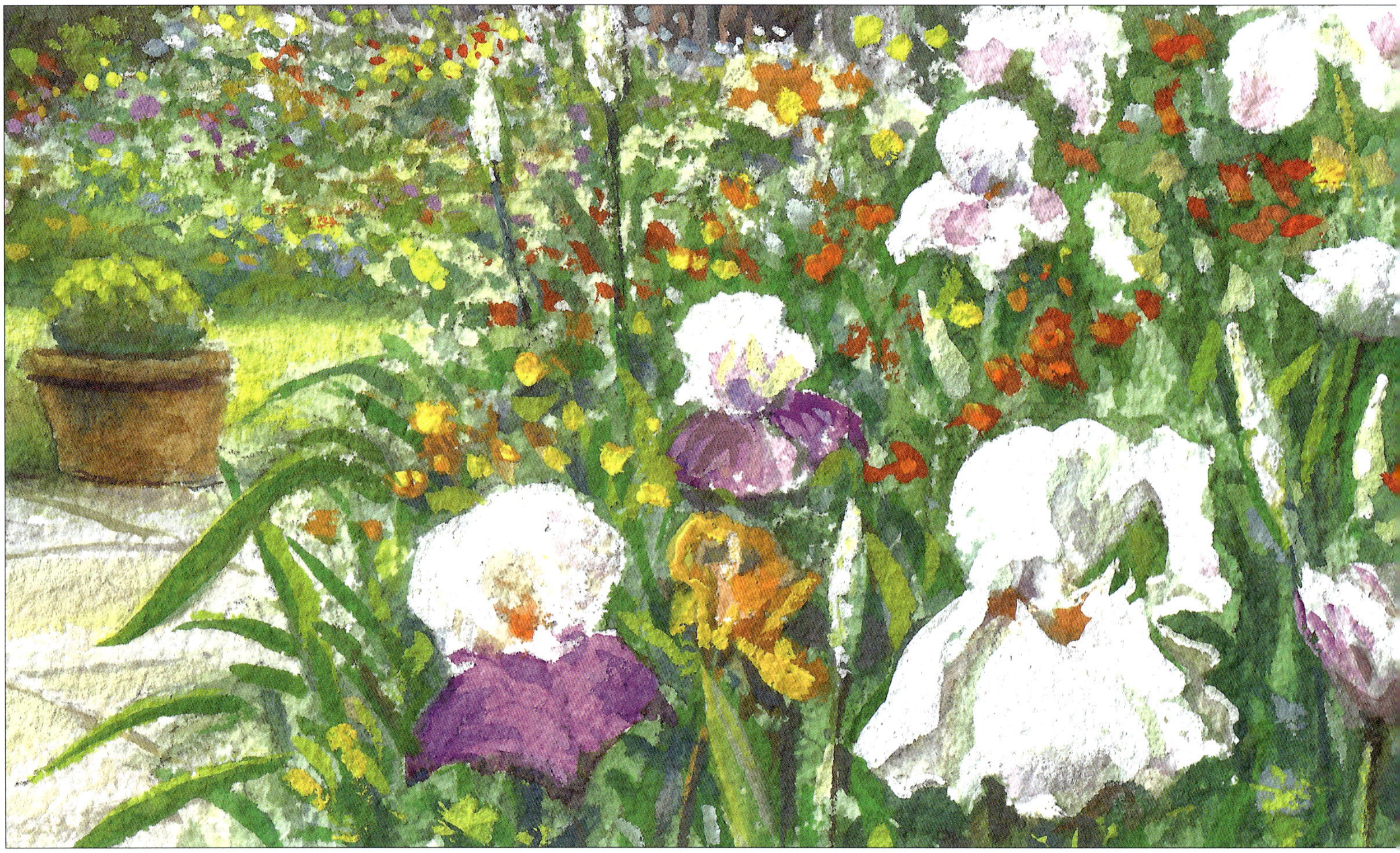

Gekörntes Papier nimmt die Farben besser auf als glattes. Da hilft es, den betreffenden Bereich zuvor mit Wasser anzufeuchten, um die Farben dann mit etwas mehr Ruhe nass und flüssig vermalen zu können. So kann man die Grundierung behutsam an den Rand schieben. In diesem Fall zu den weiß ausgesparten Blüten. Die Formen bleiben zunächst papierweiß und werden später mit fast trockenen Pinselstrichen schattiert oder stellenweise mit einem dünnen, lasierenden Weiß übermalt, sodass auch hier die körnige Papierstruktur sichtbar stehen bleibt.

Tipp

Ein interessanter plastischer Effekt entsteht, wenn Sie mit einer Seite des Pinsels zum Beispiel Orange, mit der anderen Rot aufnehmen und den Pinsel kurz andrücken.

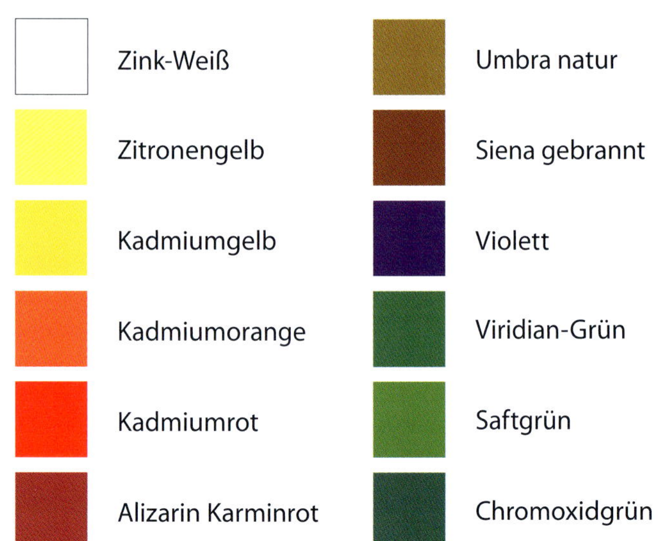

1

Malen Sie alles außerhalb der weißen Formen mit dem Pinsel und Wasser vor. Tragen Sie ringsherum verdünntes Ocker, Saftgrün und Blau auf.

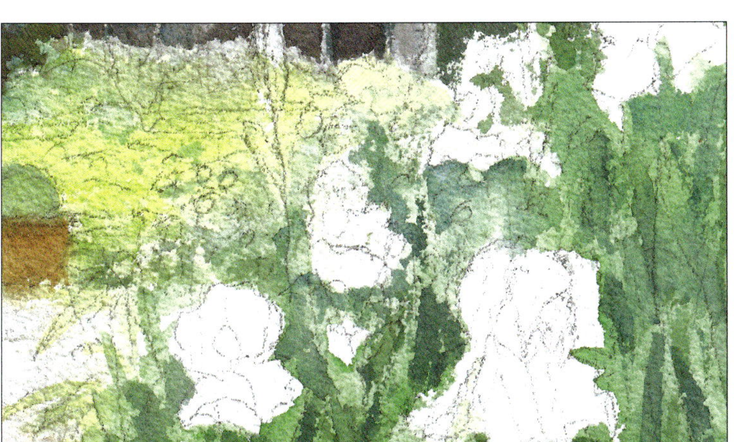

2

Malen Sie mit Chromoxidgrün nass in nass ins Grüne, lassen Sie die Farbe etwas verfließen und danach etwas antrocknen. Nun ziehen Sie satte Striche hinein.

3

Verdichten Sie die rechten Bereiche mit dunkel- und gelbgrünen Gräsern. Nach dem Trocknen tupfen Sie deckend Blütenfarben hinein. Ebenso deckend malen Sie Teile der Blütenblätter aus, die Sie mit den Pinselstrichen zugleich in Form bringen. Für den hinteren Bereich dämpfen Sie mit verdünntem Weiß die Farbe ab.

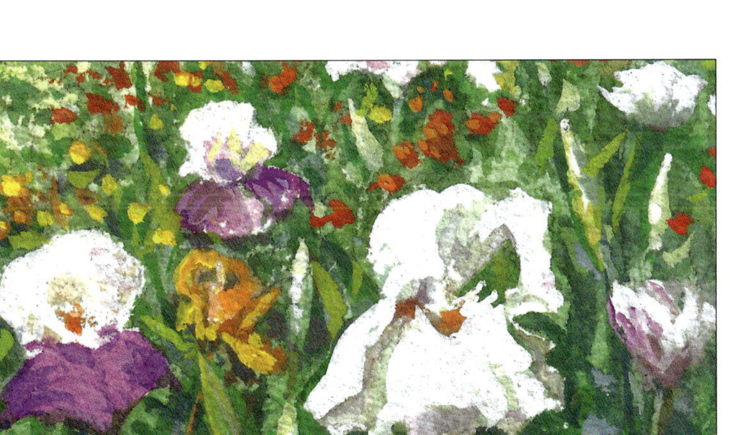

4

Verstärken Sie die Farbkontraste im grünen Bereich mit dunkelgrünen bis bläulichen Schatten und Schattenstrichen. Andere Halme und Stängel heben Sie mit hellen bis weißen Lichtstrichen heraus. Die weißen Blüten schattieren und modellieren Sie mit dem trockenen Pinsel, was einen lebendigen Eindruck hinterlässt.

5

Verstärken Sie das Rasenstück mit wenig Gelbgrün auf dem trockenen Pinsel, malen und schattieren Sie noch den Topf und ziehen Sie Fugen zwischen die Bodenplatten. Zuletzt wird auch das hintere Blumenbeet mit kleinen, satten Farbtupfen noch einmal richtig bunt.

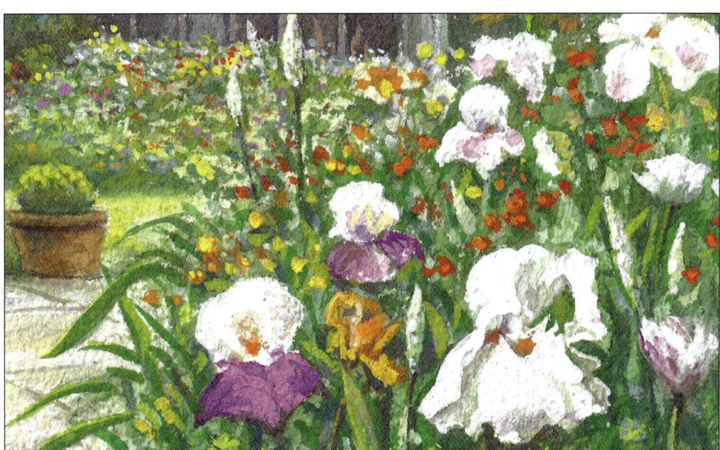

Spaziergang

Der Bildstock als erster Blickpunkt. Die Allee, die den Blick in die Ferne zieht. Und der Sonnenschein, der das Laub durchflutet und die Szene mit lebendigen Licht- und Schattenspielen belebt: Das sind die Ingredienzien für eine durch und durch sommerliche Szene.

Auch wenn es Sie verlockt, bestimmte Elemente vor allen anderen fertigzustellen: Tun Sie das lieber nicht. So ein Kandidat wäre zum Beispiel der Bildstock, zumal dieser tatsächlich Alleinstellung hat: räumlich, stilistisch, durch die genaue Vorzeichnung und dann die lasierende Ausarbeitung. Auf Straße und Bäumen hingegen werden die Farben eher intuitiv und vielfach nass in nass aufgetragen.
Dennoch sollen Sie beim Malen von Bildteil zu Bildteil springen und das Bild simultan an allen Ecken und Enden verdeutlichen. So wird das gesamte Bild klarer und kontrastreicher, und Sie haben immer einen guten Überblick über die Verteilung von Licht und Schatten. Zwar lässt sich mit Gouache das meiste durch Übermalen oder Abschwächen der Farben wieder ins Lot bringen. Mehr Freude macht es jedoch, wenn Sie das Motiv insgesamt Schritt für Schritt aus vagen Anfängen auftauchen und sozusagen zur Reife kommen lassen.

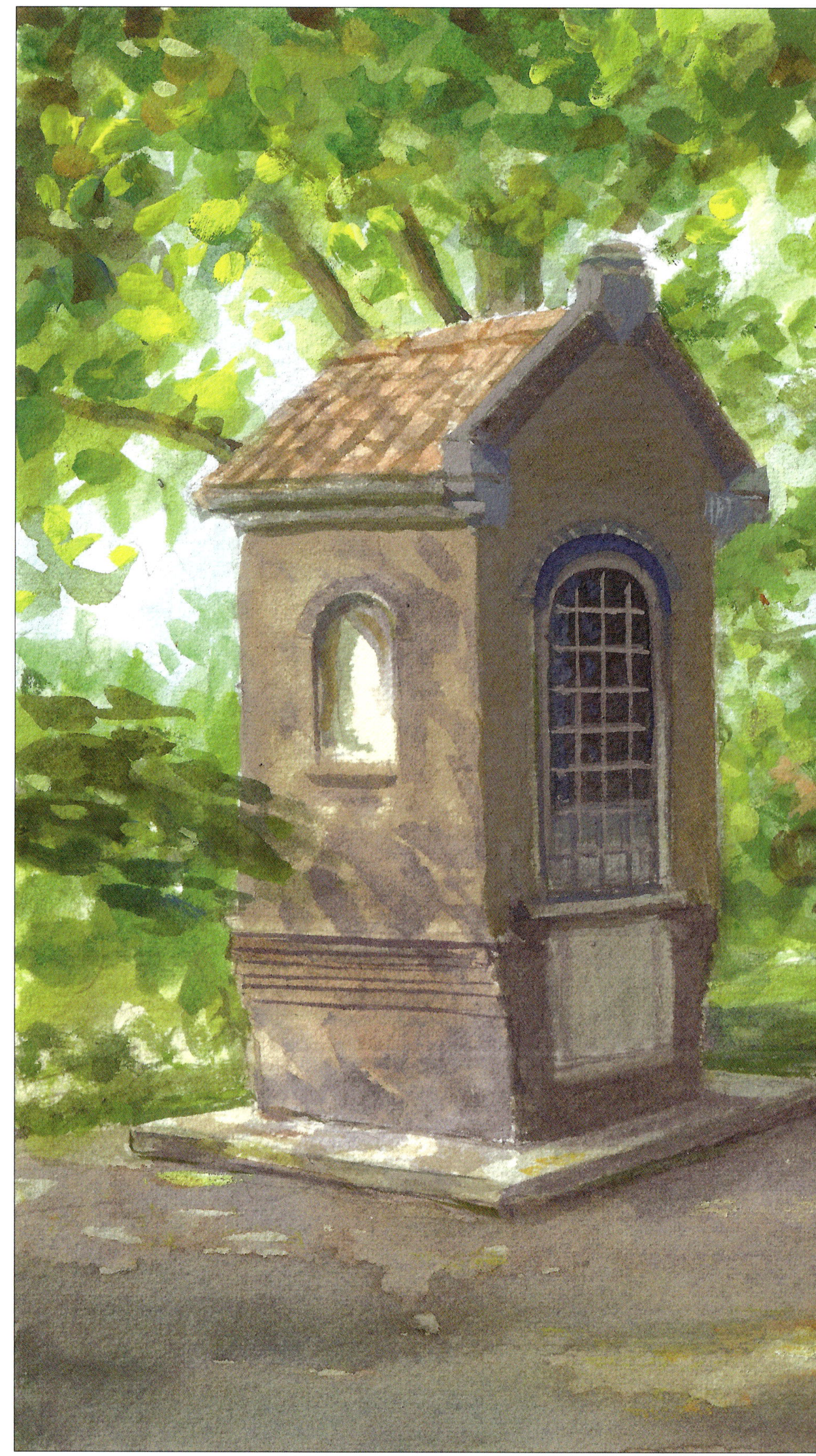

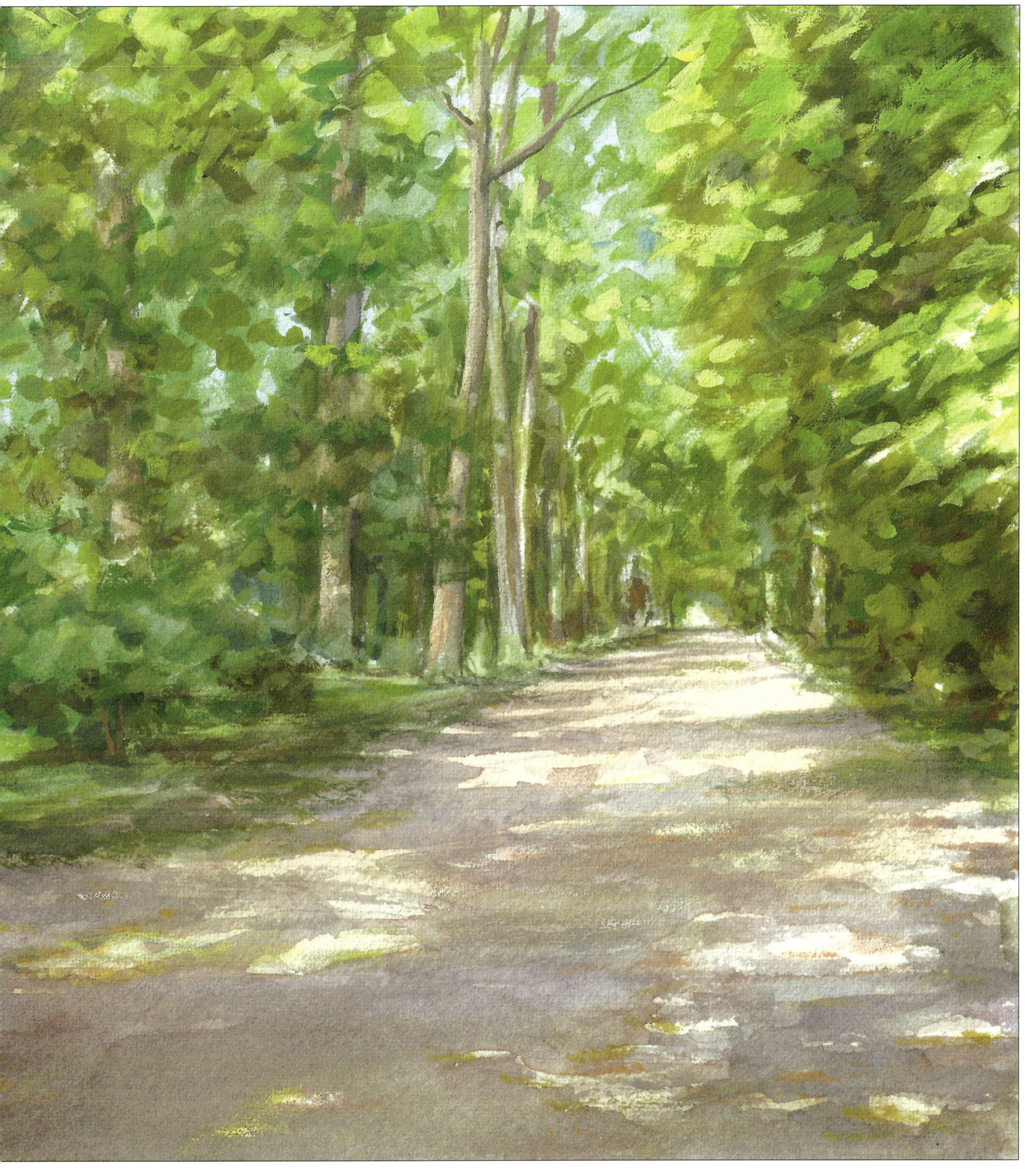

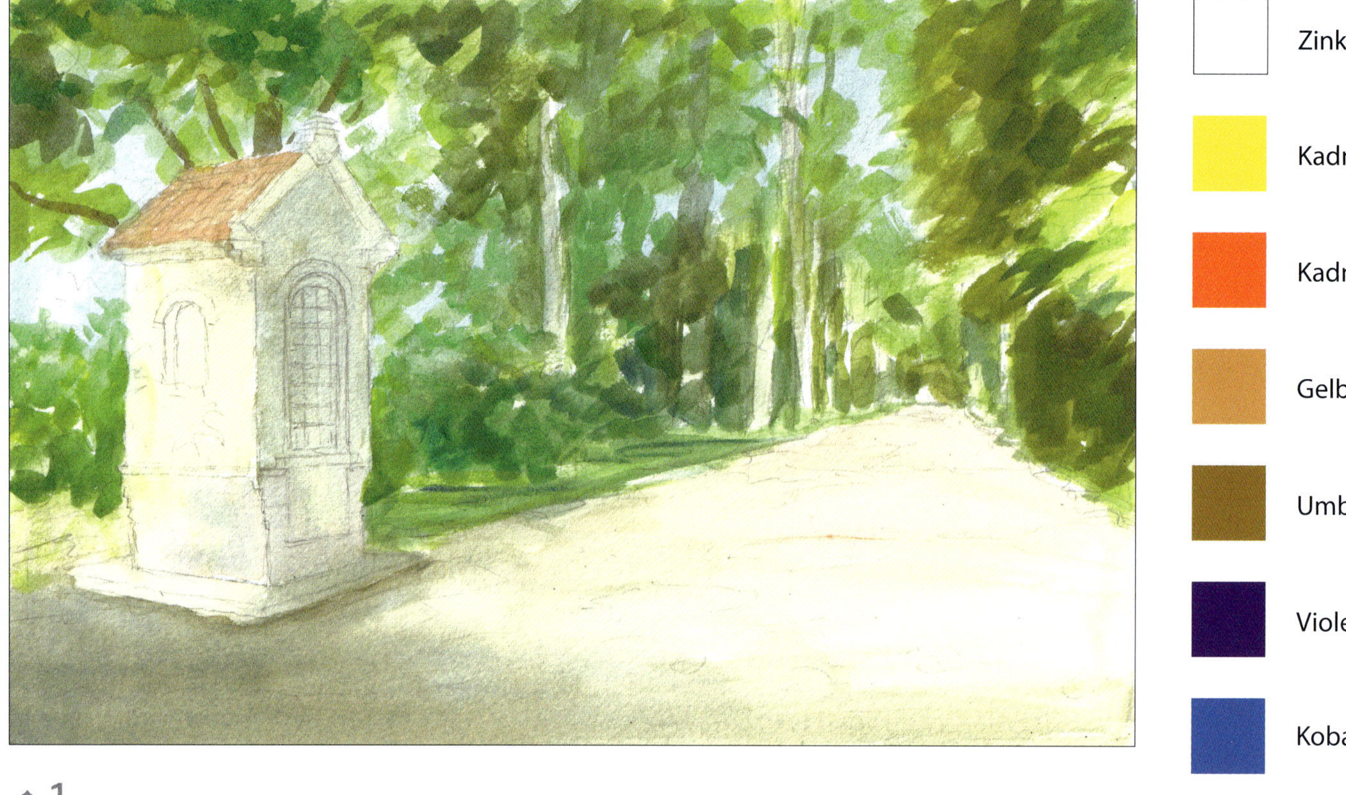

Zink-Weiß

Kadmiumgelb

Kadmiumorange

Gelber Ocker

Umbra natur

Violett

Kobaltblau

Saftgrün

Viridian-Grün

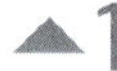 1

Zeichnen Sie den Bildstock genau vor und deuten Sie die Richtung der Allee an. Die obere Bildhälfte, den Bildstock ausgenommen, grundieren Sie mit verdünntem Kobaltblau, die untere Hälfte mit wässrigem Ocker. Der Bildstock und dort auch die Straße werden mit schwachen Orange-, Blau- und Brauntönen getönt. Das Laub tragen Sie in unterschiedlich dunklen Grüntönen auf.

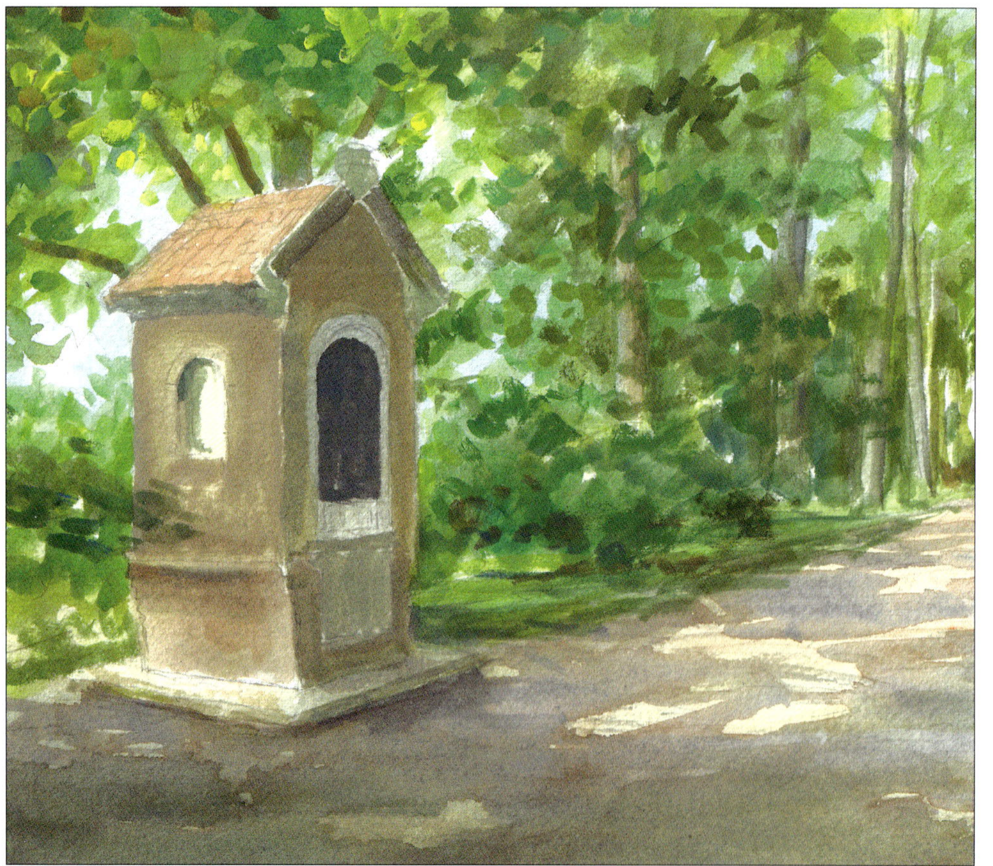

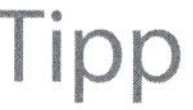

Tipp

Am besten legen Sie sich getrennt voneinander unterschiedliche Grüntöne auf die Palette. Empfehlung: Saftgrün, Chromoxidgrün, Gelb, Ocker, Violett und Kobaltblau. Zwischendurch getrocknete Farben lassen sich mit dem feuchten Pinsel wieder anlösen.

◀ 2

Auf dieser Grundlage verdeutlichen Sie die Szene in allen Bildbereichen: Das Laub mit mehr oder weniger deckenden dunklen und hellen Tupfen, die Stämme mit Schattenstrichen und den Bildstock mit dunklen Lasuren und Kontrasten. Die Schatten auf dem Boden tragen Sie mit flüssigen Pinselstrichen in einer Mischung aus Blau- und Brauntönen auf, die Sie stellenweise lasierend übermalen: je weiter vorne, desto intensiver, links auch mit einem Hauch Violett.

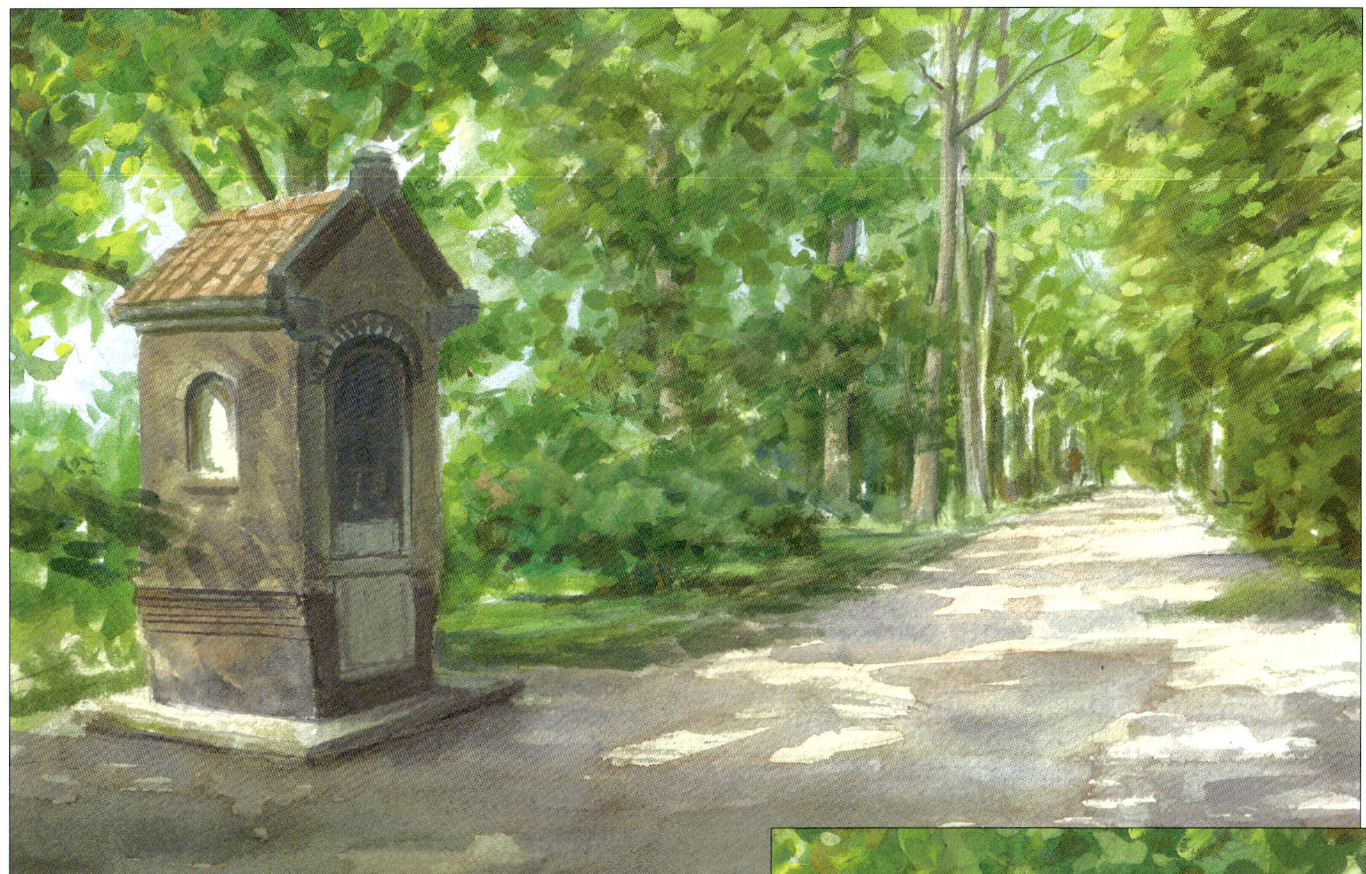

▲3

Verstärken Sie die Kontraste auf den Stämmen, im Gebüsch und in den Laubkronen. Links und vorne liegt die Szene im Schatten. Hier malen Sie vereinzelte Striche in einem satten, mit Blau und Braun abgedunkelten Saftgrün. Rechts und oben hellen Sie das Laub stellenweise mit Ocker und Weiß auf. Den Bildstock lasieren Sie unregelmäßig in dunklen Brauntönen aus Umbra und Siena gebrannt: links mit einer Spur Orange, rechts mit mehr oder weniger Blau zur Mischung. Fügen Sie Details mit Schattenstrichen hinzu.

Tipp

Bevor Sie das Laub nass in nass auftragen, muss der Untergrund trocken sein. Sonst würde sich der Malstrich mit der unteren Farbe vermischen und es könnten schnell stumpfe Töne entstehen. Malen Sie deshalb nicht zu viel hin und her, sondern lassen Sie die Striche stehen, wie sie kommen.

4 ▶

Der Bildstock steht im Halbschatten. Mit den mehrschichtig aufgetragenen Lasuren lässt sich die unregelmäßige Textur gut abbilden, auf der linken Seite auch die Streiflichter und Schatten der Blätter. Die Vorderseite ist dunkler und es fehlen die sonnigen Ocker- und Orangetöne. Anders als links in der Fensterform bleibt es hier auch am Gitter und den hellen Flächen bei einem stark abgedämpften Weiß.

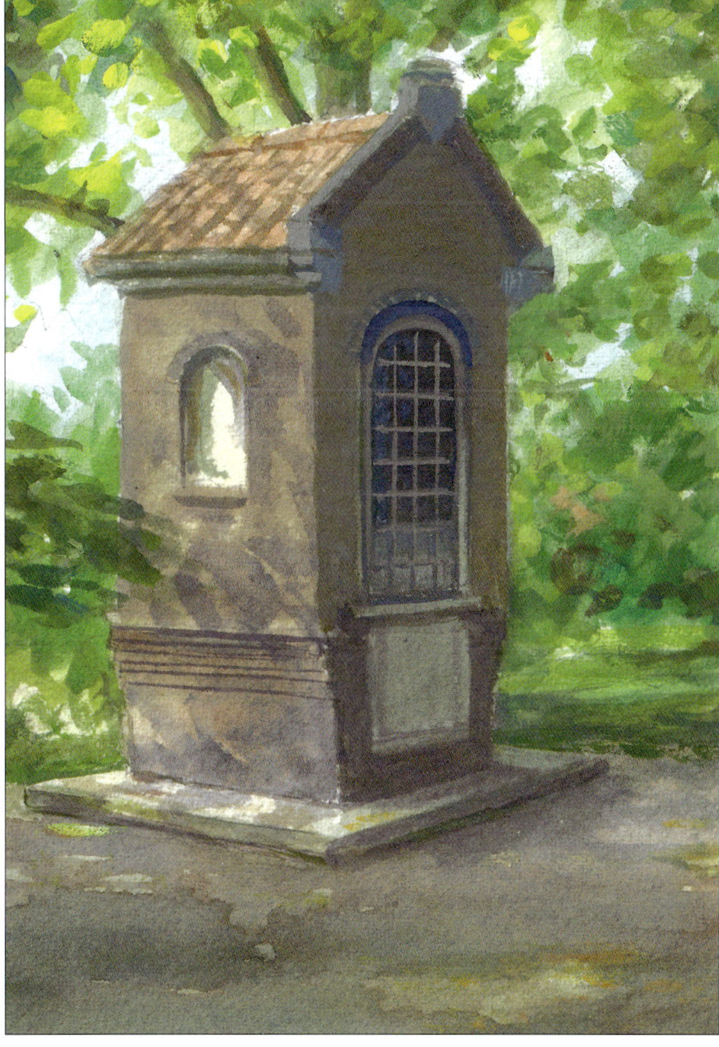

Idyllisch

Schatten sind niemals neutral grau oder schwarz. Mit einem kühlen Blau sind Sie auf der sicheren Seite. Umso stärker leuchten dann die sonnigen Gelb- und Rottöne in dieser idyllischen Szene auf.

Das einfache Motiv lädt zum Mix der wichtigsten Malweisen ein: schimmernde Lasuren für realistische Oberflächen, nass in nass vermalte Pinselstriche fürs Grün, deckend aufgetupfte Blütenfarben und körnige Effekte mit dem trockenen Pinsel.

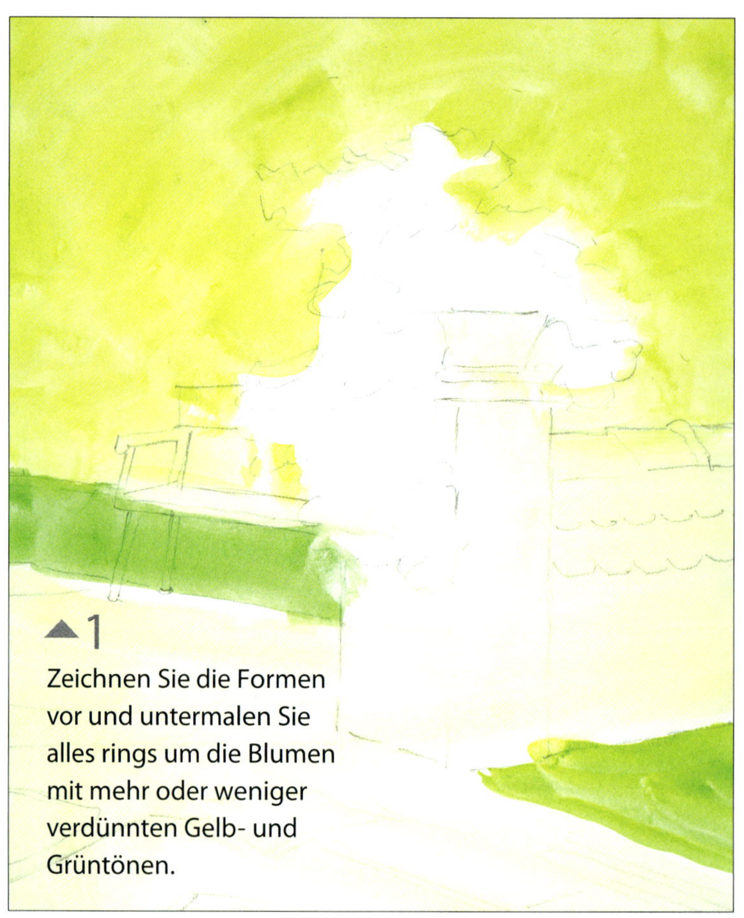

▲1
Zeichnen Sie die Formen vor und untermalen Sie alles rings um die Blumen mit mehr oder weniger verdünnten Gelb- und Grüntönen.

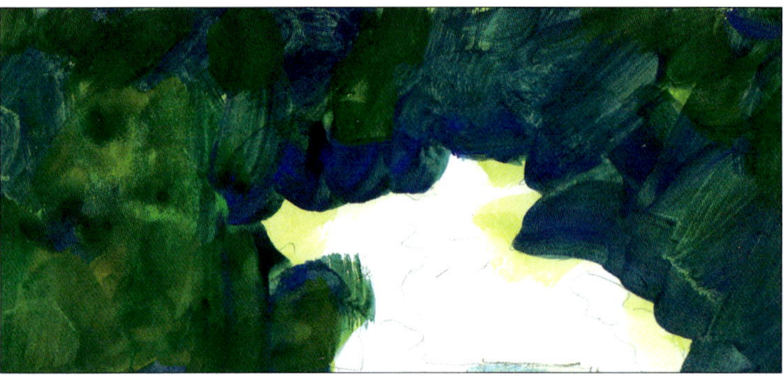

2
Nach dem Trocknen tragen Sie im Hintergrund Chromoxidgrün und Kobaltblau auf, das Sie stellenweise nass in nass ineinanderziehen.

3 ▶
Rechts ziehen Sie mit dem trockenen Pinsel Gelbgrün und Gelb in den Hintergrund, links malen Sie die Blätter mit Saftgrün. Den Bereich der Begonien untermalen Sie auf der Lichtseite in Gelbgrün, auf der Schattenseite mit einer Mischung aus Weiß und Grün. Darüber tragen Sie wieder das kalte Chromoxidgrün auf. Boden und Mauern werden in Ultramarin und Weiß lasiert, Bank und Dachpfannen in verdünntem Orange.

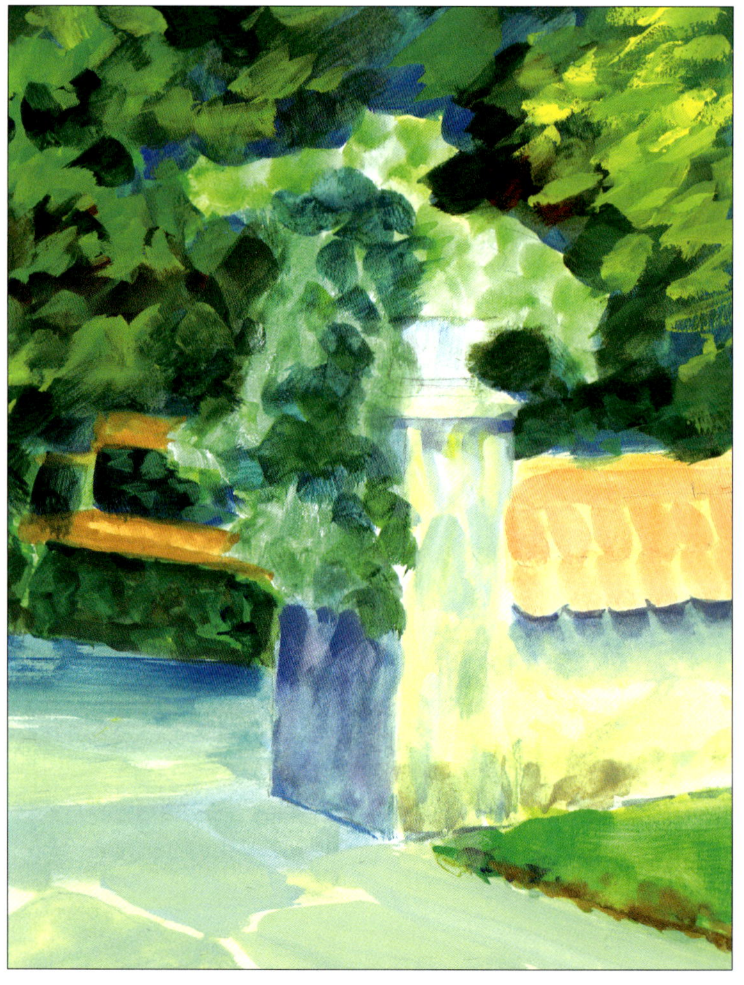

Die verwendeten Farben

Zink-Weiß		
Gelber Ocker	Alizarin Karminrot	Ultramarinblau
Kadmiumorange	Umbra gebrannt	Saftgrün
Kadmiumgelb	Violett	Viridian-Grün
Kadmiumrot	Kobaltblau	Chromoxidgrün

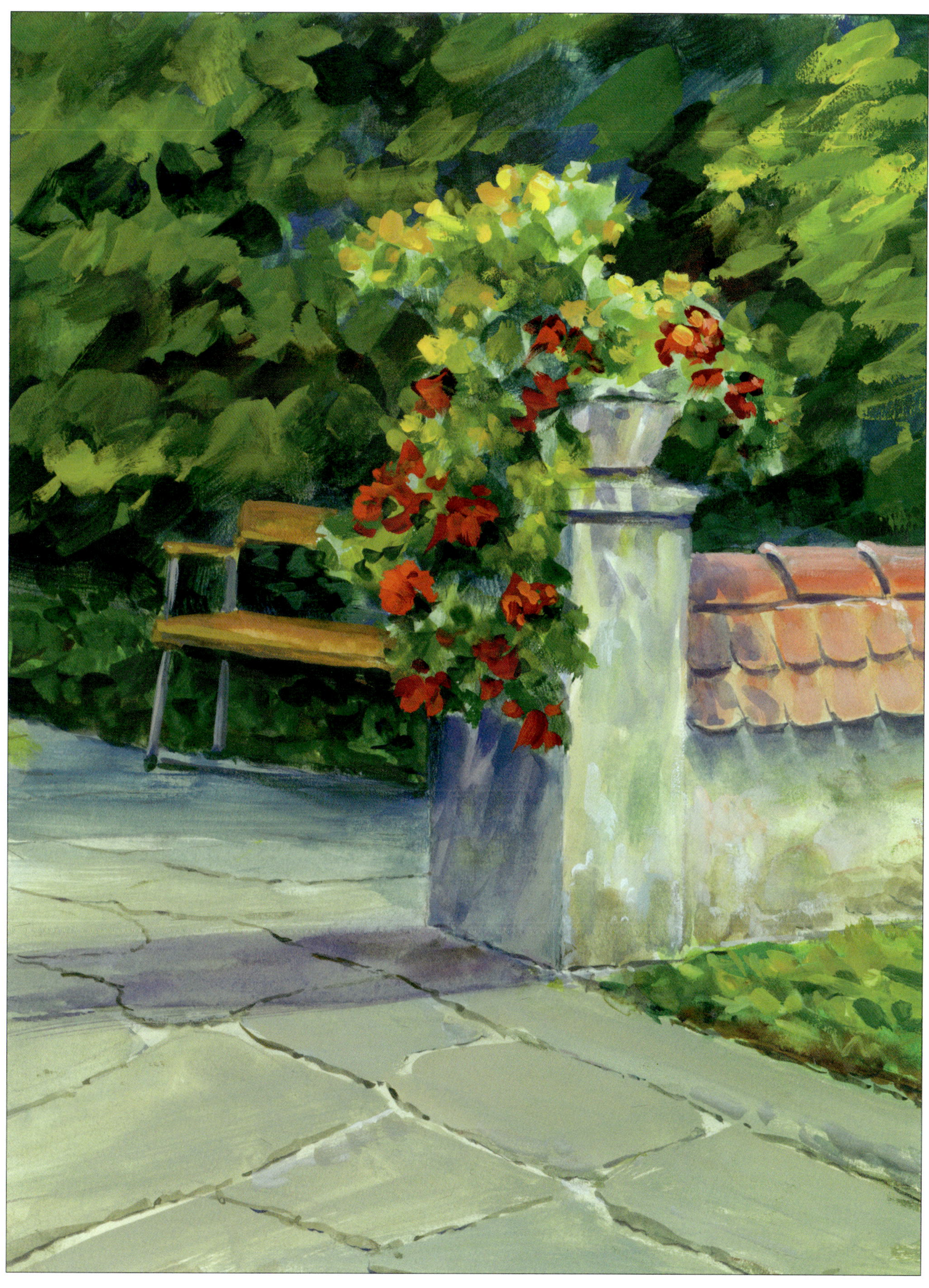

▲ 4 In das Grün der Blumen malen Sie satt, deckend und mit sehr kurzen Strichen gelbe und orangefarbene Blüten. Dazwischen und darauf tupfen Sie dunkelgrüne Schatten. Die Bodenplatten übermalen Sie hingegen glatt und dünnflüssig.

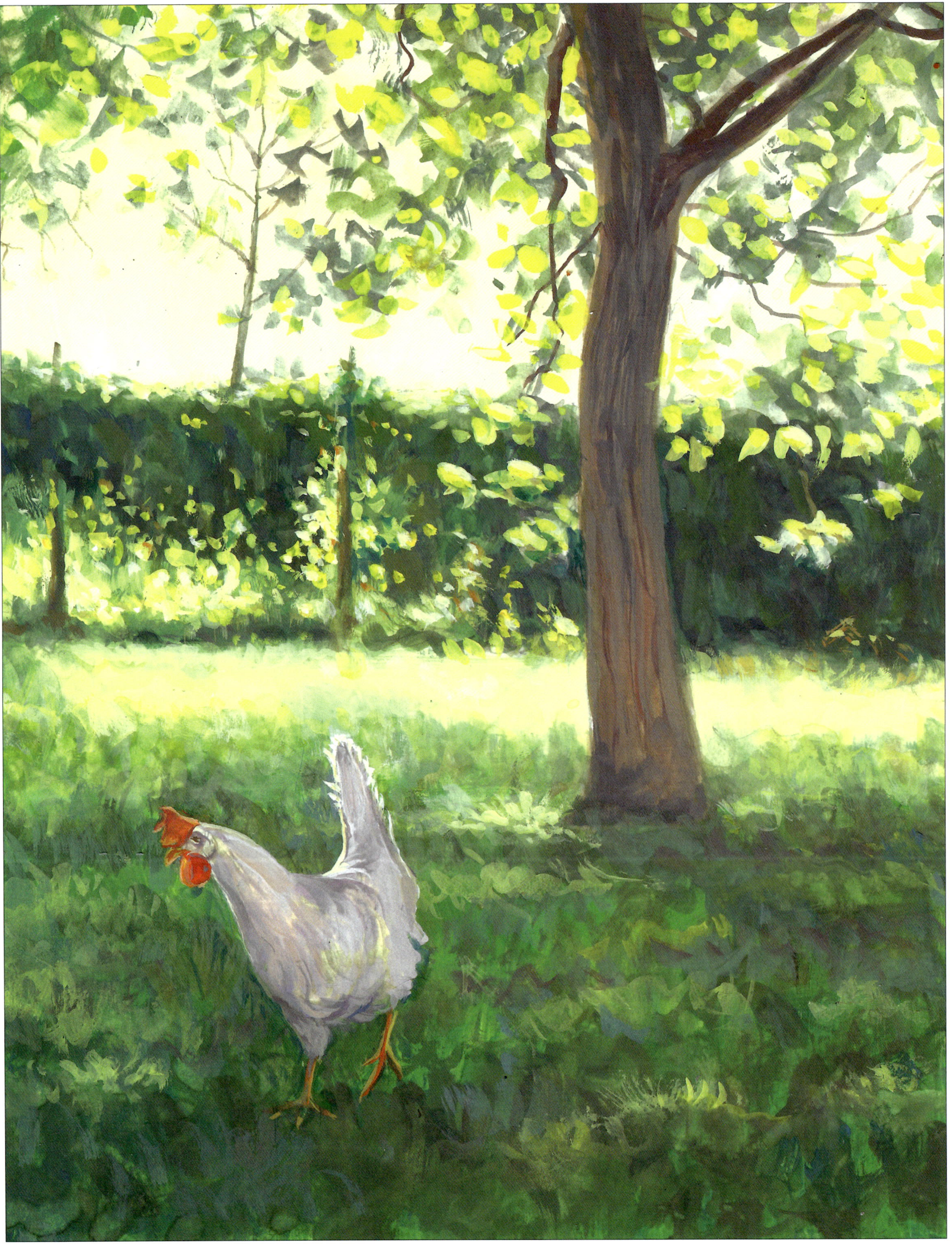

Huhn im Garten

Ein ähnlicher und ähnlich gemalter Garten wie auf S. 86, hier allerdings mit einer besonders eindrucksvollen Lichtstimmung. Spezielle Aufmerksamkeit gilt natürlich dem Futter suchenden Huhn.

Die Bleistiftskizze dient später zur Orientierung. Die Blickführung ist ebenso einfach wie wirkungsvoll. Im Fokus steht das Huhn, das dem Betrachter entgegenkommt und daher sogleich das Interesse weckt. Nach hinten führt eine Diagonale zum Baum und weiter in die schattige Hecke. Der Blick wird kurz gestoppt, führt aber schnell darüber hinaus ins Licht. Im Bild wird diese Einladung, sozusagen durchs Bild zu spazieren, durch die Licht-Schatten-Effekte noch deutlicher.

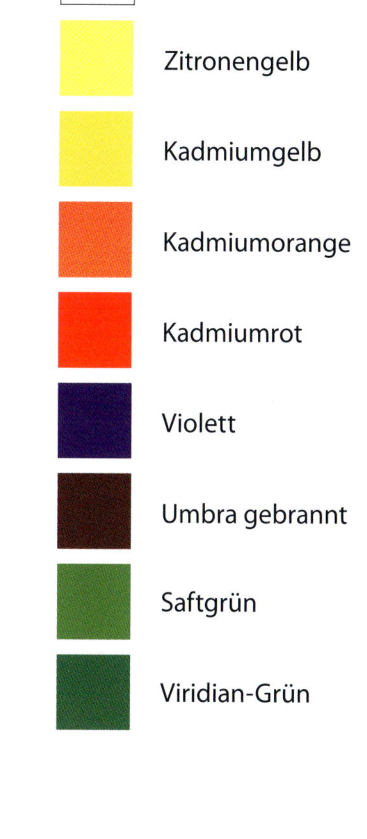

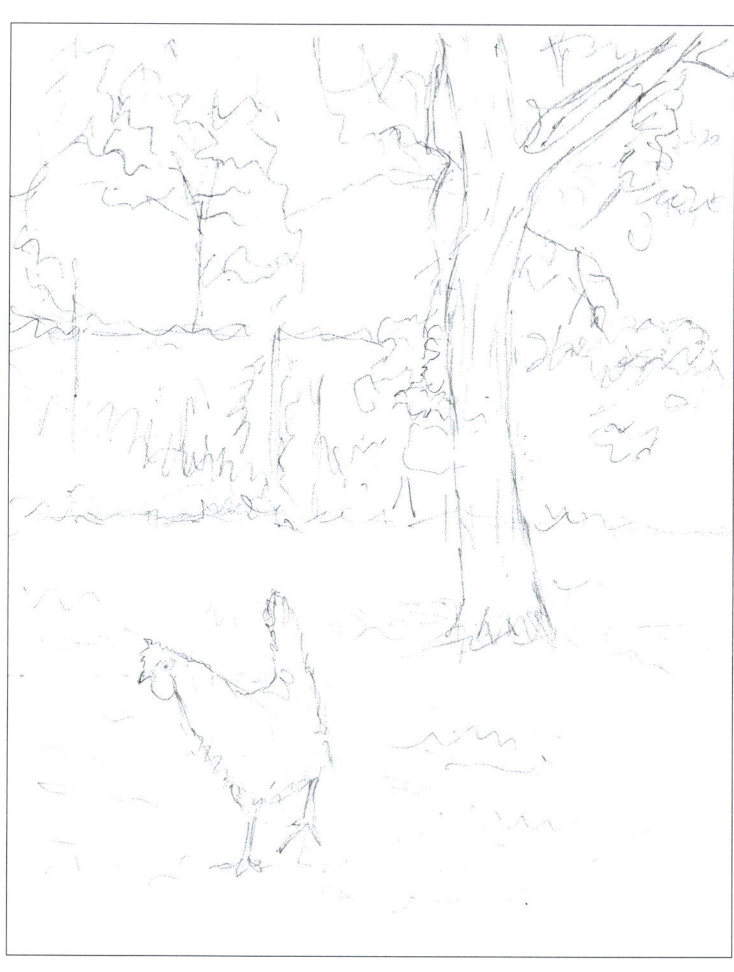

1

Die Vorzeichnung mit Bleistift.

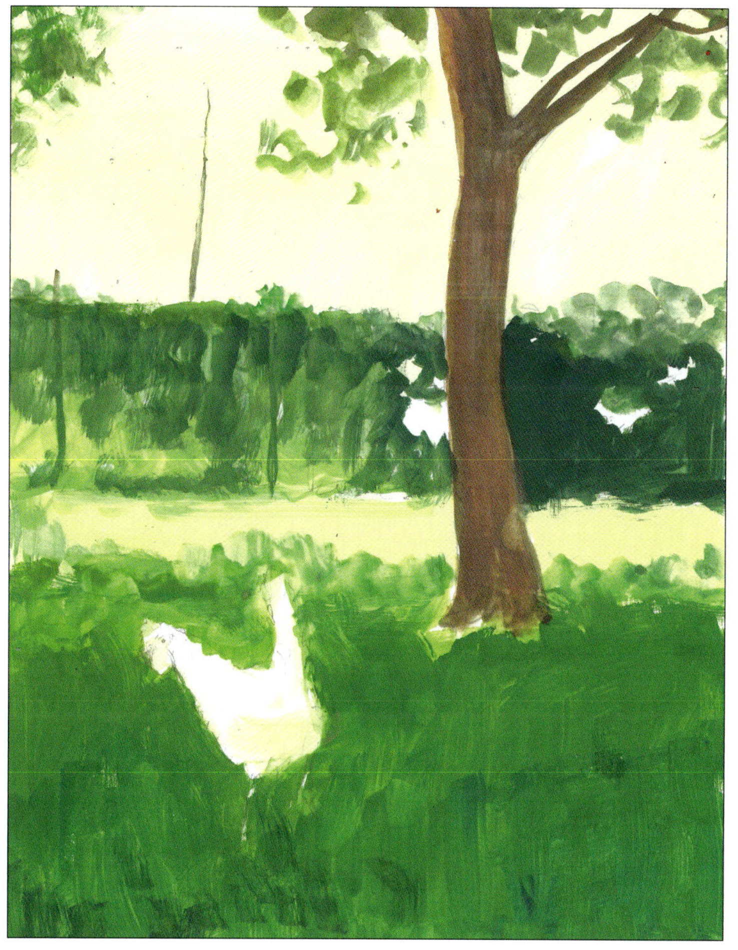

2

Grundieren Sie alles bis auf das Huhn und ein paar Lichtflecken in einem unten weniger, oben stärker verdünnten Ocker. Die Grün- und Brauntöne tragen Sie darüber satt auf, rechts dunkeln Sie die Hecke mit einer Spur Violett ab.

3 ▸

Erst dunkeln Sie die Hecke ab, dann tupfen Sie unverdünnt gelbe und weiße Blätter und Lichter auf, die im Kontrast zum Dunkelgrün leuchten. Auch im Laub spielen helles Grün und Gelb mit und überfluten die Szene hinten mit Sonnenschein.

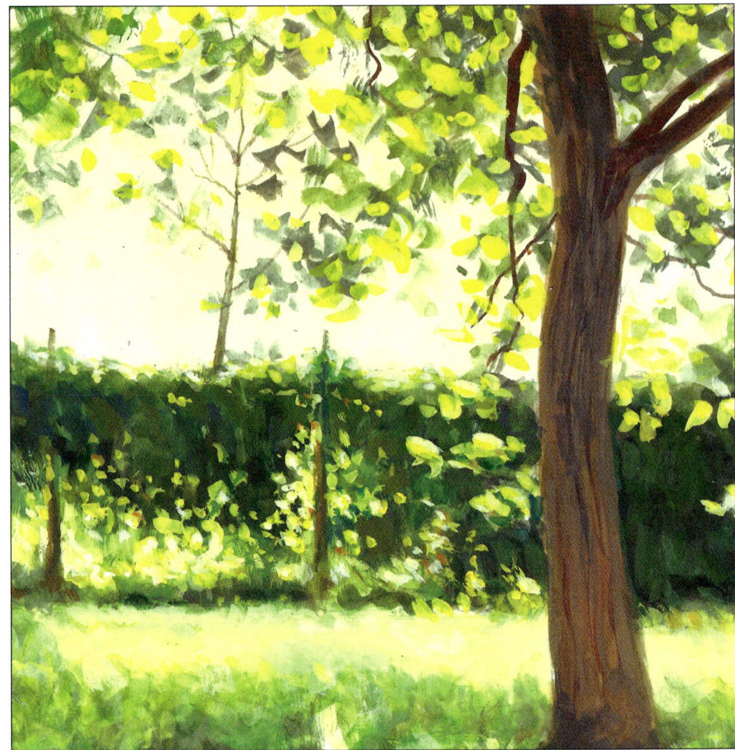

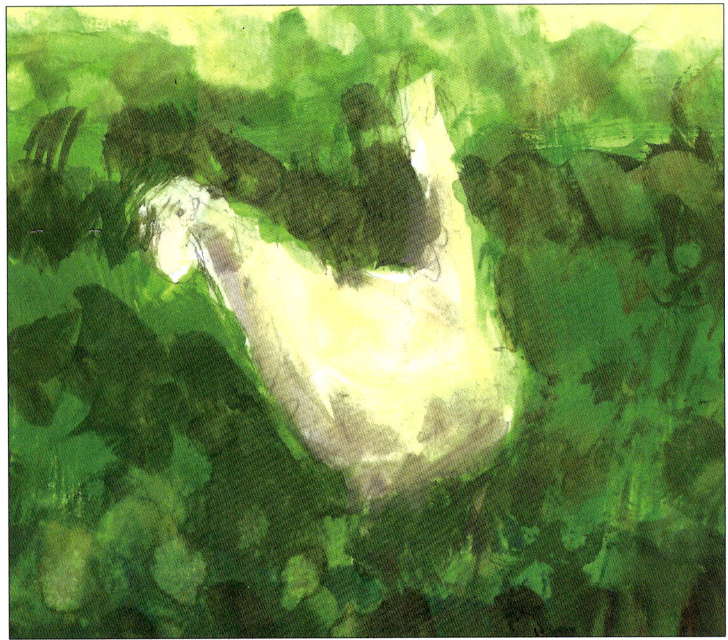

◂ 4

Untermalen Sie das Huhn mit einem stark verwässerten Gelb und fügen Sie außen ein paar ebenfalls dünne violette Schattenstriche hinzu.

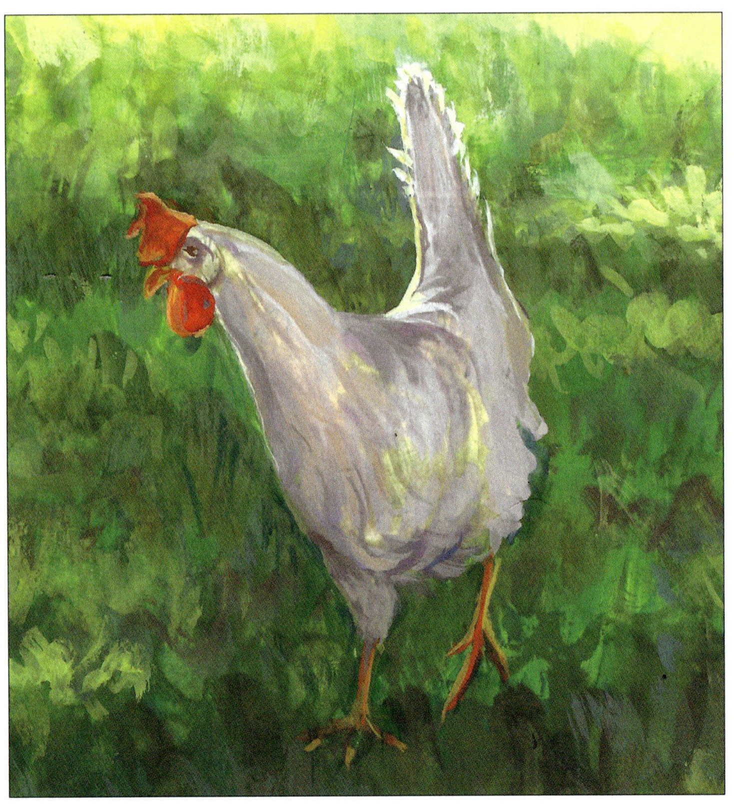

◂ 5

Das Federkleid lasieren Sie mit einer verdünnten Mischung aus Violett und Weiß. Folgen Sie mit einzelnen Malstrichen einfach dem Federstrich, so modelliert sich das Huhn sozusagen von selbst. Da und dort lassen Sie das Gelb durchscheinen, die Schattenpartien dunkeln Sie ab. Arbeiten Sie Kopf und Krallen genau aus. Vorne steht das Huhn im Schatten, nur Schwanz und Rücken fangen noch etwas Gegenlicht ein. Diesen Lichtschein malen Sie mit reinem Weiß.

Herbstwald

Bei Herbstfarben denken Sie sicher an warme, ins Rot und Orange spielende Brauntöne. Da macht es Freude, die Farben in vielen Varianten für einen lebendigen Mischwald anzumischen.

Von hell zu dunkel, von lasierenden zu deckenden Farben und damit auch von vagen Formen zu deutlichen Details: Wenn Sie das Bild schrittweise und simultan in allen Bereichen aufbauen, befinden Sie sich auf sicheren Wegen. Dabei empfiehlt es sich, die wichtigen Töne auf der Palette anzulegen. In der ersten Phase malen Sie in einer Aquarelltechnik. Dann können Sie, Gouache sei Dank, das herbstliche Laub mit deckenden hellen Farben noch einmal aufleuchten lassen.

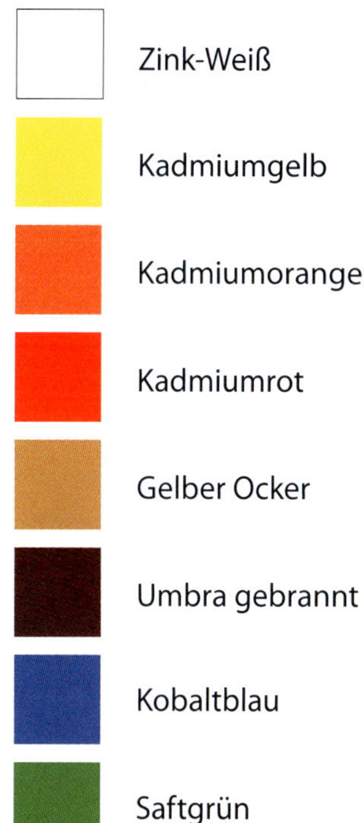

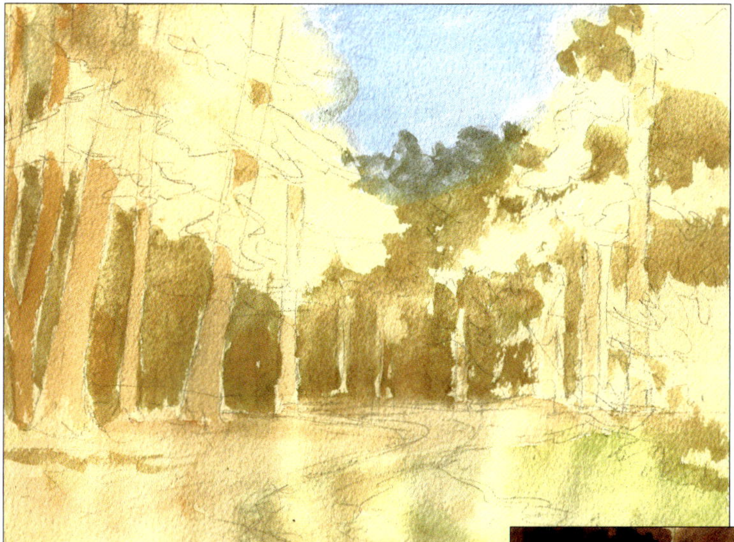

◀ 1

Die Vorzeichnung deutet ungefähr die großen Linien und die Lage von Stämmen und Kronen an. Bis auf den Himmel grundieren Sie alles in stark verdünntem Ocker. Die Stämme malen Sie mit Siena und Ocker, die Schattenpartien und Fahrspuren mit Umbra dazu. Das Himmelsblau malen Sie mit Weiß und Kobaltblau.

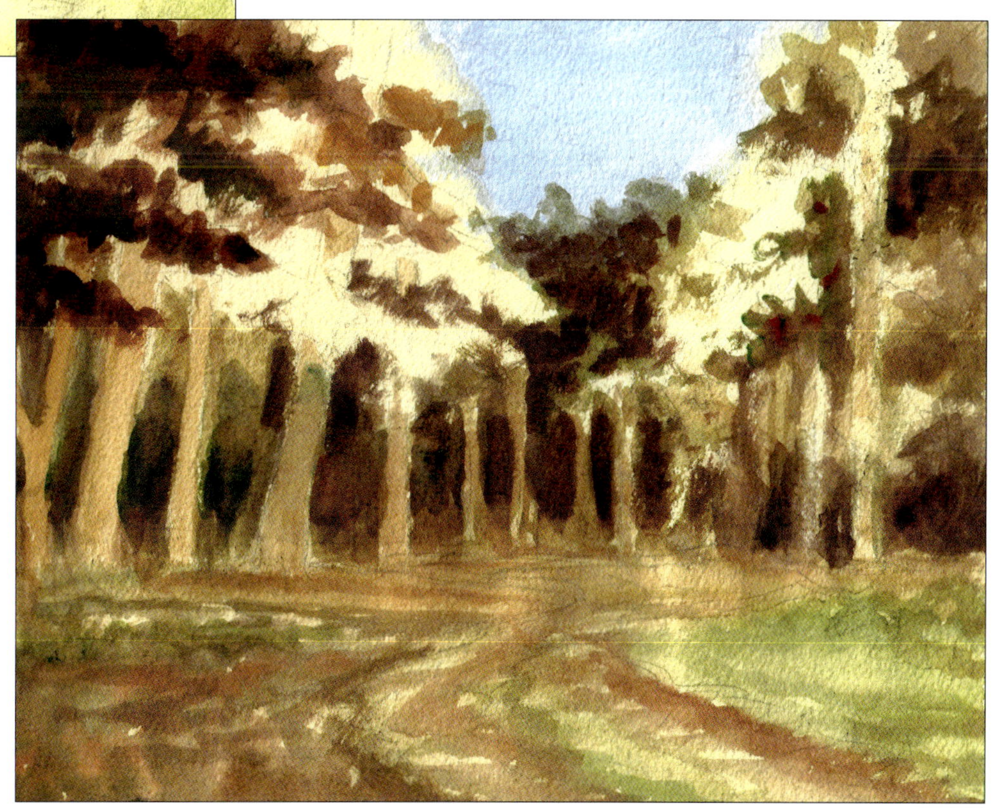

2 ▶

Die hintersten Kronen und die im Schatten liegenden Laubgruppen malen Sie nass in nass mit Karminrot und Blau zum Umbra. Damit schattieren Sie auch den Wald zwischen den Stämmen. Vorne malen Sie Braun, Gelb und eine Spur Grün ineinander und ziehen die Fahrspuren dunkel nach.

Tipp

Mischen Sie die Farben stellenweise auch beim Malen nass in nass zu flüssigen Farbverläufen.

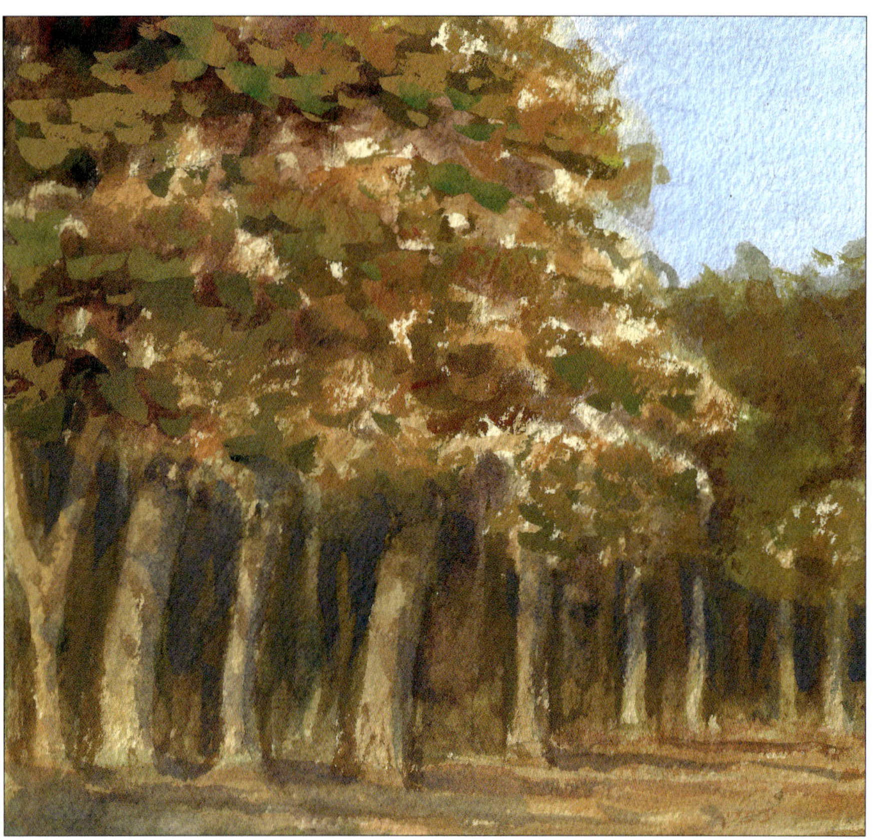

3

Dunkeln Sie die Schattenpartien mit kräftigen, deckenden Versionen der bisherigen Farben ab.

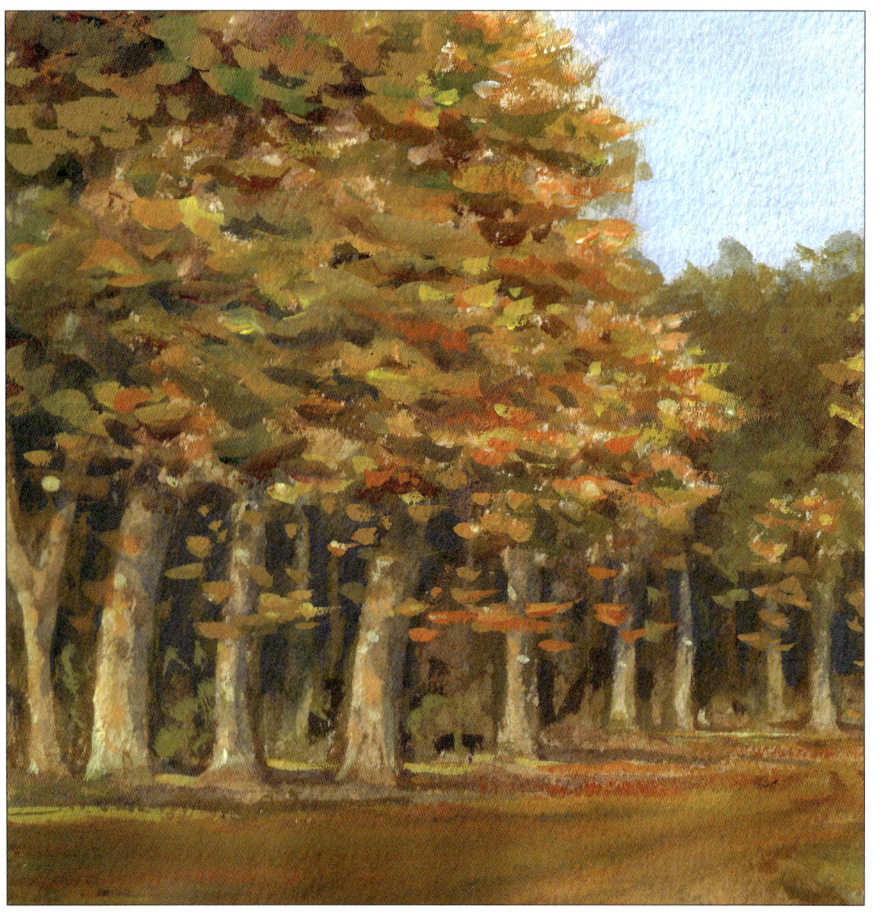

4

Malen Sie farbige Licht- und Schattenstriche in die Krone, hellen Sie die Lichtseite der Stämme auf und setzen Sie darüber rotes und orangefarbenes Laub.

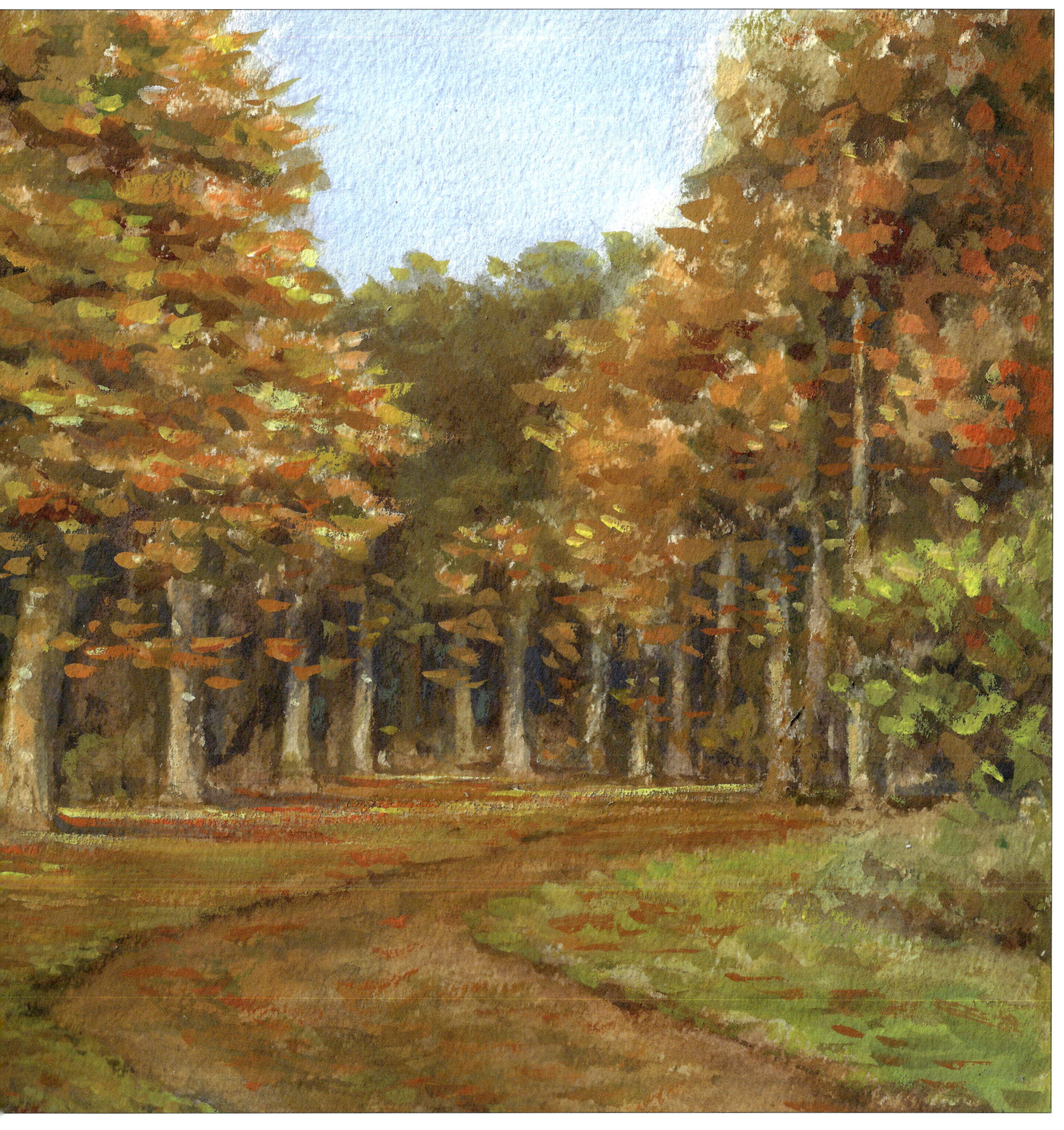

5▲

Den Feldweg und die Wiese arbeiten Sie in diversen Erd- und Grüntönen aus. Zuletzt sprenkeln Sie die Lichtung mit gelben Streiflichtern und das Laub darüber mit kurzen, satten Strichen.

Mehr Licht!

Das ist eine der schönen Seiten von Gouache: Man kann wunderbar einfach Licht ins Dunkel und Sonne in die Landschaft bringen – hier zum Beispiel in eine abendliche Gartenszene.

Im Aquarell können Sie immer nur dunklere Farben auf helle auftragen; und was weiß erscheinen soll, muss von Anfang an papierweiß bleiben. Mit Gouache geht das einfach auch umgekehrt. Sie können mit den dunklen Schattenfarben beginnen und nach und nach Licht auftragen – was in gewisser Weise bequemer und auch natürlicher ist: Das Licht liegt auf allen Dingen oben und überdeckt sozusagen die Schatten. Also haben Sie mit der dunklen Untermalung schon die mehr oder weniger dunklen Schattenfarben. Von nun an darf es heller werden: zum einen mit Lasuren, aus denen sich die gewünschten hellen Zwischentöne ergeben, zum anderen auch mit deckenden Farben und schließlich weißen Lichtern. Was zu hell erscheint, können Sie natürlich wieder abdunkeln. So lässt sich auch die Beschaffenheit der Oberflächen wie die Baumrinde oder der Putz am Haus gut nachbilden.

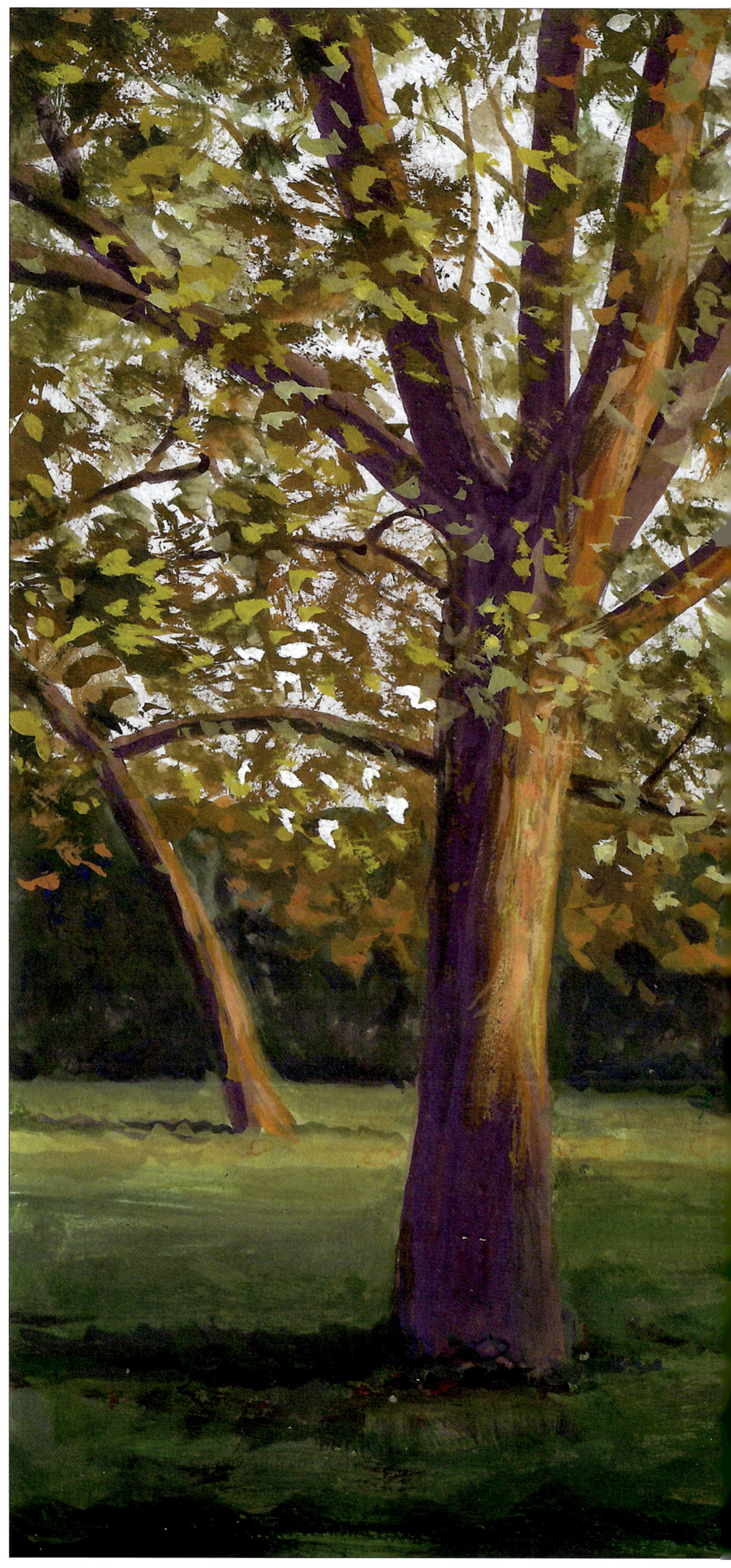

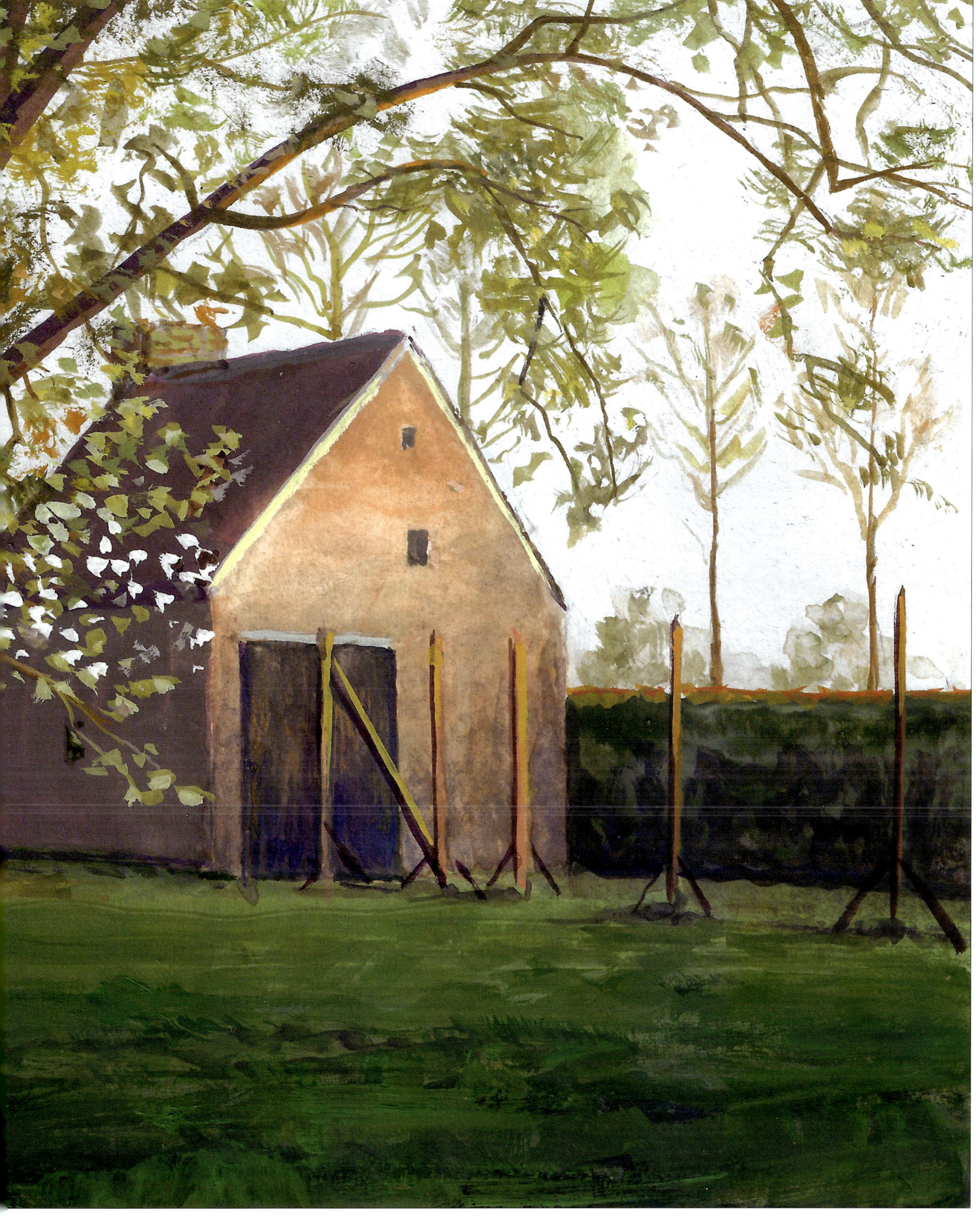

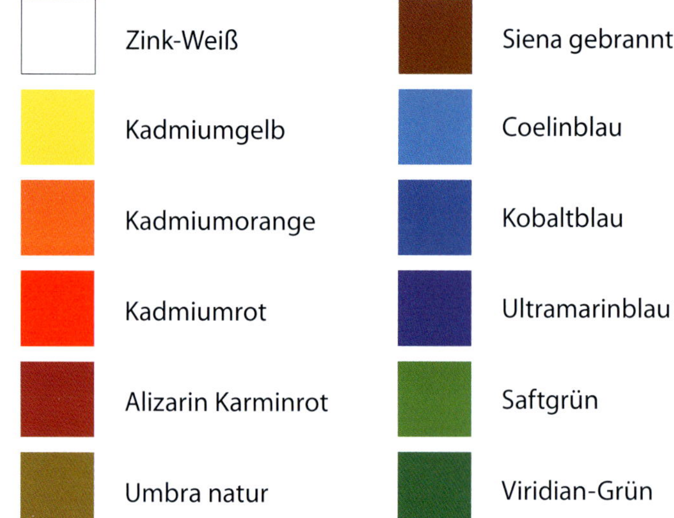

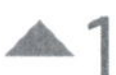1

Grundieren Sie die Bildfläche über die Vorzeichnung hinweg in einem sehr stark verdünnten Ockerton. Es macht nichts, wenn nach dem Trocknen schwache Flecken bleiben.

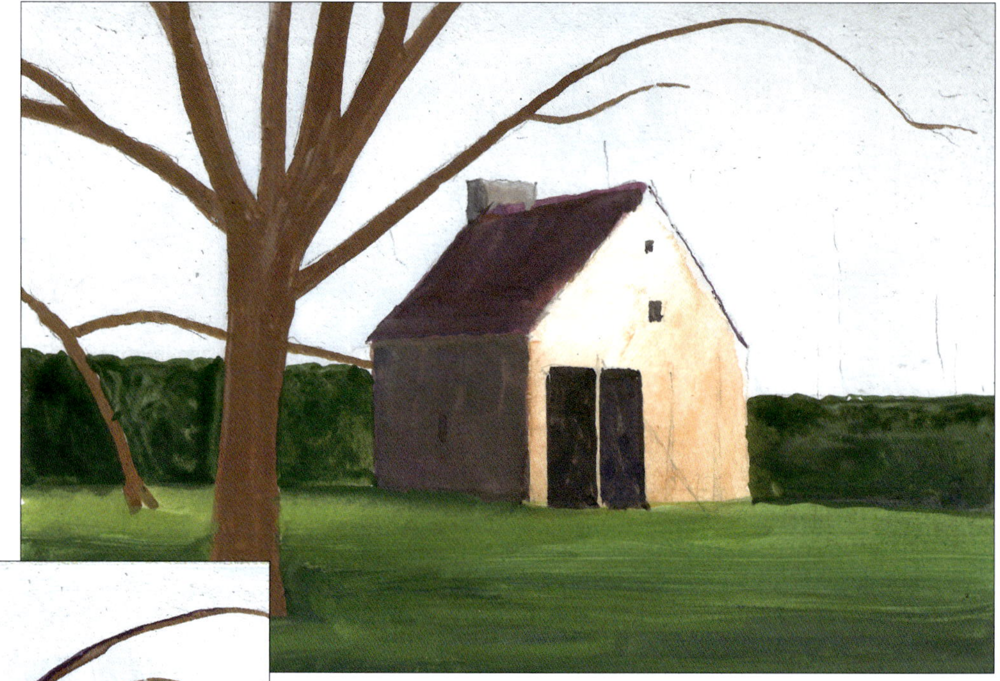

▲2

Malen Sie die Himmelsfläche in einer sehr hellen Mischung aus Coelinblau, Ocker und Weiß, Hecke und Wiese in diversen Grüntönen, die Sie mit gelbgrünen Lichtstreifen aufhellen. Für die Brauntöne an Haus und Baum legen Sie Mischungen aus Umbra Natur und Siena gebrannt an, jeweils auch mit etwas Blau. Dann malen Sie mit deckender Farbe die entsprechenden Bereiche.

◀3

Arbeiten Sie das Haus weiter aus. Den im Licht liegenden Verputz lasieren Sie unregelmäßig mit Umbra natur und Weiß. Die linken Schattenpartien dunkeln Sie mit Blau zum Braun weiter ab.

4

Fügen Sie hinten dünne, helle Bäumchen und vorne diverse Pfosten hinzu und malen Sie darunter blaugrüne, unter den Baum rötlich-braune Schlagschatten. Ziehen Sie mit der Pinselspitze grünbraune Zweige ins Geäst. Den Stamm und die Äste beleuchten Sie rechts mit einer sonnigen Mischung aus Orange, Siena gebrannt und Weiß. Malen Sie nicht zu viel hin und her auf, sondern lassen Sie die Pinselstriche stehen.

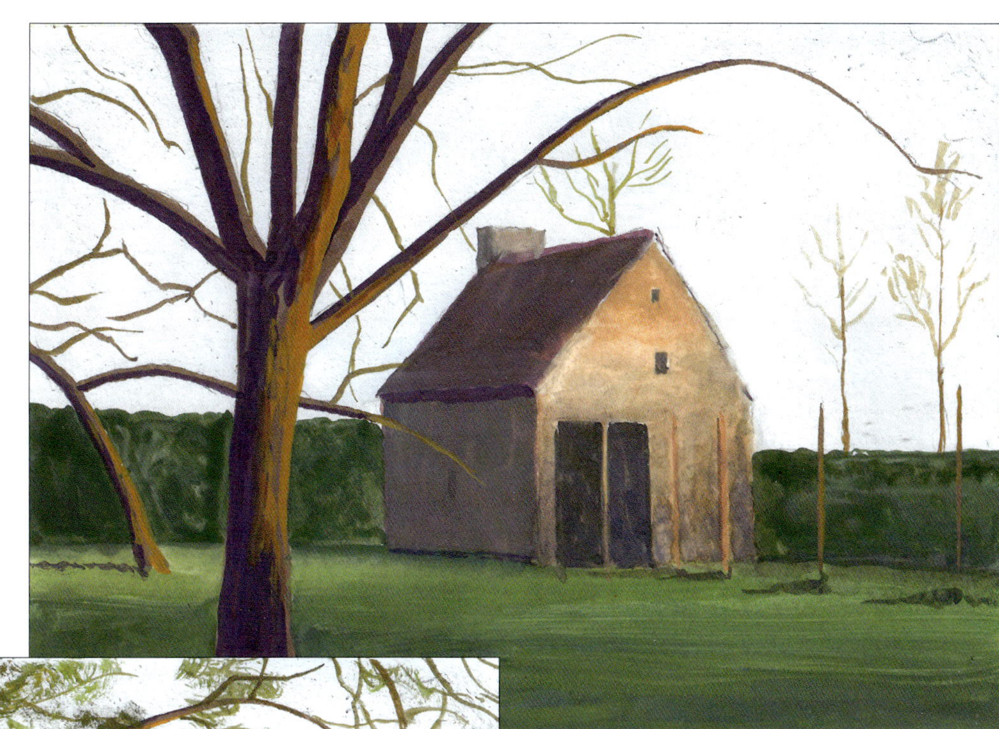

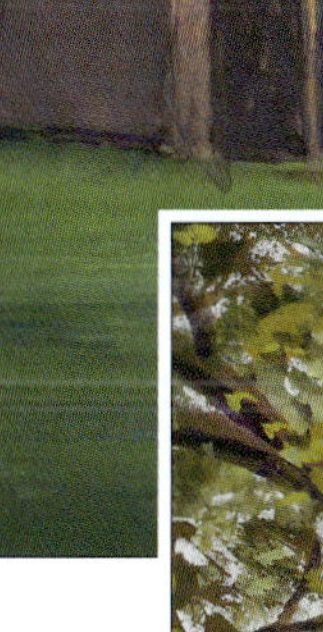

5

Auf und über die Zweige hinweg tupfen und malen Sie mit kurzen Strichen die Laubgruppen: rechts flüchtig mit verdünntem Grün, Gelb und Braun, im Zentrum dichter und dunkler. Links fügen Sie zum Grün noch etwas Orange.

6

Zuletzt tupfen Sie im Vordergrund noch Laub auf die Äste und über den Stamm.

Stillleben

Noch einfacher als die Komposition ist die Farbwahl: Für Apfel, Tomate, Mango und alles andere brauchen Sie nur Weiß, Kadmiumrot, Kadmiumgelb und Kobaltblau.

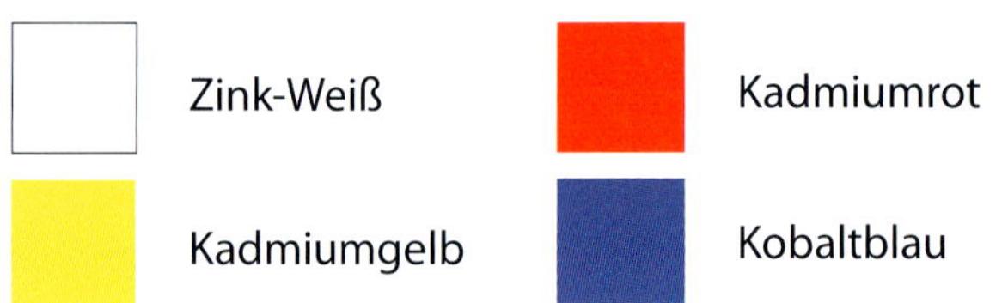

Natürlicher könnten Sie es sich einfacher machen und gleich die passenden Farben nehmen. Doch ist es eine interessante Herausforderung zu sehen, welche Farbnuancen sich aus diesem Quartett ergeben können. Legen Sie sich die Farben gesondert und auch in unterschiedlichen Mischungen auf die Palette, um sie nach und nach zu verwenden und zu verändern.

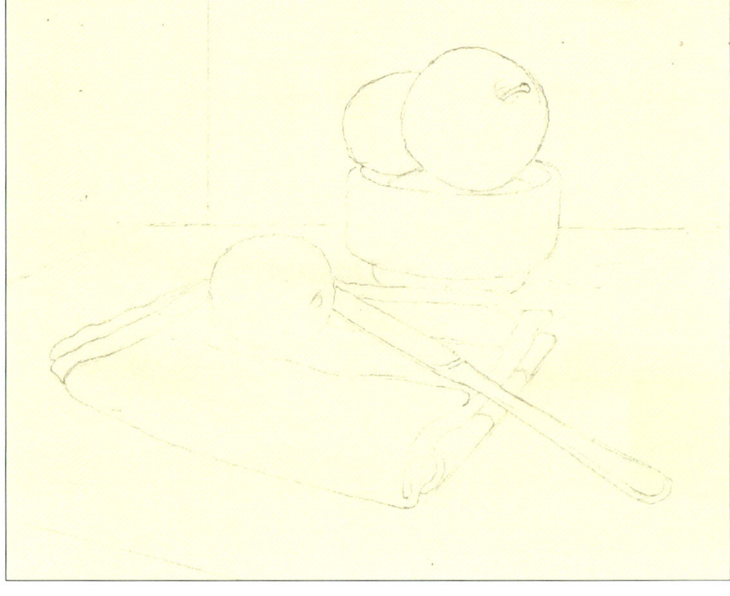

▲1

Beginnen Sie mit einer stark verdünnten Grundierung aus Gelb mit etwas Rot über die Vorzeichnung hinweg.

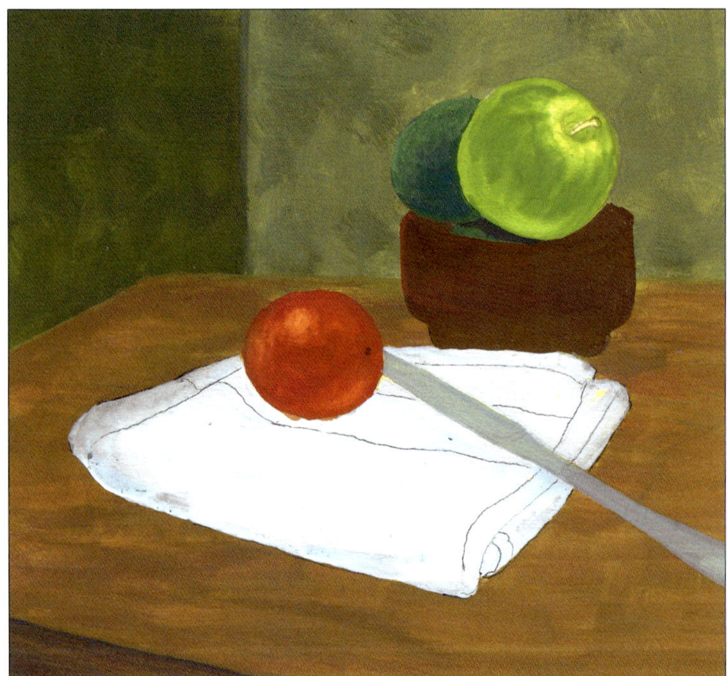

▲2

Die Grüntöne mischen Sie aus Blau und Gelb, das Braun aus Rot und Blau, für den Tisch auch mit Weiß. Für das Metall des Messers nehmen Sie Weiß und Blau mit einer Spur Gelb, für die Tomate etwas Blau zum Rot.

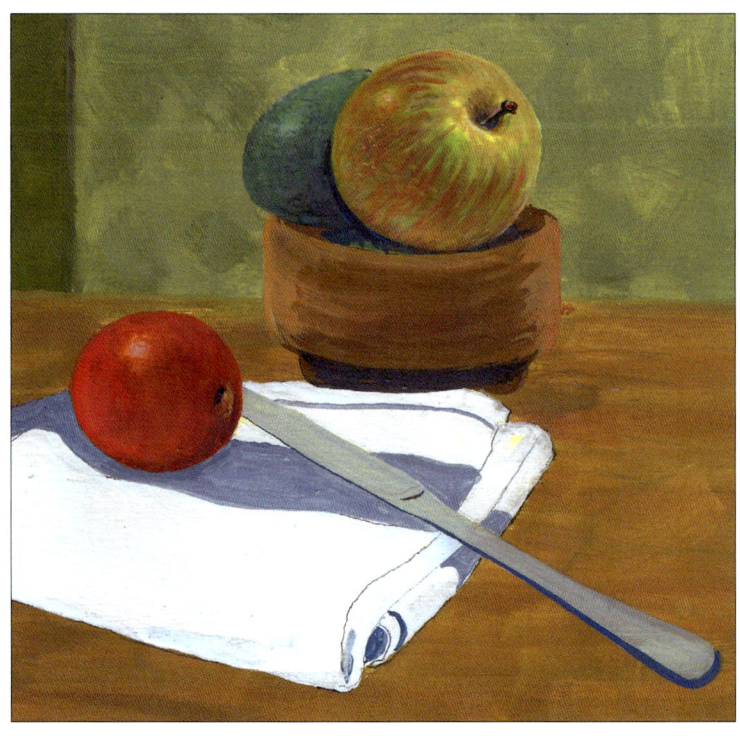

3 ▶

Für die feinen Nuancen und Texturen auf dem Apfel nehmen Sie eine gelbe und rote Mischung mit unterschiedlichen Anteilen und ziehen die Striche mit dem kleinsten Rundpinsel der Wölbung entlang. Für die Glanzlichter nehmen Sie mit dem nassen Pinsel Farbe vorsichtig ab. Die Linien auf dem Tuch entstehen mit Blau, Weiß und einer Spur Rot.

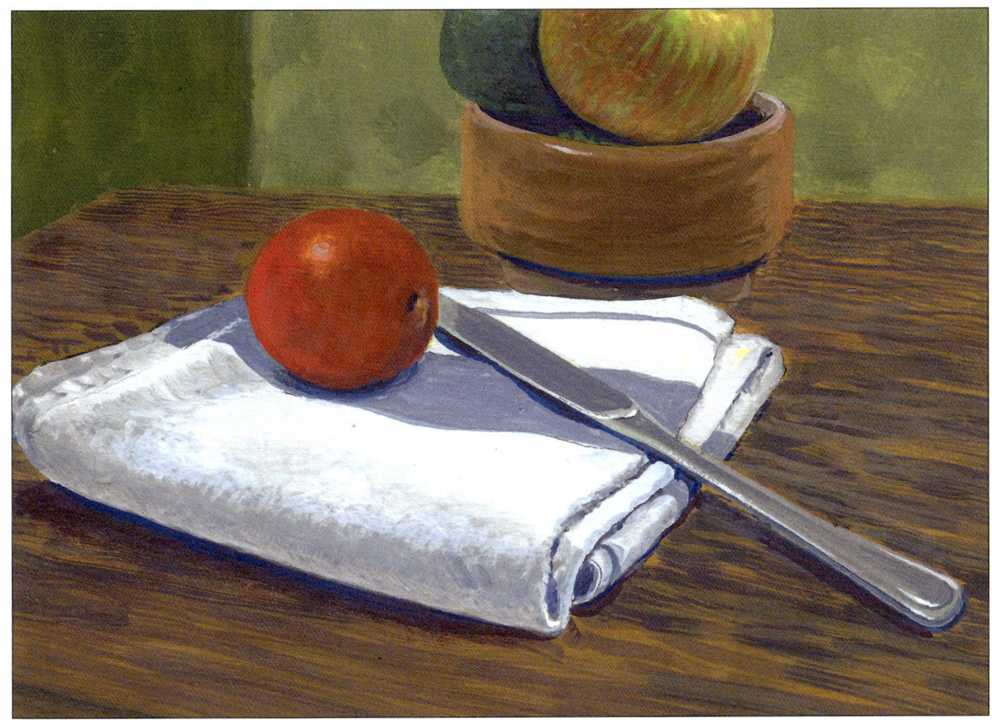

4

Übermalen Sie das Braun mit einer rotblauen Mischung. Mit schrägen Pinselstrichen entsteht die Maserung. Ergänzen Sie Details mit blauen Schlagschatten und weißen Glanzlichtern.

5

Mischen Sie Weiß zu den Tisch- und Wandfarben und übermalen Sie die Bereiche mit den verdünnten Farben. Am Tisch überarbeiten Sie noch einmal die Maserung.

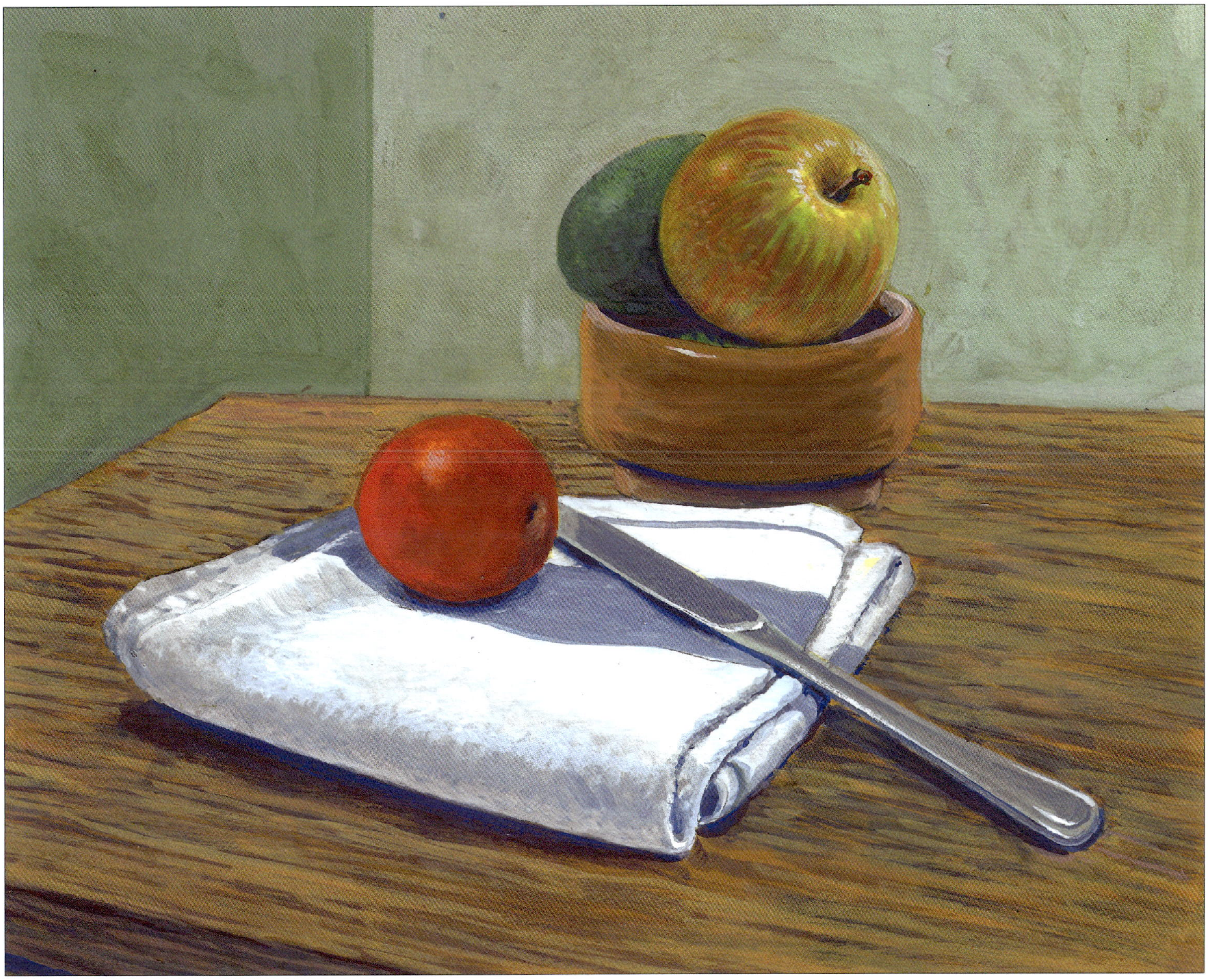

Mein Teddy und ich

Die Szene erzählt schon eine kleine Geschichte, bei der auch der Hintergrund friedlich und harmonisch mitwirkt. So entsteht mit einfachen malerischen Mitteln eine besondere Bildstimmung.

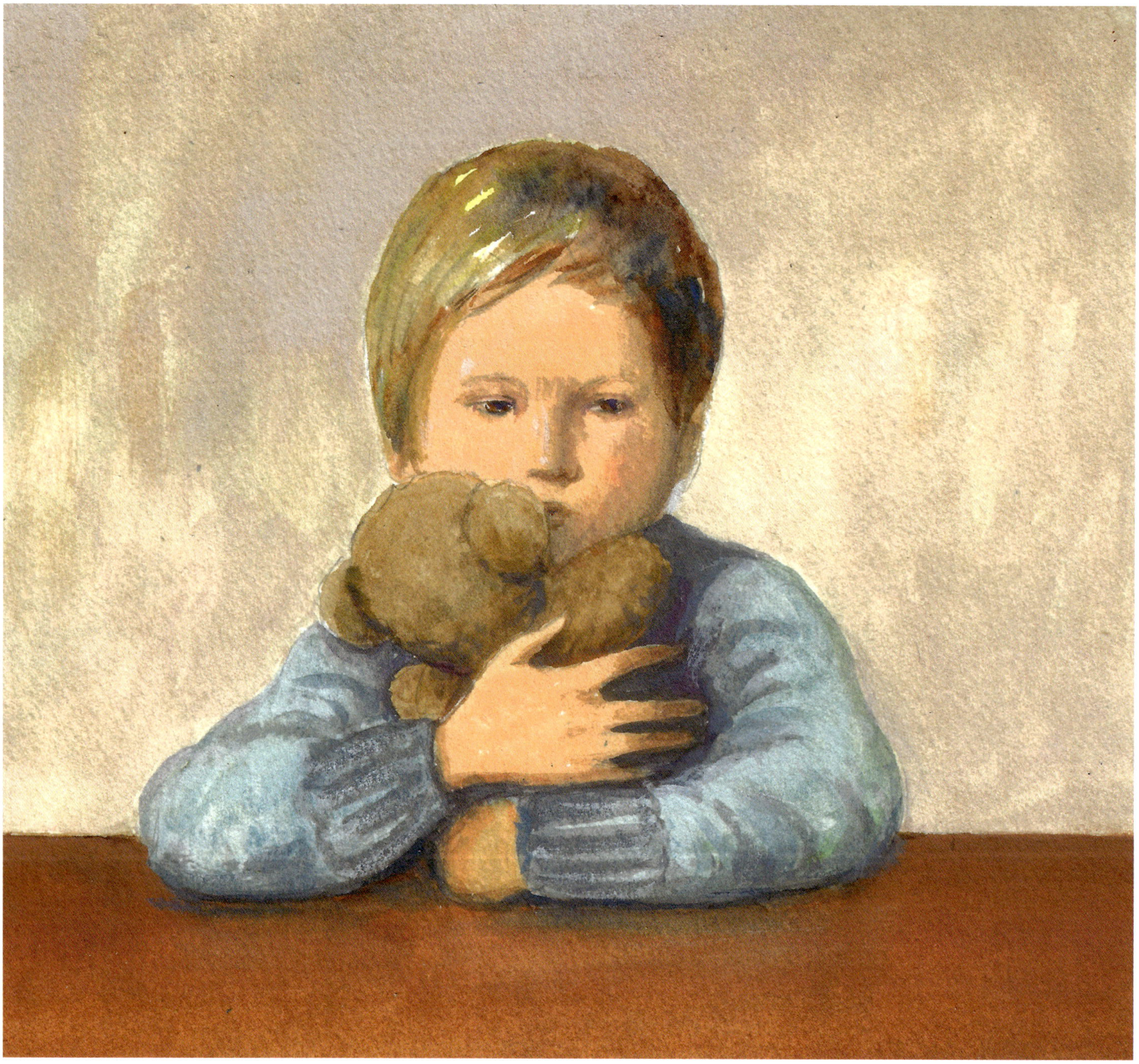

Der liebevoll in den Arm genommene Teddy und noch zwei Feinheiten geben dem Porträt den besonderen Charme und Ausdruck. Das Kind sitzt frontal vor uns, die Pupillen jedoch rücken etwas nach rechts. Der Blick ist leicht abgewandt und in sich gekehrt. Zum anderen formt sich der Mund durch einen kleinen Schatten zu einem Küsschen für den Teddy.

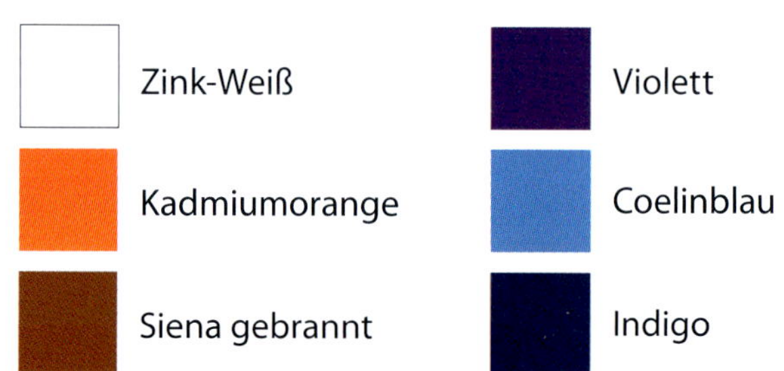

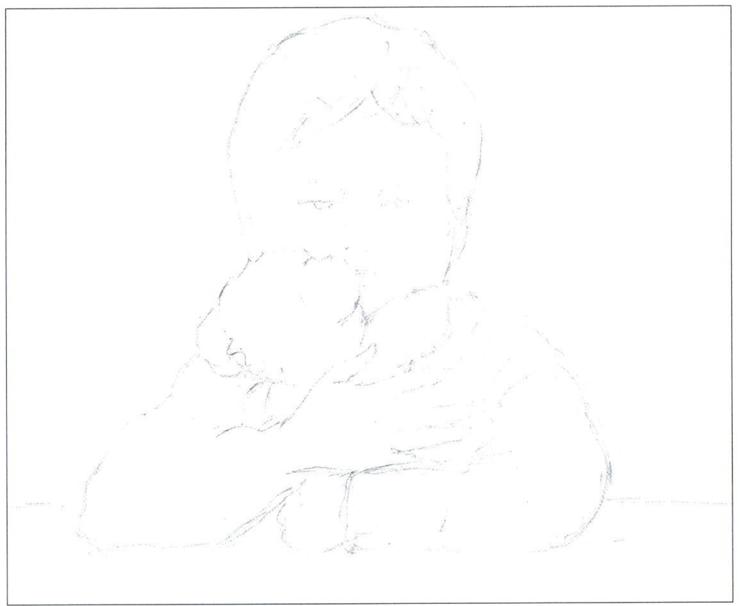

◀ 1

Die Vorzeichnung mit Bleistift. Die Gesichtszüge sind wenig ausgeprägt, umso mehr kommt es auf Details an, insbesondere auf die korrekte Platzierung von Augen, Nase und Mund. Die Zeichnung bleibt stellenweise auch im fertigen Bild sichtbar und unterstützt die Konturen und Details.

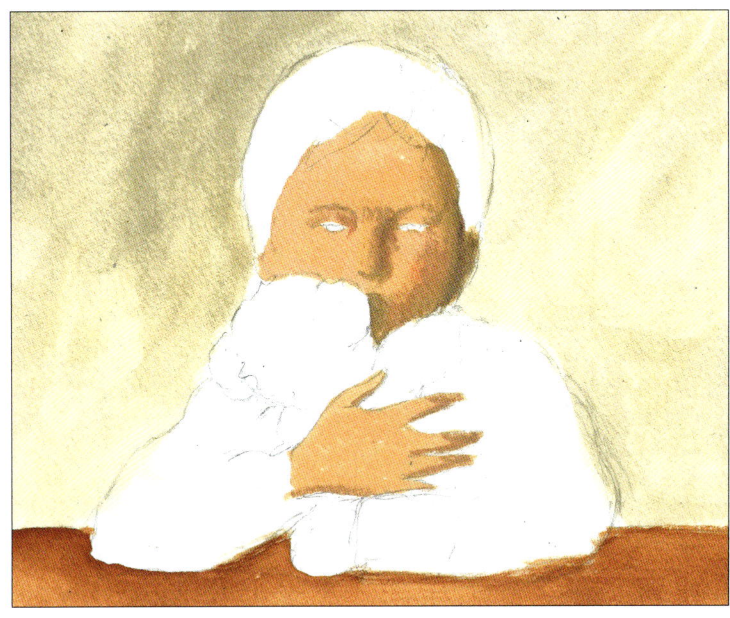

2 ▶

Grundieren Sie Hintergrund und Tisch mit wässrigen Mischungen aus Orange, Siena gebrannt und Violett. Für die Wand fügen Sie Weiß hinzu. Gesicht und Hand untermalen Sie in einem hellen Braunton aus Siena, Orange und viel Weiß. Augen, Nase und Wangen schattieren Sie in einem etwas dunkleren Hautton.

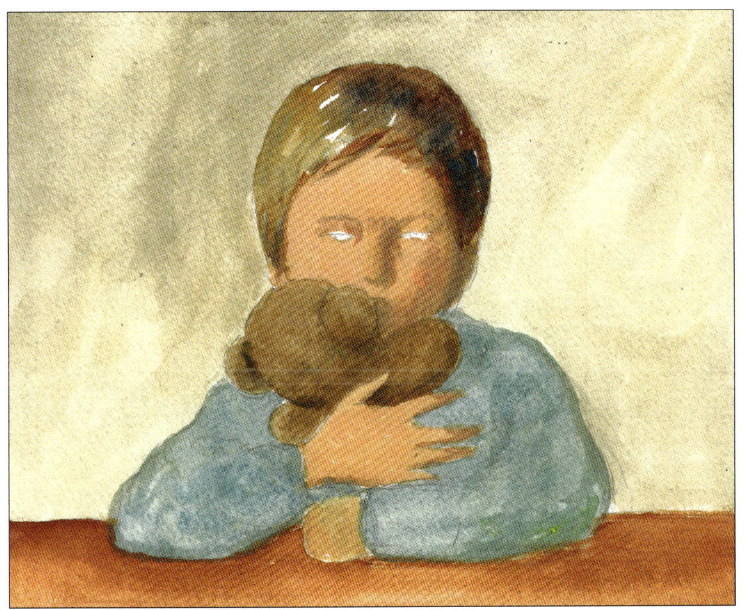

◀ 3

Das Haar formen Sie mit einzelnen Pinselstrichen, zwischen denen Sie Lichtstreifen frei lassen. In die Stirn malen Sie rötliche Fransen, die violetten Schatten tragen Sie nass in nass auf. Den Teddy malen und schattieren Sie in Brauntönen. Nach dem Trocknen untermalen Sie den Pullover in einem mit weiß aufgehellten, verdünnten Coelinblau mit etwas Indigo.

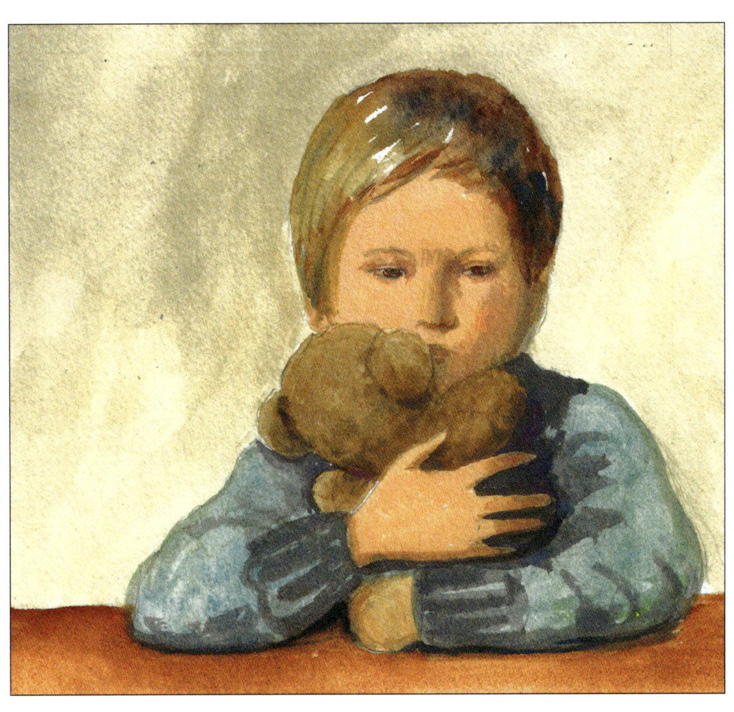

4 ▶

Mit Violett malen Sie Schatten und Muster in den Pullover und ziehen unter den Armen Schattenstriche auf den Tisch. Zuletzt die Feinarbeit mit der Pinselspitze: Ziehen Sie Augenbrauen und Lider nach, malen Sie die dunklen Pupillen aus einer Mischung aus Violett und Siena, tupfen Sie mit Weiß einen Hauch von Glanzlicht auf und tönen Sie das Weiß im Auge leicht ab. In den Mund setzen Sie einen kleinen Schatten: Küsschen!

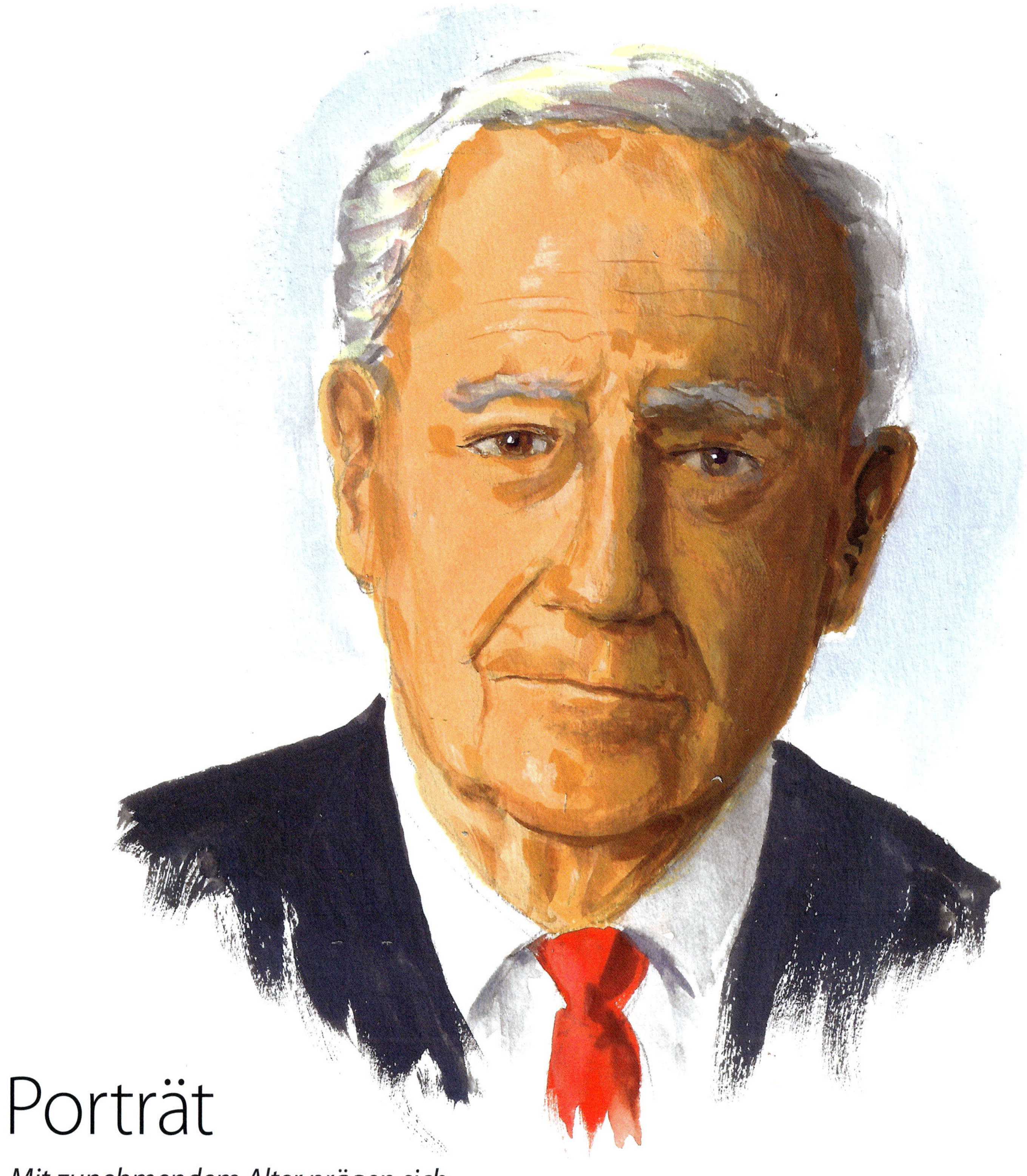

Porträt

Mit zunehmendem Alter prägen sich die Gesichtszüge deutlich aus, was jedenfalls beim Malen seine Vorteile hat: Klare Konturen machen das Gesicht unverwechselbar.

Andererseits wird es schwieriger, Ähnlichkeiten mit der porträtierten Person herzustellen. Das muss auch nicht sein. Wenn Sie nicht sonderlich geübt sind, bleiben Sie lieber bei sozusagen anonymen Porträts, die Sie mit niemandem vergleichen müssen. Dann kommt es nur darauf an, dass das Bild in sich stimmig ist. Auf der sicheren Seite sind Sie, wenn Sie die Vorzeichnung von einem Foto übernehmen und sich ganz auf das Malen konzentrieren. Auch hier machen es Ihnen die Gouachefarben einfach, weil Sie das Porträt in jeder Phase noch verändern und verbessern können, bis alles stimmt.

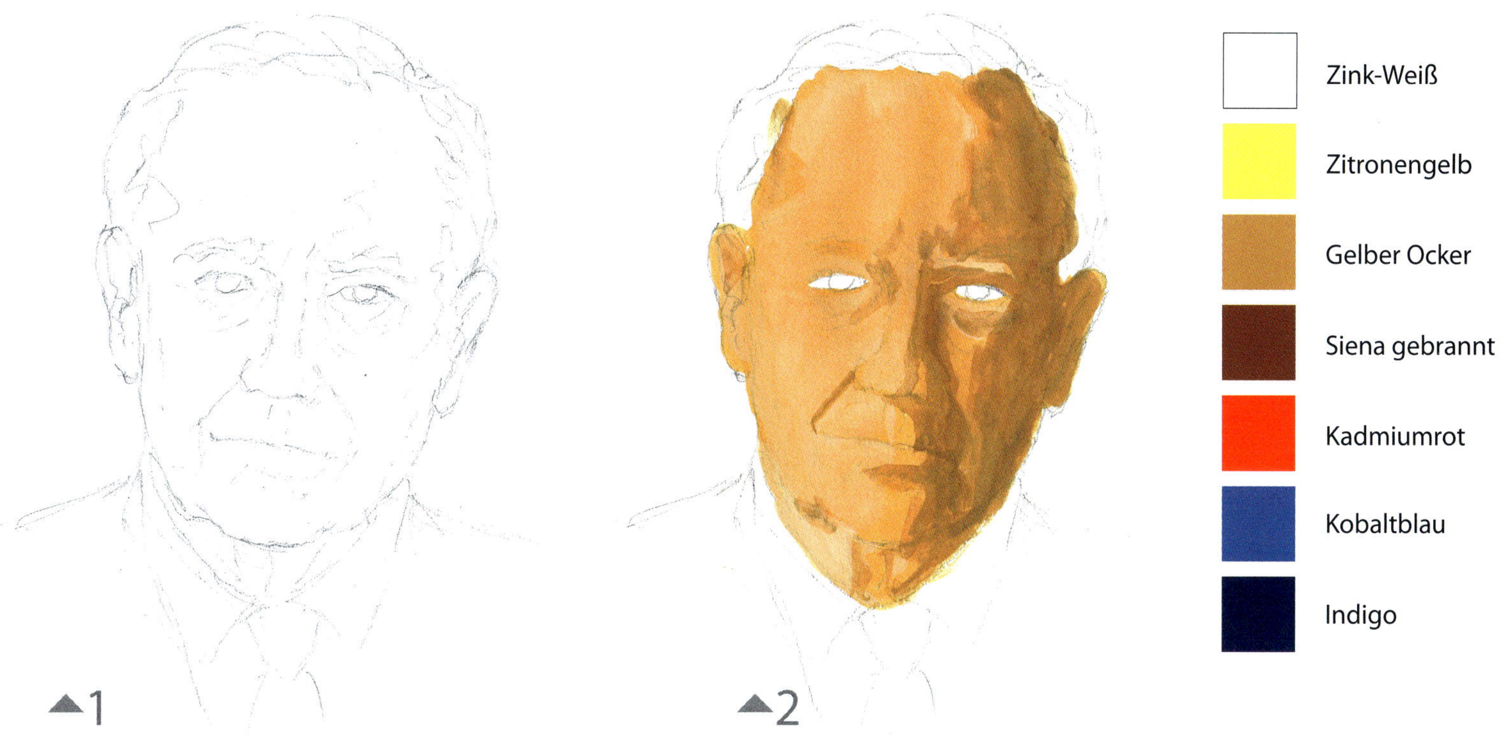

▲1
Die genaue Vorzeichnung.

▲2
Die Untermalung mit einer verdünnten Mischung aus Ocker, Orange und Weiß. Zum vorerst noch flächigen Schattieren nehmen Sie davon eine kräftigere Mischung.

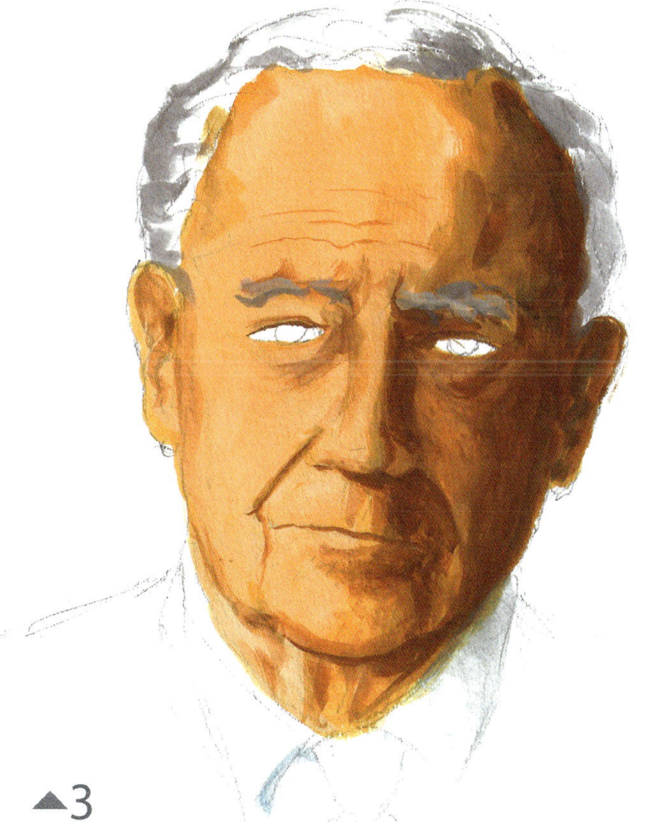

▲3
Nach dem Trocknen lasieren Sie die tieferen Schatten mit mehr Orange zur Mischung. Hier folgen Sie den Gesichtszügen, setzen den Pinsel in den dunkelsten Bereichen an und ziehen die Farbe ins Helle. Für Haar und Hemd nehmen Sie ein verdünntes Indigo mit Weiß.

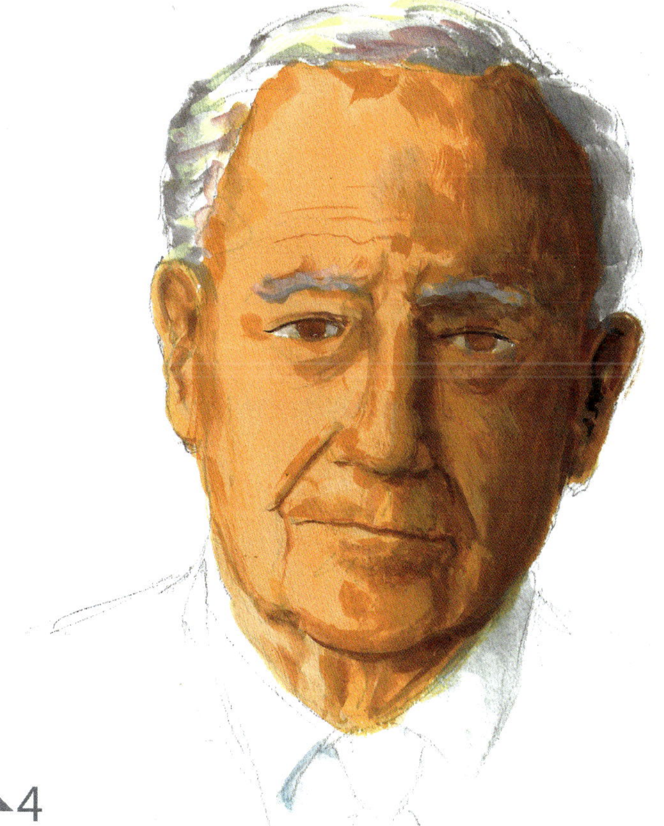

▲4
Tragen Sie auch in die hellen Partien da und dort dunklere Striche auf. Die Augen malen Sie in einem abgetöntem Weiß, die Pupillen in Braun. Sie können das Porträt sozusagen unfertig belassen, was ihm eine künstlerische Note gibt. Oder Sie setzen das Modell vor einen blassblauen Hintergrund und kleiden es seriös ein.

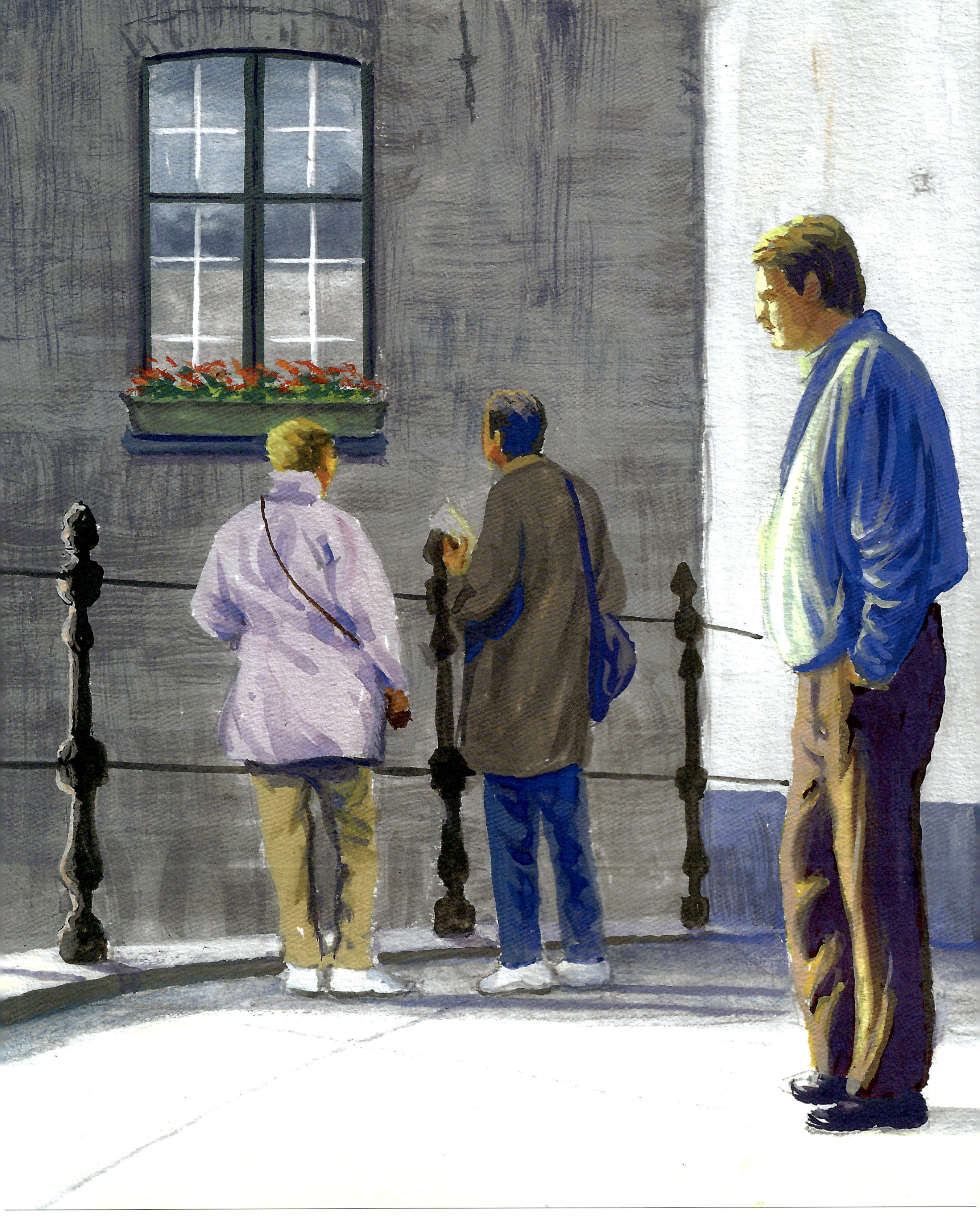

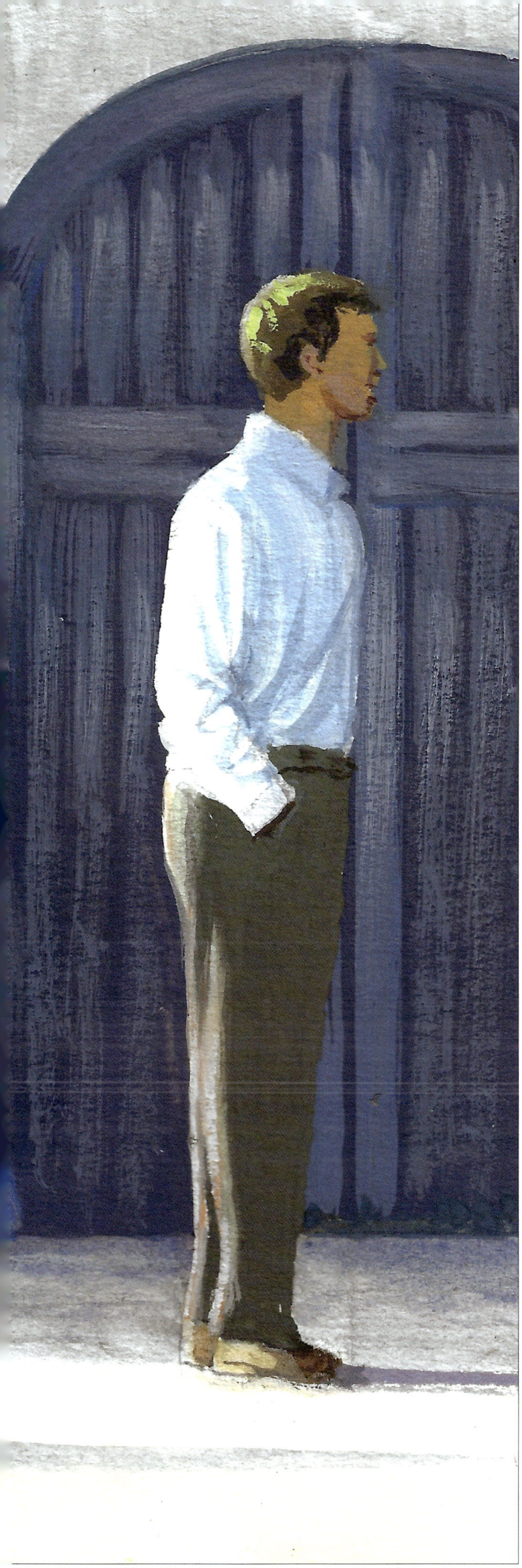

Menschen

Gouachefarben sind wie geschaffen für einen illustrativen Malstil und für die Darstellung von Personen. Durch den gezielten Einsatz von Licht und Schatten bekommt die Szene ihren besonderen Reiz.

Nicht nur für Anfänger ist es einfacher, die Figuren erst genau zu zeichnen als gleich zu malen – auch professionelle Illustratoren beginnen mit einer Zeichnung, die nach und nach ausgearbeitet wird. Dabei bleiben die Bleistiftkonturen bis zum deckenden Übermalen sichtbar. Das ist einer der großen Vorteile gegenüber dem transparenten Aquarell, unter dem der Bleistift bis zuletzt durchscheinen würde.

Der andere Vorteil: Mit Gouache können Sie auch hell auf dunkel malen. Sie müssen daher weniger planen und können misslungene Malstriche nach Belieben korrigieren. Das ist gerade bei der Darstellung von Personen nützlich. Wir wissen einfach zu gut, wie Menschen in diversen Posen aussehen – hier fällt jeder Fehler sogleich auf.

Personen und ihre Kleidung malen Sie wie gewohnt mit lasierendem, deckendem oder trockenem Farbauftrag. In diesem Bildbeispiel gehen Sie nicht zu sehr ins Detail – Gesicht, Haar und Kleidung werden lediglich mit Schatten- und Lichtstrichen gemalt. Das macht die Sache nicht nur einfacher, sondern gibt der Illustration auch einen malerischen und lebendigen Charakter.

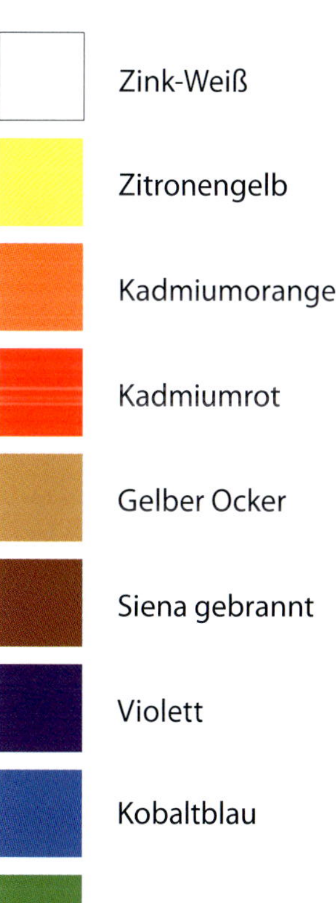

Tipp

Als flinker und geübter Zeichner werden Sie vermutlich den Ehrgeiz haben, Straßenszenen zu skizzieren und daraus die Vorzeichnung zu entwickeln. Doch können Sie sich auch dafür ein Foto als Vorbild nehmen. Dabei lassen Sie unwichtige Details weg, versetzen Bildteile oder fügen Elemente hinzu. Am einfachsten ist es natürlich, das Foto im passenden Format auszudrucken oder auf die gewünschte Größe hochzukopieren– und dann die Konturen auf den Malgrund zu übertragen. Die Vorlage behalten Sie, um später Details ergänzen zu können.

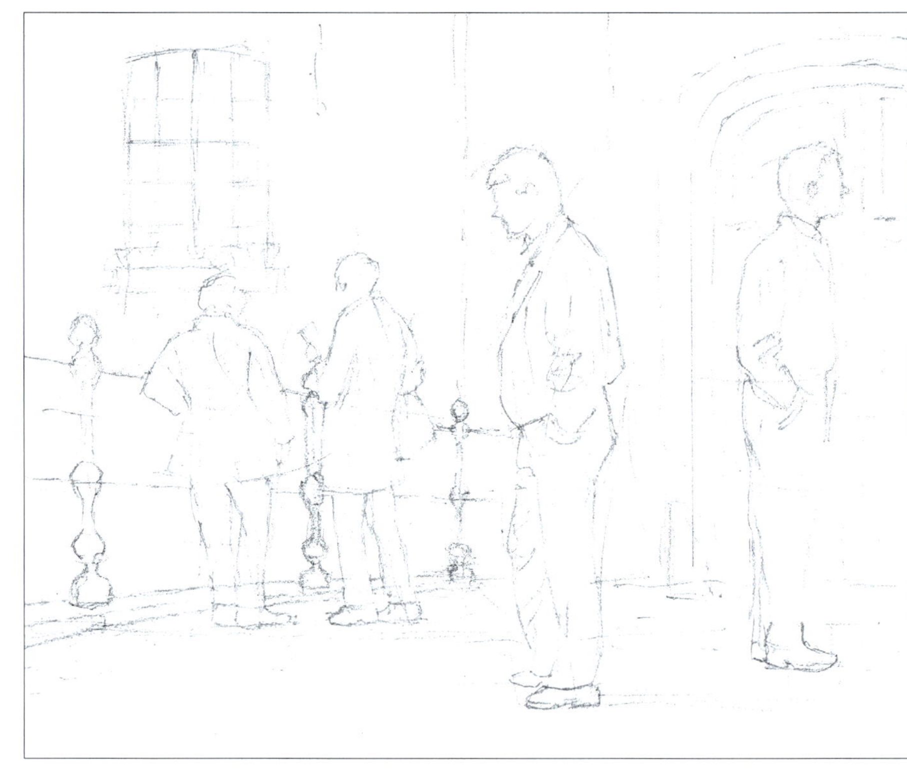

1 ▶

Die Vorzeichnung mit Bleistift.

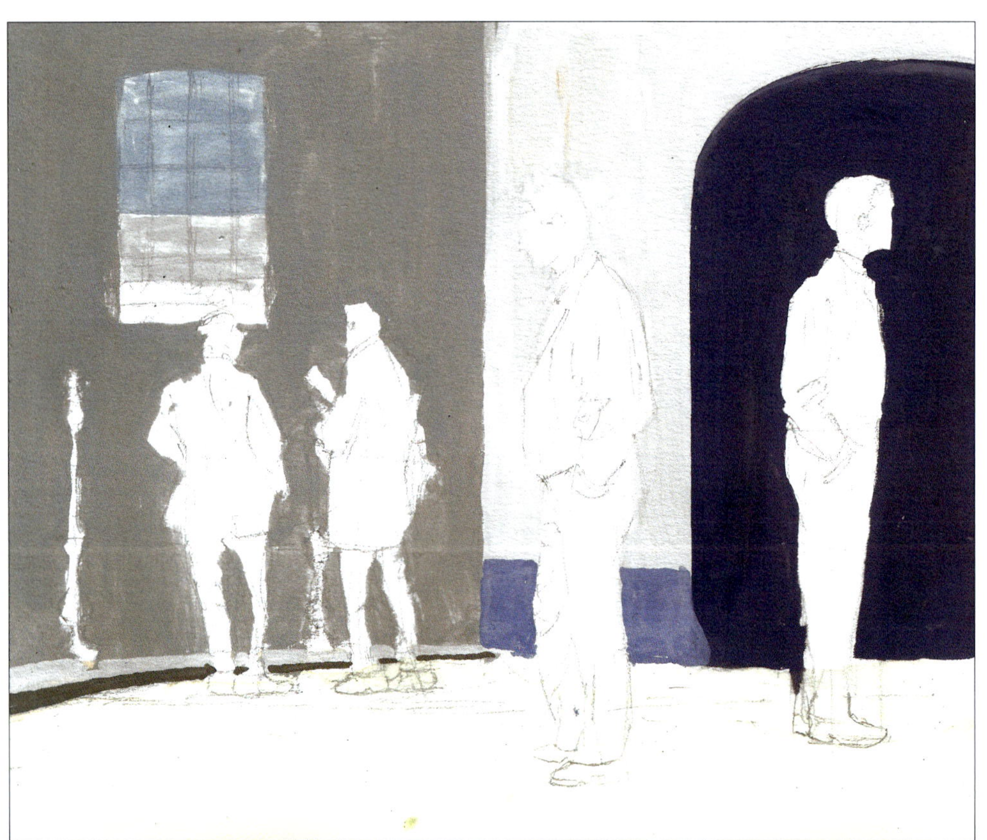

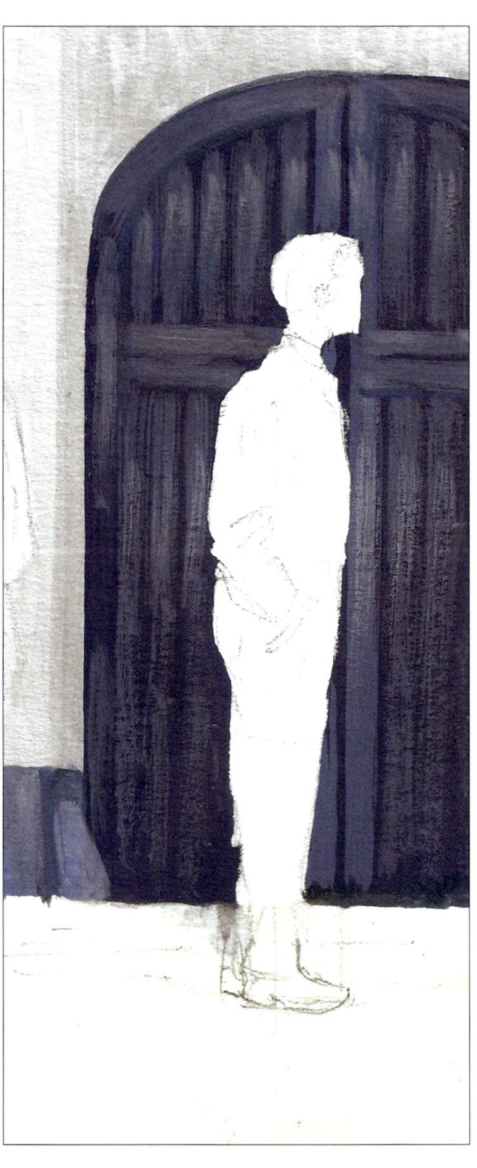

▲2 ▶

Nach der hellen lasierenden Grundierung des Bodens mit stark verdünntem Gelb untermalen Sie Mauern, Fenster und Tor in Grau- und Blautönen. Die Figuren bleiben noch weiß, arbeiten Sie zunächst den Hintergrund aus.

Hintergrund?

Muss nicht sein. Oft genügen Menschen sich selbst und geben auch alleine ein vollständiges Motiv ab. Solche Einzelstudien sind auch gute Übungen: Ein misslungener Versuch kann schnell wiederholt werden.

Anders liegt der Fall in der ringsum sorgfältig komponierten musikalischen Szene. Die Lichtspiele im Halbschatten auf Boden und Mauer lassen sich improvisieren, ebenso wie das Laub im Hintergrund. Die Musikanten und Instrumente hingegen brauchen eine gute Vorzeichnung, am besten nach einem Foto.

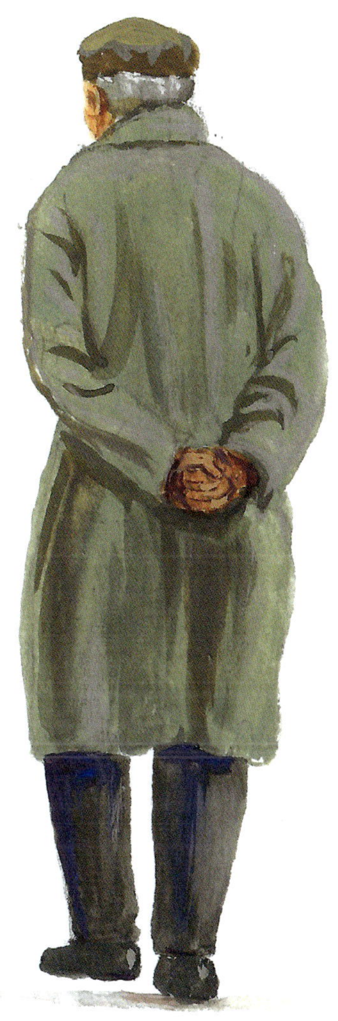

◀

Malen Sie erst den Vorder- und Hintergrund mit starken Hell-Dunkel-Kontrasten im Grün und den rötlich-violetten Strukturen und Schatten auf Boden und Mauern. Die Figuren sparen Sie erst aus, um sie dann in ähnlicher Weise wie die im Licht stehenden Männer im Bild auf S. 117 auszuarbeiten. Hier jedoch spielt die Musik unter Bäumen, nur helle Sprenkel und Flecken dringen durch, verteilen Licht und Schatten auf zufällige Weise und bringen eine angenehme Lichtstimmung ins Bild.

▲

Hier liegt diffuses Licht auf den allein stehenden (vielmehr gehenden) Menschen, also fehlen auch hell beleuchtete Partien. Die Ausführung ist ähnlich wie vorhin (S. 117 oben) bei den im Schatten stehenden Personen. In die feuchte Farbe malen Sie die Schatten in einer kräftigeren Version der Grundfarbe. Für einzelne Lichter etwa im Haar, auf Schuhen und Tasche nehmen Sie eine Spur Weiß zur Farbe. Doch ganz ohne Hinter- oder Untergrund geht es auch hier nicht, sonst würden die Figuren schweben. Für einen festen Boden unter den Füßen reichen kurze, diffus trocken auslaufende Schattenstriche.

Pinsel und Bleistift

Der Bleistift kann auch im Nachhinein noch effektvolle Dienste leisten. Mit kraftvollen Linien und Schraffuren erinnert die Szenerie an eine malerisch aquarellierte Zeichnung.

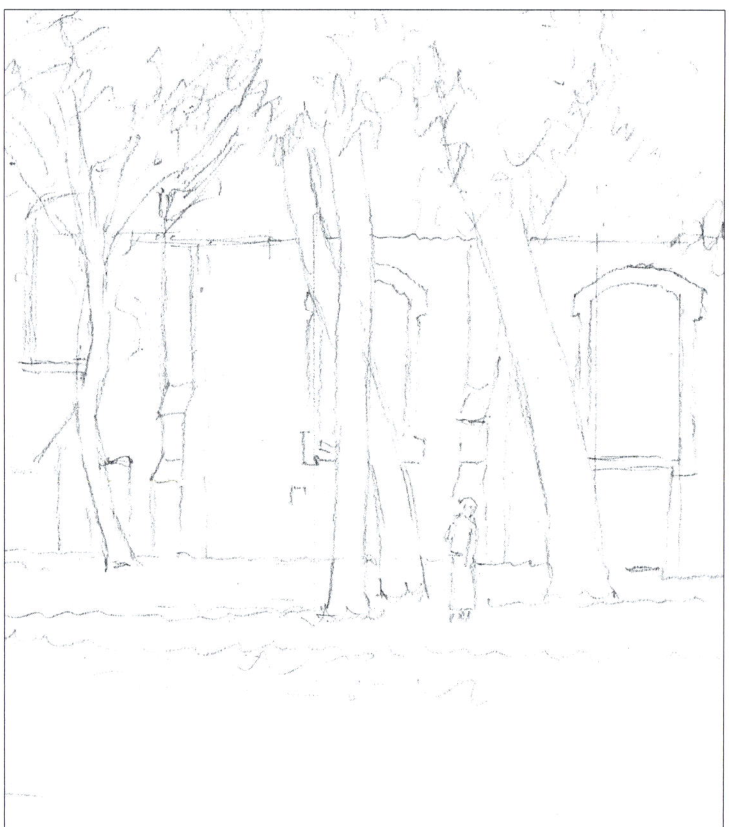

▲1

Die Vorzeichnung mit dem Bleistift 3B, hier sehr kräftig ausgeführt.

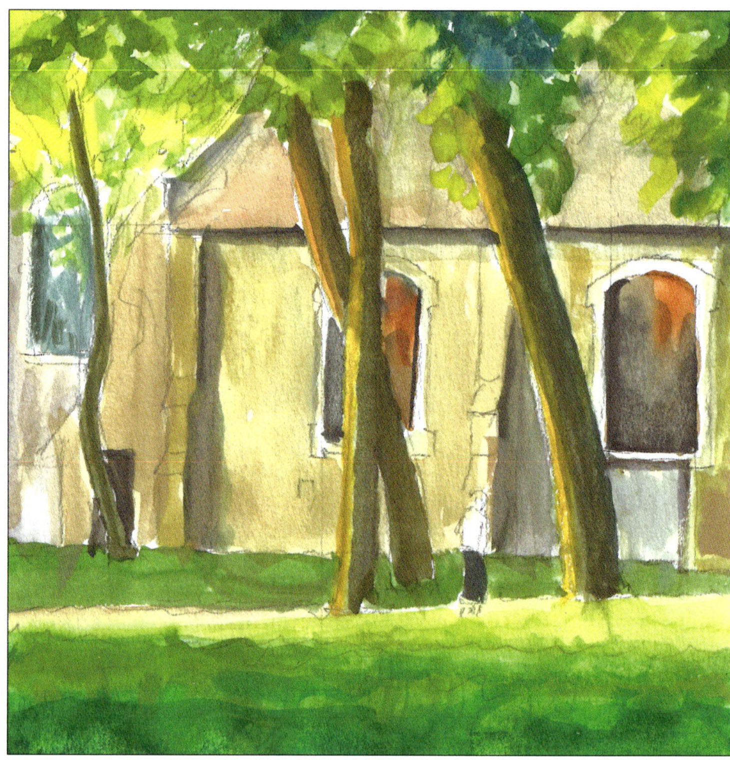

▲2

Grundieren Sie alles mit eher flüchtigen, nassen Pinselstrichen in stark verdünnten Tönen von Grün, Braun, Grau, Rot und Blau, die Sie stellenweise nass in nass vermalen. Einzelne Lichter und die Bluse bleiben weiß. Lassen Sie das aquarellistische Zwischenergebnis gut trocknen.

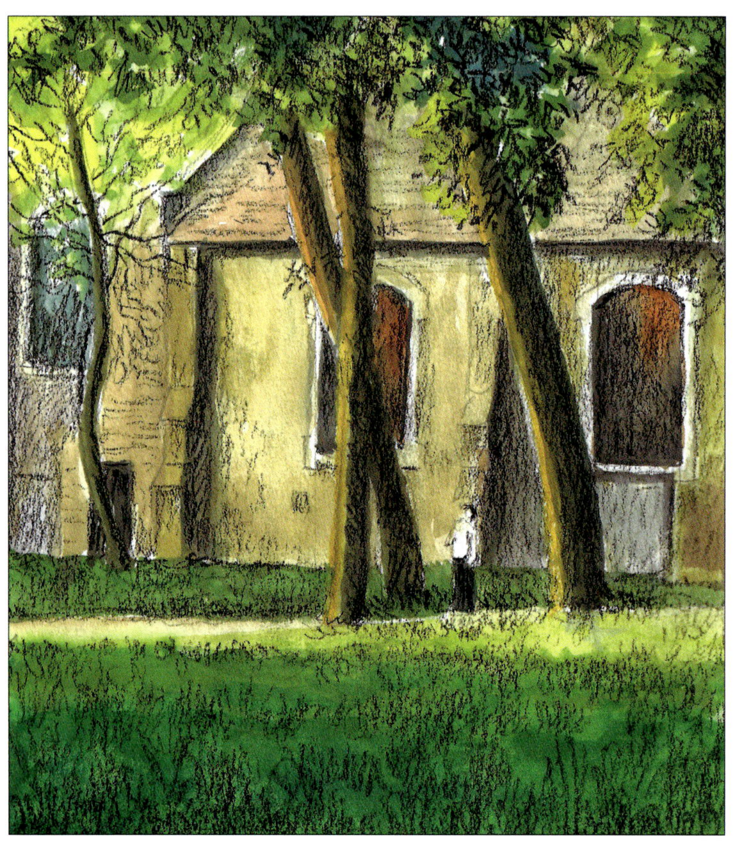

◀ 3

Überzeichnen Sie das Bild mit dem sehr weichen Bleistift 8B für Details, Schattenschraffuren und kräftigen Strukturen auf Gemäuer, Wiese und Laub. Und sozusagen im Mittelpunkt steht der Mensch, den Sie genauer zeichnen.

4 ▶

Mit dem Rundpinsel und einer dunkleren Versionen der Grundierung verstärken Sie die Kontraste und Schatten und arbeiten das Gemäuer und den Weg weiter aus. Haut und Haar deuten Sie mit dem kleinsten Pinsel an.

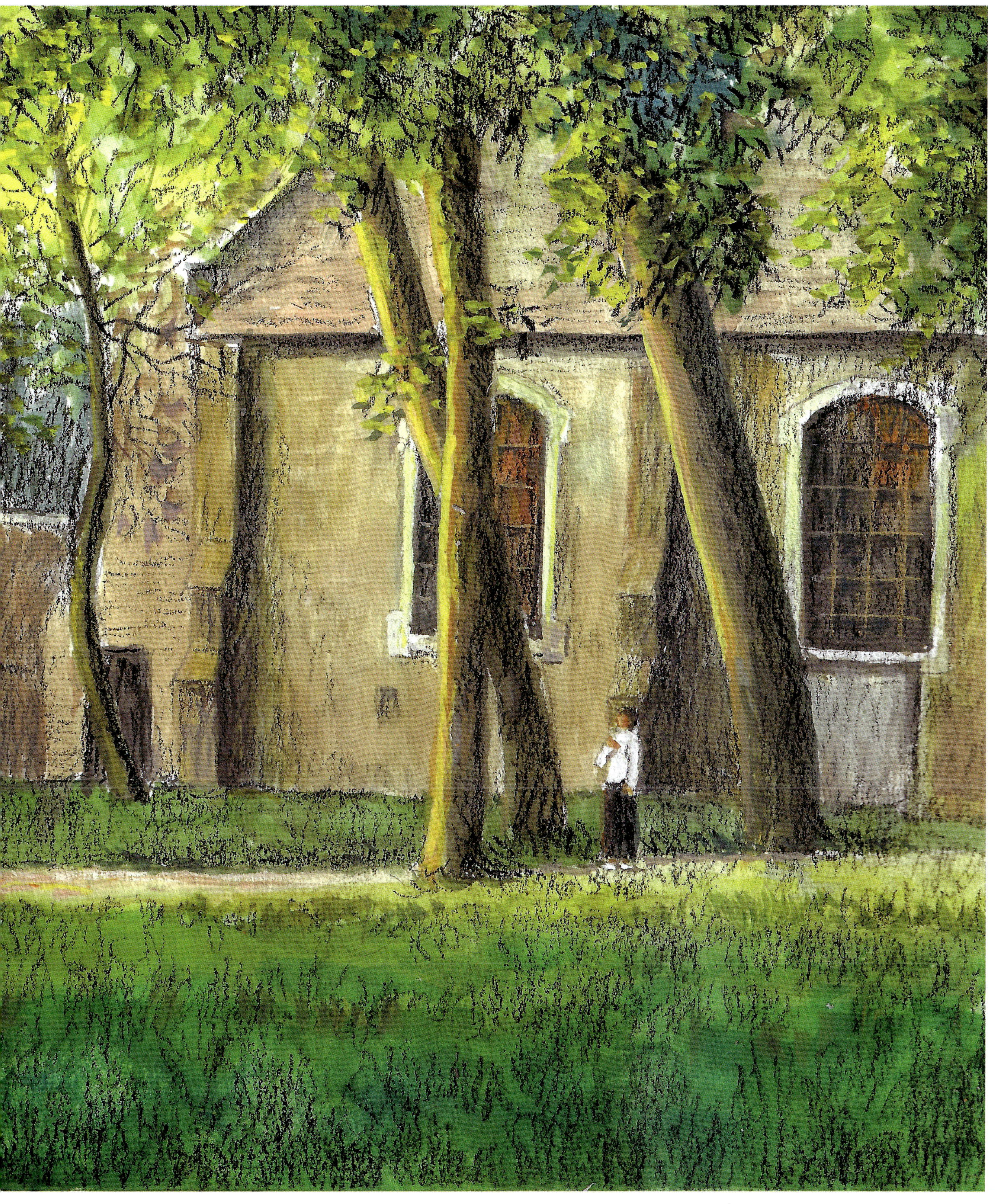

Chicago

Wenn Sie einen Borstenpinsel haben: Her damit für eine Straßenszene wie aus dem Chicago der 30er Jahre.

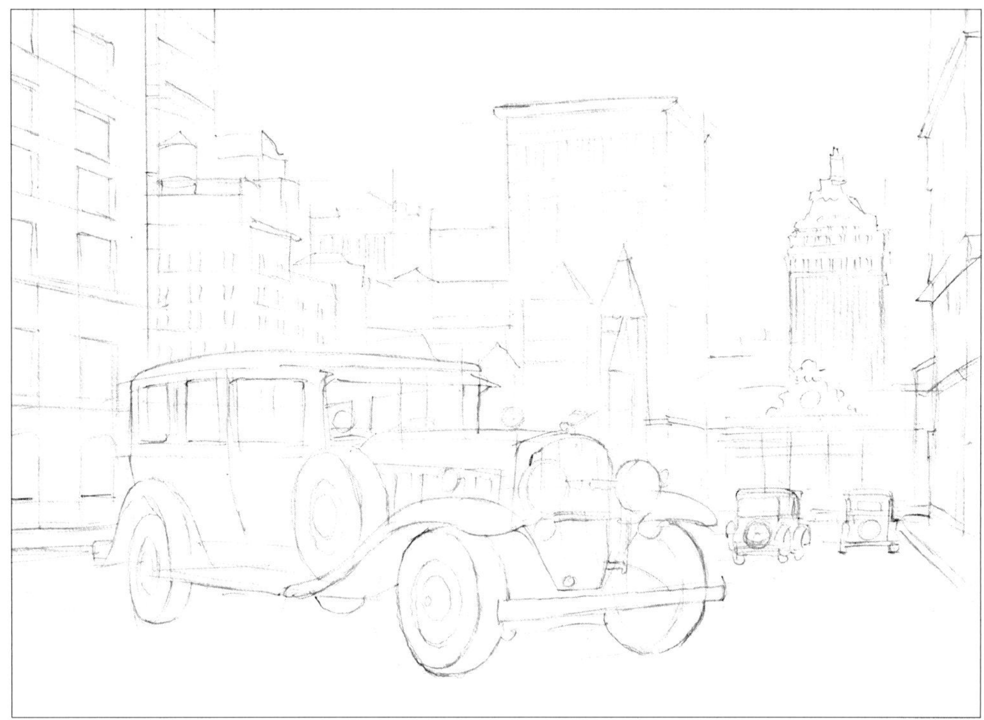

Der Borstenpinsel fächert den Farbauftrag in mehrere dünne Malstriche auf. So entstehen gebrochene Konturen und abgerissene Schatten, die der Szene ihren dramatischen Charakter geben. Diesen rasanten schwarz-weißen Illustrationsstil (Dry Brush) entwickelten übrigens Comic-Zeichner in den USA, um der Flut von Aufträgen für Pulp Fiction – sprich: Schundromane – eiligst nachkommen zu können. Nur Autos und Architektur, die Straße leegefegt: Al Capone lässt grüßen.

◀ 1

Die Vorzeichnung mit Bleistift. In der Trockentechnik lässt sich kaum etwas korrigieren, jeder Strich muss sitzen und braucht daher genaue Leitlinien.

2 ▶

Für dieses Bild reicht ein kleiner Klecks Schwarz, den Sie auf der Palette ein wenig verstreichen. Nehmen Sie mit dem trockenen Pinsel wenig davon auf. Streifen Sie das Schwarz auf einem anderen Papier ab, bis der Pinsel Streifen hinterlässt. Damit malen Sie die Vorzeichnung mit flüchtigen Strichen nach, aber nicht aus – in den Pinselspuren blitzt das Papier durch. Die Konturen ziehen Sie mit der Schmalseite des Pinsels nach. So kann sich der Pinsel nur wenig auffächern und der Strich schließt sich.

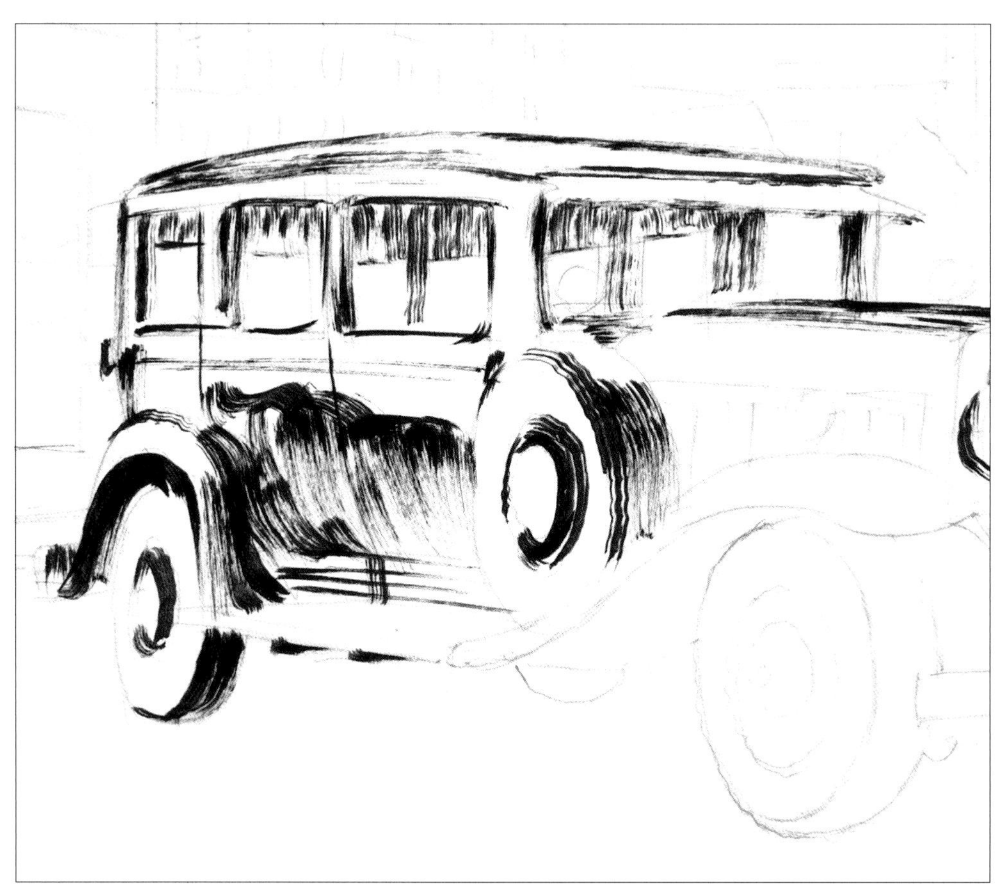

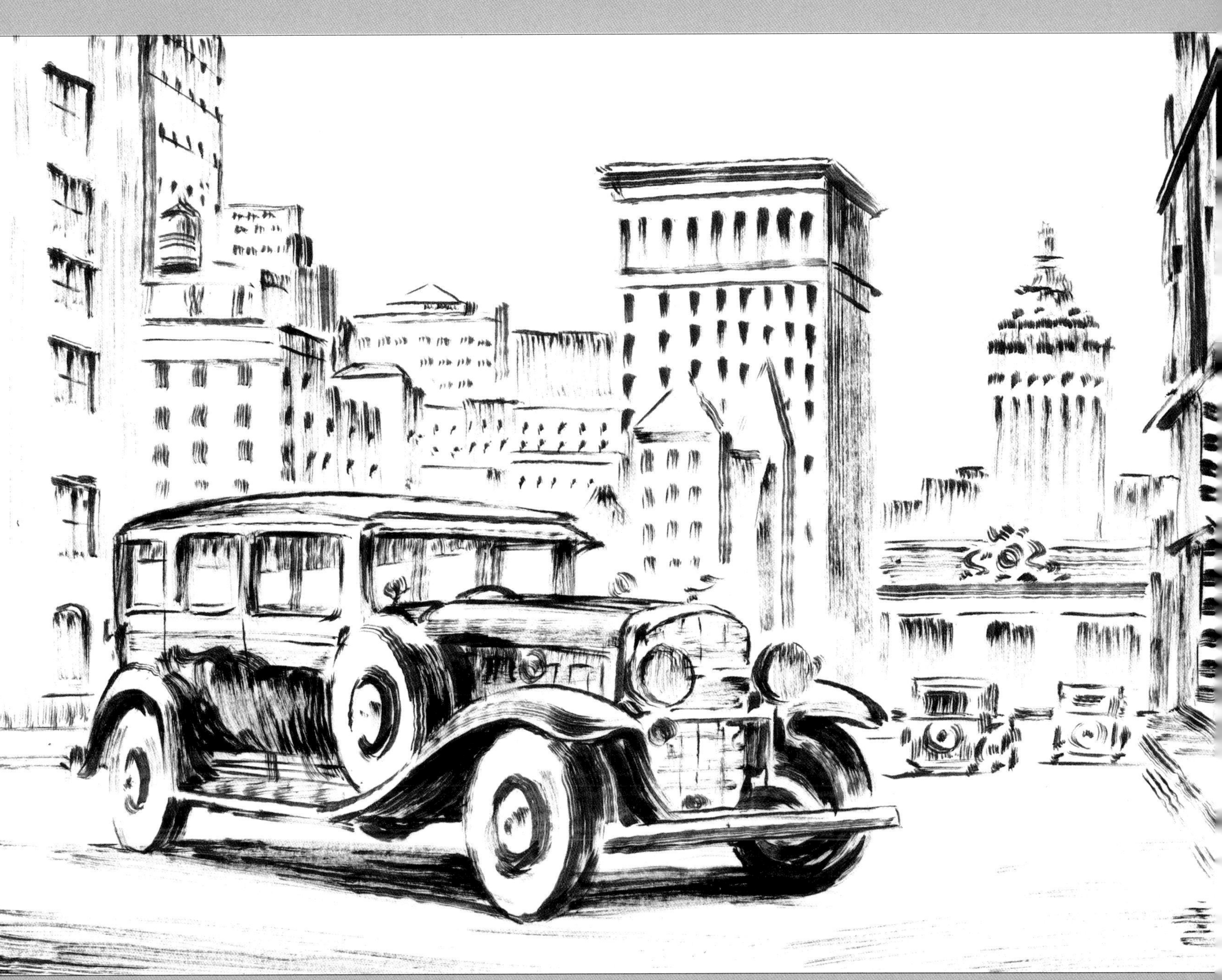

▲3

Mit der Spitze eines kleinen Pinsels arbeiten Sie die Details auf den Autos und Gebäuden aus, mit dem Flachpinsel und weiterhin wenig Farbe ziehen Sie die Schattenstriche nach – auch die Rundungen in der gleichen Richtung. Das verdichtet die dunklen Partien, ohne sie gänzlich zu schwärzen. Nass tragen Sie Farbe nur an wenigen Stellen des vorderen Wagens auf. Während im Hintergrund fast alles blass und vage bleibt, erzeugen hier die weißen Spiegelungen in den Fenstern und auf dem schwarzen Lack starke Kontraste.

Volle Kraft

Dynamisch und realistisch: Die ins Bild stürmende Dampflok zeigt, wie sich malerische Effekte mit einer sachlich-illustrativen Aussage verbinden lassen – typisch für viele Gouachebilder.

Für ein so aufwendiges, detailreiches Bild ist eine gute Vorzeichnung unbedingt nötig; zumal man beim Zug als einem technischen Objekt in perspektivischen Verkürzungen später wenig improvisieren kann. Die Vorzeichnung legen Sie am besten zuerst mit Bleistift an und ziehen die Linien mit dem Pinsel in einer dunklen Farbe nach. Dann bleiben sie länger sichtbar.
Im Rahmen der Vorgaben des Motivs können Sie mehr oder weniger detailreich malen; Gouachefarben eignen sich für beides. Deshalb arbeiten auch die meisten Illustratoren von Sachbüchern mit Gouachefarben. Doch sollten Sie sich nicht allzu sehr auf Einzelheiten einlassen. Weniger ist oft mehr. Bedenken Sie, dass Sie ein Motiv nach eigenen Vorstellungen malen und nicht ein Foto reproduzieren – auch wenn Sie die Vorzeichnung vom Foto abnehmen.

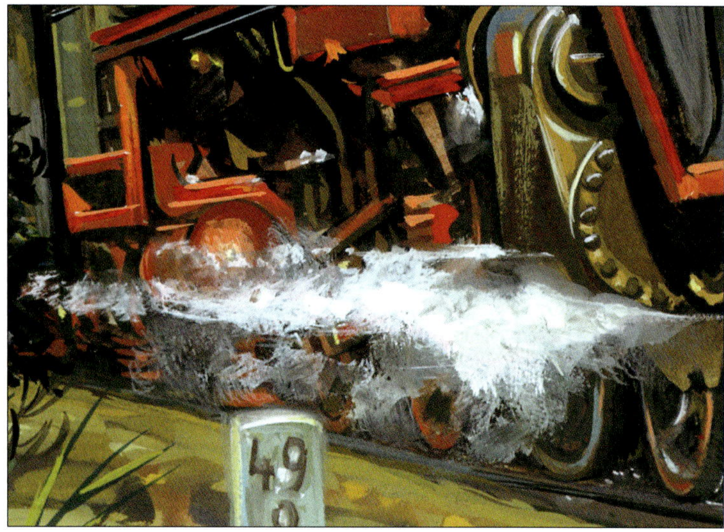

Im Vordergrund zeigen sich deutlichere Details als weiter hinten; wichtig für die Tiefenwirkung. Abgesehen von den Lasuren im Himmel und im Dampf wurden die Farben deckend aufgetragen.

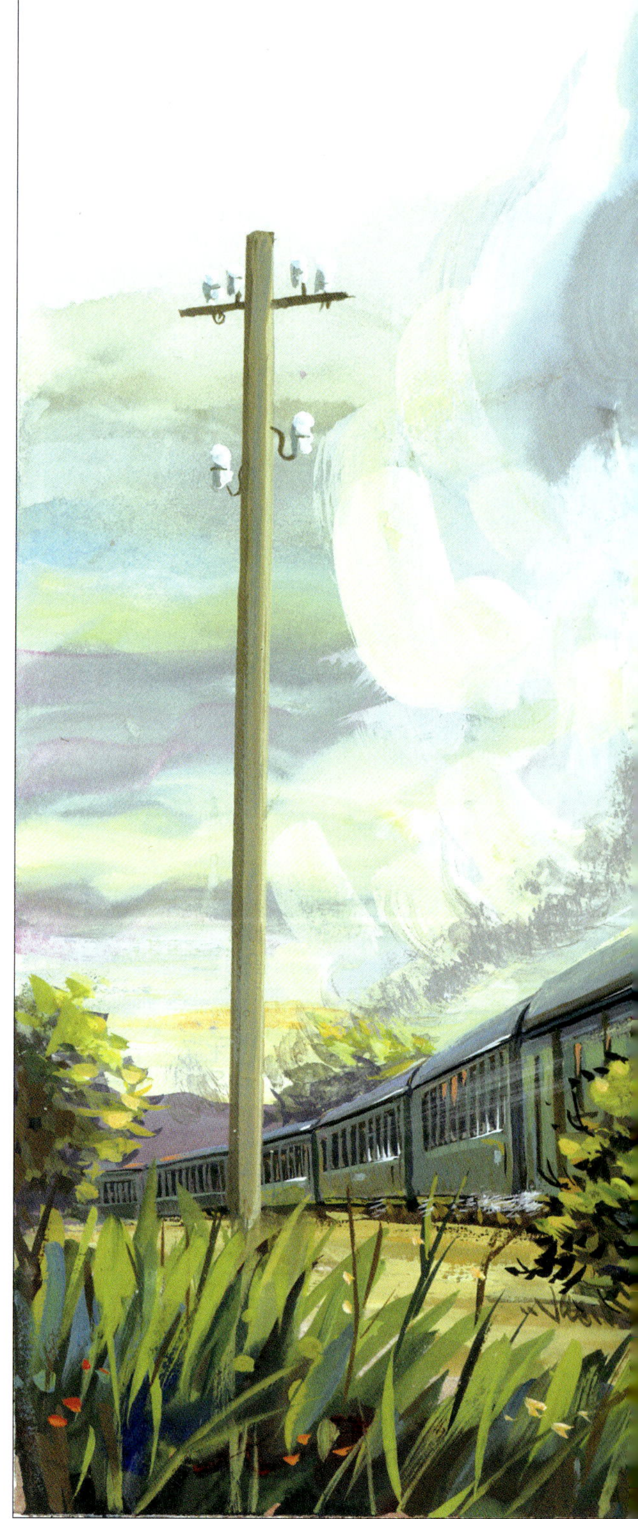

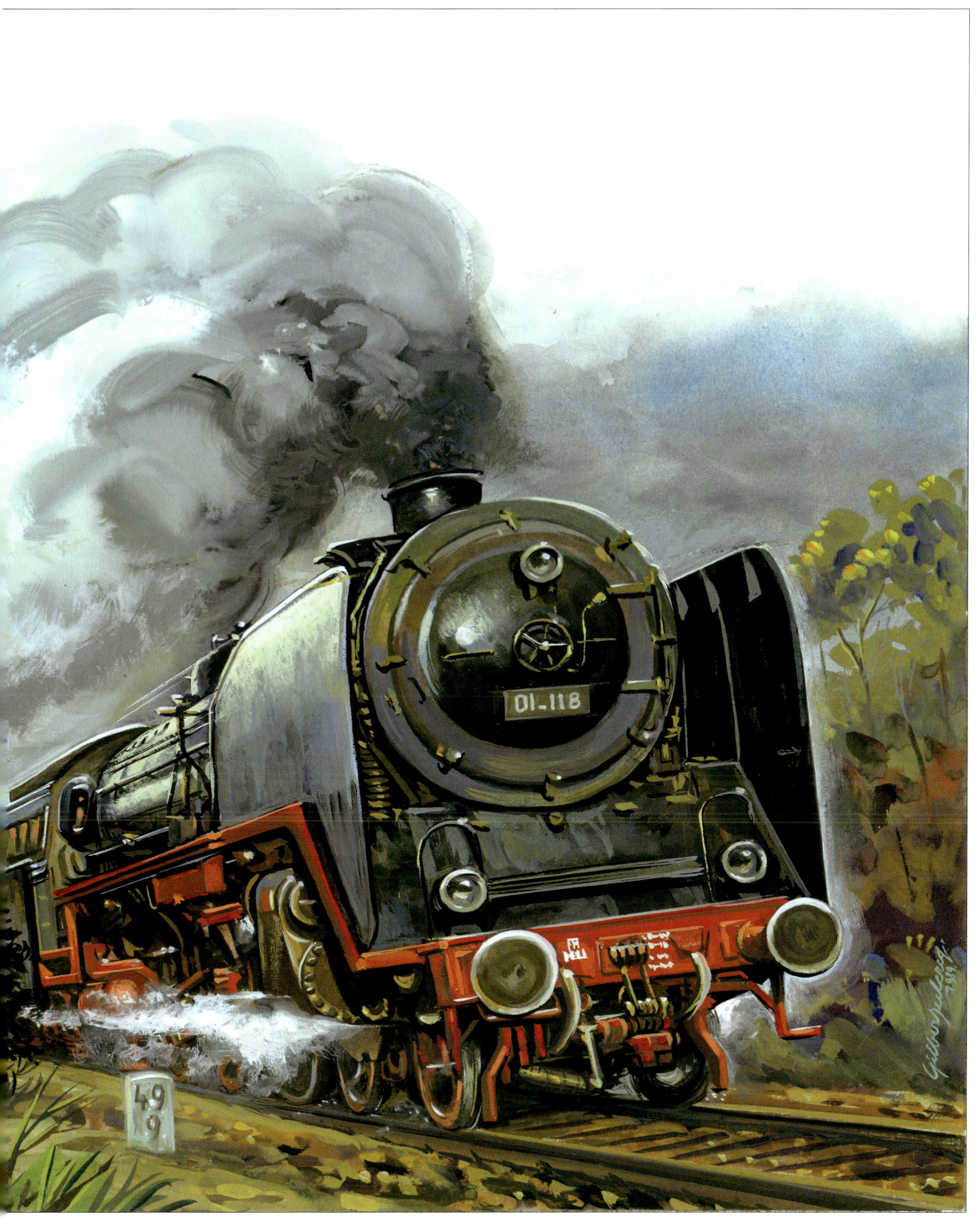
01-118
49
9

Impressum

Verantwortlich
Claudia Hohdorf

Konzeption und Artwork
Gilbert Declercq

Text
Norbert Landa

Redaktion
Hanne Türk, Florian Barth

Layout
Florian Barth

Gesamtproduktion
KiM Verlag

Umschlaggestaltung
Leeloo Molnar

Repro
Cromika

Herstellung
Stephanie Schlemmer

Printed in Slovenia by Florjancic

Sind Sie mit diesem Titel zufrieden? Dann würden wir uns über ihre Weiterempfehlung freuen. Erzählen Sie es im Freundeskreis, berichten Sie ihrem Buchhändler oder bewerten Sie beim Onlinekauf.

Und wenn Sie Kritik haben, freuen wir uns über Ihre Nachricht an:
Christian Verlag, Postfach 40 02 09, D-08702 München
oder per E-Mail an lektorat@verlagshaus.de

Unser komplettes Programm finden Sie unter

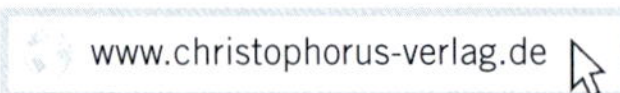

Die Deutsche Nationalbibliothek verzeichnet diese Publikation in der Deutschen Nationalbibliografie; detaillierte bibliografische Daten sind im Internet über http://dnb.d-nb.de abrufbar.

Infanteriestraße 11a
80797 München

ISBN: 978-3-86230-416-5